U0679413

2015—2016年
中国工业和信息化发展
系列蓝皮书

2015-2016年中国汽车产业发展蓝皮书

The Blue Book on the Development of Automobile
Industry in China（2015-2016）

中国电子信息产业发展研究院　编著

主　编/王　鹏

副主编/左世全　王　影

人民出版社

责任编辑：邵永忠
封面设计：佳艺时代
责任校对：吕　飞

图书在版编目（CIP）数据

2015-2016年中国汽车产业发展蓝皮书/王　鹏　主编；
中国电子信息产业发展研究院　编著 .—北京：人民出版社 , 2016.8
ISBN 978-7-01-016523-3

Ⅰ . ① 2… Ⅱ . ①王… ②中… Ⅲ . ①汽车工业—工业发展—研究报告—
中国— 2015-2016 Ⅳ . ① F426.471

中国版本图书馆 CIP 数据核字（2016）第 174778 号

2015-2016年中国汽车产业发展蓝皮书
2015-2016NIAN ZHONGGUO QICHE CHANYE FAZHAN LANPISHU

中国电子信息产业发展研究院　编著
王　鹏　主编

人 戻 虫 版 社 出版发行
（ 100706　北京市东城区隆福寺街 99 号）

北京市通州京华印刷制版厂印刷　新华书店经销
2016 年 8 月第 1 版　2016 年 8 月北京第 1 次印刷
开本：710 毫米 × 1000 毫米　1/16　印张：17.25
字数：288 千字

ISBN 978-7-01-016523-3　定价：88.00 元

邮购地址　100706　北京市东城区隆福寺街 99 号
人民东方图书销售中心　电话（010）65250042　65289539

代 序

在党中央、国务院的正确领导下，面对严峻复杂的国内外经济形势，我国制造业保持持续健康发展，实现了"十二五"的胜利收官。制造业的持续稳定发展，有力地支撑了我国综合实力和国际竞争力的显著提升，有力地支撑了人民生活水平的大幅改善提高。同时，也要看到，我国虽是制造业大国，但还不是制造强国，加快建设制造强国已成为今后一个时期我国制造业发展的核心任务。

"十三五"时期是我国制造业提质增效、由大变强的关键期。从国际看，新一轮科技革命和产业变革正在孕育兴起，制造业与互联网融合发展日益催生新业态新模式新产业，推动全球制造业发展进入一个深度调整、转型升级的新时期。从国内看，随着经济发展进入新常态，经济增速换挡、结构调整阵痛、动能转换困难相互交织，我国制造业发展也站到了爬坡过坎、由大变强新的历史起点上。必须紧紧抓住当前难得的战略机遇，深入贯彻落实新发展理念，加快推进制造业领域供给侧结构性改革，着力构建新型制造业体系，推动中国制造向中国创造转变、中国速度向中国质量转变、中国产品向中国品牌转变。

"十三五"规划纲要明确提出，要深入实施《中国制造2025》，促进制造业朝高端、智能、绿色、服务方向发展。这是指导今后五年我国制造业提质增效升级的行动纲领。我们要认真学习领会，切实抓好贯彻实施工作。

一是坚持创新驱动，把创新摆在制造业发展全局的核心位置。当前，我国制造业已由较长时期的两位数增长进入个位数增长阶段。在这个阶段，要突破自身发展瓶颈、解决深层次矛盾和问题，关键是要依靠科技创新转换发展动力。要加强关键核心技术研发，通过完善科技成果产业化的运行机制和激励机制，加快科技成果转化步伐。围绕制造业重大共性需求，加快建立以创新中心为核心载体、以公共服务平台和工程数据中心为重要支撑的制造业创新网络。深入推进制造业与互联网融合发展，打造制造企业互联网"双创"平台，推动互联网企业构建制造业"双创"服务体系，推动制造业焕发新活力。

二是坚持质量为先，把质量作为建设制造强国的关键内核。近年来，我国制造业质量水平的提高明显滞后于制造业规模的增长，既不能适应日益激烈的国际竞争的需要，也难以满足人民群众对高质量产品和服务的热切期盼。必须着力夯实质量发展基础，不断提升我国企业品牌价值和"中国制造"整体形象。以食品、药品等为重点，开展质量提升行动，加快国内质量安全标准与国际标准并轨，建立质量安全可追溯体系，倒逼企业提升产品质量。鼓励企业实施品牌战略，形成具有自主知识产权的名牌产品。着力培育一批具有国际影响力的品牌及一大批国内著名品牌。

三是坚持绿色发展，把可持续发展作为建设制造强国的重要着力点。绿色发展是破解资源、能源、环境瓶颈制约的关键所在，是实现制造业可持续发展的必由之路。建设制造强国，必须要全面推行绿色制造，走资源节约型和环境友好型发展道路。要强化企业的可持续发展理念和生态文明建设主体责任，引导企业加快绿色改造升级，积极推行低碳化、循环化和集约化生产，提高资源利用效率。通过政策、标准、法规倒逼企业加快淘汰落后产能，大幅降低能耗、物耗和水耗水平。构建绿色制造体系，开发绿色产品，建设绿色工厂，发展绿色园区，打造绿色供应链，壮大绿色企业，强化绿色监管，努力构建高效清洁、低碳循环的绿色制造体系。

四是坚持结构优化，把结构调整作为建设制造强国的突出重点。我国制造业大而不强的主要症结之一，就是结构性矛盾较为突出。要把调整优化产业结构作为推动制造业转型升级的主攻方向。聚焦制造业转型升级的关键环节，推广应用新技术、新工艺、新装备、新材料，提高传统产业发展的质量效益；加快发展3D打印、云计算、物联网、大数据等新兴产业，积极发展众包、众创、众筹等新业态新模式。支持有条件的企业"走出去"，通过多种途径培育一批具有跨国经营水平和品牌经营能力的大企业集团；完善中小微企业发展环境，促进大中小企业协调发展。综合考虑资源能源、环境容量、市场空间等因素，引导产业集聚发展，促进产业合理有序转移，调整优化产业空间布局。

五是坚持人才为本，把人才队伍作为建设制造强国的根本。新世纪以来，党和国家深入实施人才强国战略，制造业人才队伍建设取得了显著成绩。但也要看到，制造业人才结构性过剩与结构性短缺并存，高技能人才和领军人才紧缺，基础制造、高端制造技术领域人才不足等问题还很突出。必须把制造业人才发展摆在更加突出的战略位置，加大各类人才培养力度，建设制造业人才大军。以提高现代经营管理水平和企业竞争力为核心，造就一支职业素养好、市场意识强、熟悉国内外经济运行规则的经营管理人才队伍。组织实施先进制造卓越工程师培养计划和专业技术人才培养计划等，造就一支掌握先进制造技术的高素质的专业技术人才队伍。大力培育精益求精的工匠精神，造就一支技术精湛、爱岗敬业的高技能人才队伍。

"长风破浪会有时，直挂云帆济沧海"。2016 年是贯彻落实"十三五"规划的关键一年，也是实施《中国制造 2025》开局破题的关键一年。在错综复杂的经济形势面前，我们要坚定信念，砥砺前行，也要从国情出发，坚持分步实施、重点突破、务求实效，努力使中国制造攀上新的高峰！

工业和信息化部部长　苗圩

2016 年 6 月

前 言

　　汽车产业是国民经济的重要支柱产业，在国民经济和社会发展中起着重要作用，是国家工业化、现代化水平的重要标志。汽车产品的普及对经济社会发展和人民生活具有重要影响，汽车产业发展水平集中反映了一个国家制造业的国际地位。我国已成为世界第一大汽车生产国，建立了比较完善的产业体系，但中国还不是汽车强国，自主创新能力弱、国际竞争力不强的问题依然突出，能源、环境等的约束日益凸显。

一

　　汽车产业是稳增长的重要引擎。汽车产业具有关联度高、拉动力强、带动力大、吸纳就业广的特点。汽车产业链涉及诸多行业，影响面很广。2013年，我国汽车及相关产业贡献税收超过1万亿元，占全国财政收入的13%，直接或间接带动就业4000万人。随着我国经济发展步入新常态，汽车产业保持了良好的发展势头，有利于扩消费、促出口、增就业，有利于经济保持平稳健康增长。

　　汽车产业是调结构、转方式的重中之重。汽车产业是技术进步最快的产业部门之一，在国民经济的生产和消费中均具有十分重要的地位，与经济增长方式转变密切相关。推动汽车产业向创新驱动、绿色低碳、智能制造、融合发展转型，促进汽车产业的产品结构、技术结构、组织结构、布局结构优化提升，既是汽车大国向汽车强国转变的根本要求，也是实现工业大国向工业强国转变的必由之路。

　　汽车产业是制造强国建设的重要突破口。汽车是材料、装备、电子、能源等产业的系统集成体系，是工业整体竞争力的综合体现，代表着一个国家制造业的硬实力。汽车也是研发设计、生产制造、品牌建设、营销推广等领域的综合管理体系，是管理竞争力、品牌竞争力的整体展示，体现着一个国家制造业的软实力。

　　汽车产业是抢抓新技术革命的主要着力点。新能源、新材料、新技术等推动汽车产业向绿色、智能、互联发展，全球汽车产业正步入创新发展的新时代。我国汽车产业应紧抓产业变革机遇，加快谋划布局，实现从传统汽车跟随者到汽车新时代领跑者的战略转换。

汽车产业是深化改革、扩大开放的重要领域。党的十八届三中全会以来，进一步深化体制机制改革成为全党和全国人民普遍的共识。当前汽车产业作为传统行业的代表，在产业政策法规、行业管理机制、国有企业体制等方面仍存在着诸多非市场化的因素，亟须加快体制机制改革创新。加快构建开放型经济及新体制也需要进一步加大汽车产业对外开放的力度和广度，在维护产业安全的前提下加快汽车产业走出去的步伐，提升国际竞争力。

二

国际金融危机后，全球范围内新一轮科技革命与产业变革蓄势待发，对汽车产业生产方式、发展模式和产业生态等方面都带来革命性影响，而我国汽车产业的发展也面临着重大机遇和挑战。

第一，全球经济疲弱态势近期难有明显改观。2015年，全球经济整体上仍处于国际金融危机后的深度调整期，发达国家复苏缓慢，新兴市场和发展中国家经济步入稳步调整期，全球经济复苏态势仍显脆弱。近期，国际货币基金组织 (IMF) 将2016年全球经济增长率预期下调至3.7%，预示着全球经济增长将进入疲弱"新常态"。具体表现为：首先，部分国家的产出缺口保持较高水平，用于消化高负债、高失业率在内的金融危机后续影响；其次，劳动力减少及人口老龄化造成劳动生产率增长进一步受限；另外，全球贸易增长继续放缓，2015年全球贸易额增长2.5%，远低于2008年金融危机前平均6.7%的贸易年增长水平。对于汽车产业来说，全球经济增速度的疲弱必然带来汽车市场需求的下降，这对终端消费以及产业投资增速也都带来一定的影响。

第二，全球能源供给格局面临深刻变革。随着科技和经济的发展，全球能源的长期传统供给格局不断调整变化，主要呈现三大发展趋势：首先，能源供给量随着发达国家消费萎缩，其需求量和人均消耗量的下降而降低。其次，能源供给结构将大大改变。以石油为主的液态能源仍然是当前以及未来的主要能源，但是其比例正在逐步降低，而天然气、页岩气、太阳能、风能、生物质能等新能源、可再生能源比例正在不断上升。全球产业结构向低碳化方向发展，以新能源、节能环保、先进制造业、服务型制造业，以及具备较高能源效率的高新技术产业为代表的低碳经济，将成为新一轮产业结构调整升级的主要驱动力。再次，能源供给的重心将向发展中国家及新兴国家转移。随着全球经济增长重心的转移，全球能源消费重心也随之转移。

第三，全球科技革命推进产业融合创新。当前，以新一代信息技术、生物技术、新能源技术、新材料技术等新兴技术的快速发展与广泛应用为代表的新科技革命正在快速兴起。新科技革命将带来产业革命，对全球经济格局、产业结构、产业分工、组织方式产生颠覆性影响。世界各国为迎接新科技革命和产业变革，积极加大科技创新投入，推进产业发展的智能化、绿色化、服务化，在新一代信息技术、生物医药、新能源、新材料、节能环保等重要领域加强布局，抢占产业发展制高点。新科技革命的纵深发展推动了先进技术与传统汽车产业的交叉融合，尤其是互联网、移动互联网、大数据、云计算等新一代信息技术在汽车领域的广泛应用与渗透，汽车产品的形态和价值链将加快重塑，其中，"智能汽车"及"车联网"技术近年来由于IT企业的强势介入，在社会上广受关注，智能互联成为汽车技术演进的主要方向，是各国汽车企业竞争发展的战略制高点。美国、日本以及欧洲的发达国家已开始大力实施智能网联汽车发展战略，建立跨产业的协同联合创新机制，营造新型生态系统，全方位推动传统汽车产业转向研发智能网联汽车。在2014年的国际电子消费展上，汽车厂商宝马、通用、福特等取代传统的电子产品厂商成为大会的焦点，它们纷纷拥抱智能手机和移动计算技术，有的还开放了车载系统，鼓励开发者群体开发应用为丰富其智能汽车产品功能做出贡献。特斯拉、谷歌等新进入者通过智能网联汽车切入市场，加紧重塑传统汽车产业生态。此外，由于互联网技术在汽车产业的广泛渗透，汽车产业的传统商业模式也受到巨大冲击，汽车电商化和共享化等创新模式已快速兴起。

第四，我国经济发展步入"新常态"。"经济新常态"成为当前我国经济发展的最突出特点。新常态下，传统产业产能过剩问题更将突出，新兴产业、服务业地位将空前提升，生产小型化、智能化、专业化将成为产业组织新特征；要素驱动力减弱，科技创新成为经济发展核心引擎。"经济新常态"将对整个中国汽车市场产生深远的影响。我国汽车工业面临的国际环境发生了巨大变化，受到了发达国家和发展中国家的双重挑战，但与此同时，技术创新出现新模式，这给汽车行业带来了新的发展机遇。未来我国汽车业将呈现以下新特征：汽车增速从高速转为中低速、产业投资正由增量引进向加快"走出去"转变、新兴产业加快发展以推动汽车产业向创新和服务业驱动发展的方向转变。

第五，发展新能源汽车成为国家战略。发展新能源汽车，实现汽车动力系统的新能源化，推动传统汽车产业的战略转型，在国际上已经形成广泛共识。美国、日本、欧洲等国家和地区都将新能源为代表的低碳产业作为国家战略选择，实现新一轮经济增长。目前我国新能源汽车经过十几年的发展，相继迎来了政策、需求和产业化的三大"利好"。发展新能源汽车也成为我国从汽车大国迈向汽车强国的必由之路。新能源汽车产业化发展步入上升期。从"十五"到"十二五"期间，我国新能源汽车走过了从研发、示范考核到产业化的阶段。中国新能源汽车产业化无论是从中长期还是短期环境看，都进入了较好的产业上升期。据预测到2020年左右，全新结构的轻量化纯电动汽车、燃料电池汽车、智能化电动汽车将先后进入产业化阶段。我国重点通过以下几个方面推进新能源汽车产业化进程，包括完善充电设施建设、制定企业平均油耗管理办法、建立新能源汽车发展基金、实施新能源汽车企业准入、破除地方保护目录、支持新能源汽车长期推广等。

第六，"中国制造2025"和"互联网＋"推动汽车产业转型升级。汽车产业是实现"中国制造2025"的重要载体。2015年5月出台的《中国制造2025》明确提出将重点支持节能与新能源汽车（纯电动汽车和插电式混合动力汽车、燃料电池汽车、节能汽车）以及智能网联汽车的发展。从建设制造强国的要求看，汽车产业以其在国民经济中的重要地位和对经济增长的重要拉动作用被列为国家的战略性竞争产业。当前，在新科技革命快速发展、全球技术创新不断涌现的背景下，汽车产业也成为数字化、网络化、智能化、绿色化以及新能源、新材料、新装备制造等技术创新应用最全面的载体与平台，因此再次成为新科技革命的代表性产业和重要载体。"互联网＋"为新常态下我国汽车产业的发展提供了创新思路。2015年7月，国务院制定并实施"互联网＋"行动指导意见，通过移动互联网、云计算、大数据、物联网与现代制造业的结合，催生新兴业态，以适应新技术革命的发展要求。这符合制造业网络化、数字化、智能化发展的大背景，也顺应了汽车产业调整变革、转型升级的大趋势。在互联网技术应用的深度影响下，具备技术驱动特征的汽车产业也将呈现出数字化、网络化、智能化的发展趋势。从汽车产业链环节来看，汽车产品设计与制造更加智能、高效与个性化；销售与售后服务更加便捷与网络化、人性化；无人驾驶、车载系统等新兴技术不断应用，车、人、路三者的关系更加和谐与安全。从汽车产业价值链分布来看，用户从过去专注车辆硬件条件转为更加关注汽车的使用功能，汽车电子产品和基于汽车的智能服务在产品价值链中的比重快速上升，汽车制造、销售渠道、服务的竞争格局面临新一轮的洗牌和调整。

三

虽然我国已成为汽车生产大国，但还不是汽车强国，与先进国家相比，我国汽车产业自主创新还有较大差距。主要表现在：

一是关键核心技术缺失。在我国汽车产业发展初期，政府采取了"以市场换技术"的模式，从人才培养和技术溢出角度看，这对中国品牌汽车企业的培育起到了一定的促进作用。但随着我国汽车市场的快速发展，乘用车领域已经被合资品牌占据大部分份额，但中国品牌汽车企业却没有完成从模仿到学习的过程，仍未掌握整车及关键零部件的核心技术。中高端市场，特别是乘用车市场，主要被外资和合资品牌占据。汽车的外观设计、先进材料、关键零部件、整车制造、高端智能装备等核心技术也被跨国企业在全球的产业链控制。合资企业对外方产品和技术的依赖仍然很强。合资企业主要依靠直接引进的外方技术，没有完成技术学习和技术吸收的过程，对汽车产业核心技术能力的提高、促进相关产业及技术发展的作用不明显。缺乏自主知识产权。目前中国品牌汽车技术中有很大一部分的知识产权并不是自己所有，尤其是在动力总成等核心零部件方面与国际先进水平依然存在较大差距。国内生产的乘用车中，发动机、变速器、控制系统等高技术含量、高附加值的核心零部件基本依赖进口或由外方独资企业与合资企业控制。

二是研发投入严重不足、结构不合理。整车方面，我国汽车整车企业 R&D 投入占销售收入的比例不到 2%，和全球主要汽车企业集团 5%—8% 的平均值有较大差距。虽然个别中国品牌汽车企业如奇瑞、吉利的研发投入占销售收入的比重超过 5%，但由于规模较小，对汽车行业整体研发水平提高有限。零部件企业方面，据统计，全球零部件企业平均研发投入占销售收入的比例约为 5.1%，一般高于整车企业。但我国汽车零部件企业则普遍低于 1.4%，与整车领域的差距更大。此外，整车企业对引进技术的消化与吸收环节投入不足、重视程度不够。我国引进技术和消化吸收的经费投入比是 1：0.08；而日本和韩国在汽车技术引进吸收方面的比例则是介于 1:5 到1:8 之间，从而形成了"引进—吸收—试制—自主创新"的良性发展。

三是汽车研发人才明显不足。据统计，在全球主要汽车企业集团中，研发人员数量占员工总人数的比例均超过10%，而我国汽车行业该数值平均为7%左右。人才质量上的差距更大，发达国家经过多年的汽车产业发展和汽车技术研究，研发人才的积累远远领先我国；同时，全球主要汽车企业的中高级技工数量占工人总数的40%以上，而我国只有不到15%。

另外，在新能源汽车产业发展方面主要存在以下问题：一是动力电池和整车技术水平有待进一步提高。动力电池方面，我国缺少龙头企业，系统集成和工程化能力弱，高能量密度三元材料动力电池批量供应和一致性保障能力还不够。美、日、韩等国家对下一代锂离子电池、新体系电池的研发都进行了系统布局，并发布了国家层面的发展技术路线图。整车方面，共性技术开发能力不足，整车品质如操控性、可靠性、减震降噪等方面与国外产品相比还有较大差距。对燃料电池汽车、智能网联汽车等前沿技术方面技术储备不足。二是充电设施建设滞后且推进难度大。充电设施建设滞后且推广缓慢已成为制约纯电动汽车快速推广的主要因素，也是影响插电式混合动力汽车实际使用节能减排效果的一个重要原因。截至2014年年底，全国已建成分散式充电桩近3.1万个，集中式充换电站780座，能够为超过12万辆新能源汽车提供充换电服务。基本形成以充为主、以换为辅的充电模式格局。但在充电桩建设方面仍存在以下问题：公共充电站土地审批难；私人充电桩无固定车位安装、电网改造和物业协调难度大；公共充电站和充电桩建设密度低、布局不合理、兼容性差、利用率不高；充电设施设计施工、竣工验收等环节的标准规范不健全，存在着安全隐患；国家电网公司退出城市充电设施建设，但社会资本、民营企业尚未及时跟进。

四

基于对上述汽车产业经济和社会发展中一些重大问题的思考，赛迪智库装备工业研究所编撰了《2015—2016年中国汽车产业发展蓝皮书》。本书系统剖析了我国汽车产业发展的成就与问题，总结归纳了全球汽车产业发展趋势，并结合当前国内外经济形势，深入探讨了我国汽车产业发展的趋势。全书分为综合篇、行业篇、区域篇、园区篇、企业篇、政策篇、热点篇、展望篇，共八个部分。

综合篇：从全球角度分析了2015年世界汽车产业的总体产业现状、发展趋势以及主要国家和地区的进展与成就，对2015年中国汽车产业发展状况、存在问题进行了专题分析。

行业篇：对我国汽车产业2015年乘用车、商用车以及汽车零部件等领域进行专题分析，研究探讨了各自领域整体发展状况、细分行业发展状况以及行业发展面临的问题。

区域篇：分别对东、中、西部地区总体及重点省份与城市2015年汽车产业发展情况、发展特点、发展经验等进行了深入探讨与总结。

园区篇：选择有代表性的重点汽车产业园区或经济技术开发区，就其2015年发展整体情况进行分析，总结归纳各园区发展的基本经验。

企业篇：分别选取了国有汽车企业和民营汽车企业中成长较快、发展较好且具有一定代表性的企业为对象，详细剖析各企业的发展情况、生产经营情况和经营发展战略。

政策篇：深入分析我国汽车产业2015年发展的政策环境，重点解析汽车产业领域发布的重大产业政策、意见、计划和方案。

热点篇：选取行业热点，就我国新能源汽车充电基础设施建设加速推进、智能网联汽车成为关注重点、大众排放造假等关键热点问题展开详细论述。

展望篇：对国内外行业研究机构预测性观点进行综述，并对2016年我国汽车产业总体形势及各细分行业的发展趋势进行了展望。

加快汽车产业转型升级、建设汽车强国是一项长期性、艰巨性的任务。在当前经济转型的背景下，汽车产业面临着千载难逢的机遇和前所未有的挑战，既需珍惜实践中取得的来之不易的成果和经验，也要正视发展中积累的不容忽视的矛盾和问题，更当以百折不挠的意志和包容并兼的智慧推动汽车产业的转型升级，就一定能开创我国汽车产业由大变强的新局面。

工业和信息化部装备工业司司长 李东

目 录

区 域 篇

园 区 篇

企 业 篇

政 策 篇

热 点 篇

展 望 篇

附　　录

综合篇

第一章　2015年全球汽车产业发展状况

第一节　产业现状

一、全球汽车市场继续呈现微增长态势

2015年，全球汽车产销量依旧保持微增长状态，据世界汽车组织（OICA）统计数据显示，2015年1—6月，全球汽车产量约为4560万辆，比2014年上半年全球汽车产量的4538万辆，实现微增长22万辆，同比增幅只有0.48%。同样，全球汽车销量的统计数据显示，2015年上半年，全球汽车销量约为4459万辆，比2014年上半年全球汽车销量的4429万辆，实现微增长30万辆，同比增幅也只有0.68%。

从主要国家和地区来看，欧洲2015年上半年汽车销售983万辆，比上年同期增长2.84%，德国在欧洲销量第一，2015年上半年销售178万辆，同比增长5.18%，英国紧随其后，实现销售159万辆，同比增长8.73%，意大利和西班牙增速较快，同比增长分别达到15%和24%的增长，俄罗斯汽车市场则出现了38%的下滑，仅实现销售83万辆。美洲2015年上半年实现销售1256万辆，同比微增长0.46%，美国的汽车销量为870万辆，实现同比增长4.68%，巴西和阿根廷市场则出现了较大幅度的下滑，同比下降分别近21%和17%，加拿大汽车市场上半年销量为95万年，实现3%左右的小幅增长。亚太区2015年上半年汽车销量总计2143万辆，其中中国实现销量1185万辆，但同比仅增长1.43%，日本市场则出现了11%的下滑，上半年汽车销量为268万辆，印度、韩国和澳大利亚汽车市场都实现了小幅增长，销量分别为168万辆、90万辆和58万辆。

表 1-1 部分国家和地区汽车销量情况

地区及国家	2012年上半年（万辆）	2013年上半年（万辆）	2014年上半年（万辆）	2015年上半年（万辆）	同比增长
欧洲	990	921	956	983	2.8%
德国	179	164	169	178	5.2%
英国	120	132	146	159	8.7%
法国	128	114	117	123	5.3%
意大利	89	79	82	94	14.6%
俄罗斯	152	133	134	83	−38.2%
西班牙	46	43	52	64	23.9%
美洲	1169	1244	1251	1256	0.5%
美国	742	797	831	870	4.7%
巴西	172	180	166	132	−20.7%
加拿大	89	90	93	95	2.9%
墨西哥	48	52	52	62	20.3%
阿根廷	45	49	38	31	−17.4%
亚太	1928	2022	2142	2143	0.0%
中国	960	1078	1168	1185	1.4%
日本	295	271	301	268	−11.0%
印度	189	172	159	168	5.2%
韩国	80	80	84	90	6.9%
澳大利亚	55	57	56	58	3.3%
所有国家	4161	4262	4429	4459	0.7%

资料来源：赛迪智库整理，2016 年 1 月。

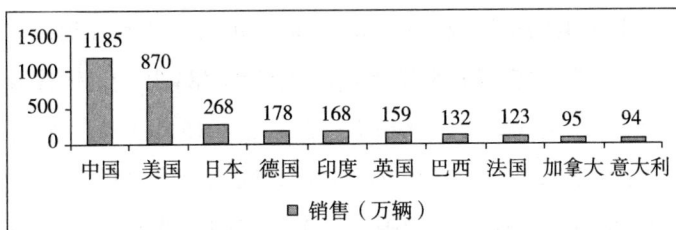

图1-1 2015年上半年全球汽车销量前十名国家销售情况

资料来源：赛迪智库整理，2016 年 1 月。

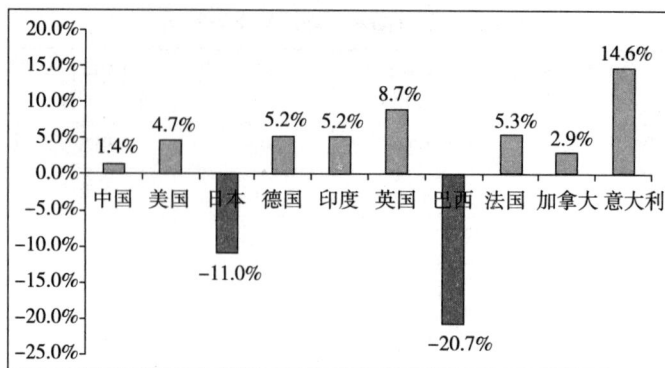

图1-2　2015年上半年全球汽车销量前十名国家同比增速情况

资料来源：赛迪智库整理，2016年1月。

从具体的整车企业来看，到2015年上半年，大众集团首次超越丰田，欧洲市场成为其增长最快的市场，全球销量为504万辆，跌幅为0.5%，而丰田上半年全球销量为502万辆，主要原因是产能不足以及日本增加销售税，同比下降1.5%。但下半年，大众受"排放造假"等事件的影响，销量加速下滑。近期，丰田又发布了2015年1—11月全球累计销量为921万辆，同比下跌1.0%，虽然不及2014年同期，但在各大车企中排在第一位。而大众2015年1—11月累计销量同比下降1.7%至910万辆。被吉利汽车收购的全球豪华汽车品牌沃尔沃汽车，在2015年则实现了增长，全球销量超过50万辆，创造了自品牌诞生以来的历史性销量纪录。

二、乘用车和商用车有升有降

在乘用车方面，2015年上半年，全球共生产乘用车3456万辆，比上年同期实现小1.2%的小幅增长；共销售乘用车3322万辆，同比增长仅为0.32%。其中，欧洲2015年上半年乘用车完成生产969万辆，销售约855万辆，比上年同期均增长2%左右；美洲2015年上半年乘用车生产约484万辆，销售640万辆，同比分别下降3.14%和实现微增长0.46%；亚太区2015年上半年乘用车生产1987万辆，同比增长1.67%，销售总计1772万辆，同比增长2%。其中全球乘用车销量前十位的国家依次为，中国、美国、日本、德国、英国、印度、巴西、法国、意大利、俄罗斯，其中与上年同期相比，日本、巴西和俄罗斯乘用车销量都有10%以上的下降，美国有1%的下降，其他国家有小幅增长。

表 1-2　2015 年上半年部分国家和地区乘用车生产情况

地区及国家	2014年上半年（万辆）	2015年上半年（万辆）	同比增长
欧洲	951	969	2.0%
德国	291	292	0.3%
西班牙	100	119	18.5%
法国	83	87	5.8%
英国	79	79	0.3%
捷克	63	67	6.0%
俄罗斯	90	65	−27.6%
美洲	500	484	−3.1%
美国	217	217	−0.1%
巴西	125	103	−17.2%
墨西哥	94	103	9.2%
加拿大	47	47	−0.7%
阿根廷	19	16	−16.0%
亚太	1955	1987	1.7%
中国	971	1033	6.4%
日本	432	391	−9.5%
韩国	214	211	−1.5%
印度	157	168	7.2%
伊朗	42	50	19.7%
所有国家	3416	3456	1.2%

资料来源：赛迪智库整理，2016 年 1 月。

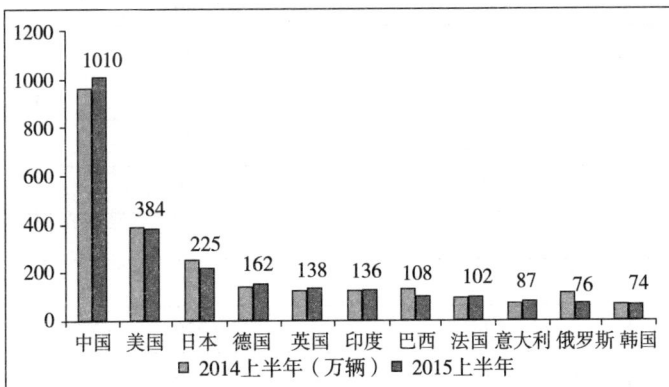

图1-3　2015年上半年全球乘用车销量按国家排名

资料来源：赛迪智库整理，2016 年 1 月。

在商用车方面，2015年上半年，全球共生产商用车1104万辆，比上年同期下降1.58%；共销售商用车1137万辆，同比增长1.75%。其中，欧洲2015年上半年商用车销售约128万辆，比上年同期增长9.45%；美洲2015年上半年商用车销售617万辆，同比增长6.93%；亚太区2015年上半年商用车销售总计371万辆，同比下降7.59%。其中，全球商用车销量排名前十位的国家分别为：美国、中国、加拿大、日本、印度、巴西、法国、英国、泰国和德国，商用车销售与上年同期相比，中国、巴西和泰国有超过10%的跌幅，日本下跌3.27%，其他国家略有增加，而美国和英国商用车销量分别达到10.11%和21.81%，与上一年相比大幅增长。

表1-3　2015年上半年部分国家和地区商用车销量情况

地区及国家	2014年上半年（万辆）	2015年上半年（万辆）	同比增长
欧洲	117	128	9.5%
法国	21	22	1.6%
英国	17	21	21.8%
德国	15	16	4.6%
土耳其	8	13	60.6%
西班牙	6	9	36.9%
俄罗斯	13	7	−43.6%
美洲	577	617	6.9%
美国	441	486	10.1%
加拿大	55	58	6.5%
巴西	33	24	−27.5%
墨西哥	19	22	16.0%
阿根廷	8	7	−8.0%
亚太	402	371	−7.6%
中国	205	175	−14.4%
日本	44	42	−3.3%
印度	30	32	4.5%
泰国	24	20	−15.0%
韩国	16	16	0.8%
所有国家	1117	1137	1.8%

资料来源：赛迪智库整理，2016年1月。

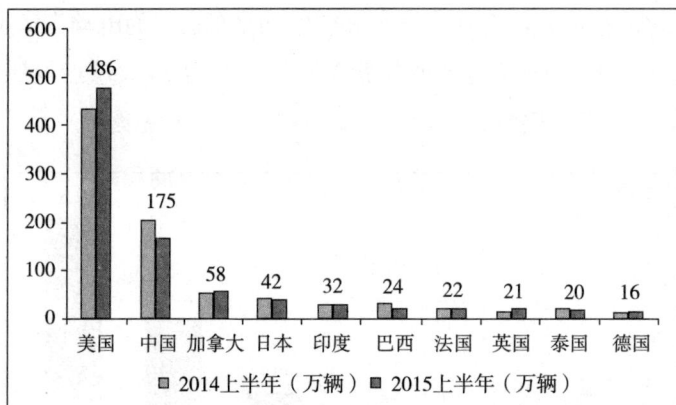

图1-4　2015年上半年全球商用车销量按国家排名

资料来源：赛迪智库整理，2016年1月。

在商用车细分领域里，2015年上半年全球重卡生产178万辆，同比下降近12%，轻型商用车和客车分别生产911万辆和15万辆，分别实现微增长0.71%和0.66%。

表1-4　2015年上半年全球商用车细分车型产量情况

类型	2014年上半年（万辆）	2015年上半年（万辆）	同比增长
重卡	202	178	−12.0%
轻型商用车	905	911	0.7%
客车	14	15	0.7%
总计	1122	1104	−1.6%

资料来源：赛迪智库整理，2016年1月。

三、新能源汽车继续高速增长

在各国政府的积极推动和汽车制造商努力下，随着动力电池技术进步和成本的降低，新能源汽车的发展进程正在不断加快。2009年，德国在《国家电动汽车发展计划》明确将发展纯电动汽车和插电式混合动力汽车作为主要技术路线。2010年，韩国政府推出了"绿色车辆综合推进路线图"，明确未来新能源汽车的发展以纯电动汽车、插电式混动汽车和燃料电池汽车为主要技术路线。2014年全球电动汽车销量中，纯电动汽车（BEV）和插电式混合动力汽车（PHEV）占比分别达到了61%和31%。据国际能源机构预测，到2030年电动汽车将占世界汽车销量的30%。插电式混合动力汽车和纯电动汽车已成为电动汽车发展的方向。2015年，《中国制造2025》将节能与新能源汽车列为10大重点发展领域，明确继续支持纯电动汽车、插电式电动汽车和燃料电池汽车发展。

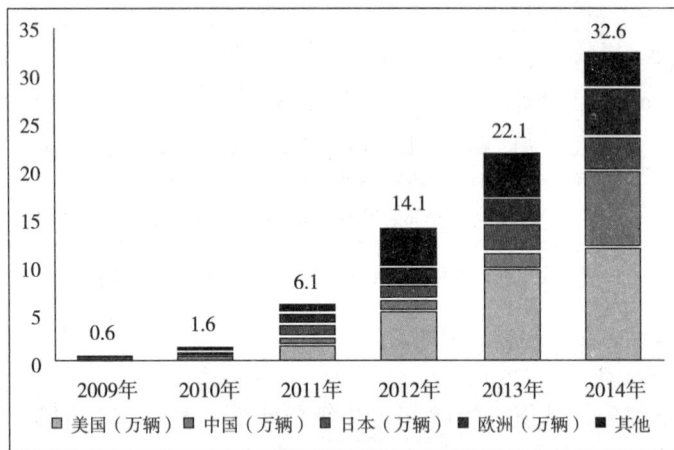

图1-5 2009—2014年主要国家和地区新能源汽车销量

资料来源：赛迪智库整理，2016年1月。

2010—2014年全球新能源汽车销量从0.56万辆增加到35.4万辆，保持了125%的年复合增长率。2015年1—9月全球新能源汽车销量为33.43万辆，同比增长47%，预计2015年全球新能源汽车累计销量将超过50万辆，保有量将超120万辆。

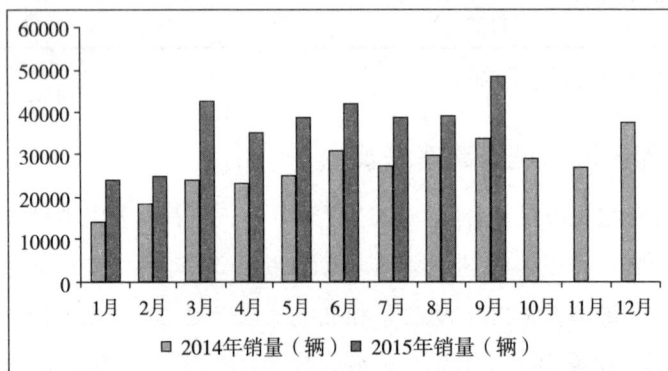

图1-6 2014—2015年全球新能源汽车销量情况

资料来源：赛迪智库整理，2016年1月。

美国、中国、日本、欧洲是新能源汽车主要的销售市场，占据了全球市场88%的销量。美国在纯电动和插电式混合动力汽车销量上都保持了领先地位，中国在2014年销量超过欧洲和日本，成为全球增长最快的地区，法国的纯电动汽车销量略高于德国，但在插电式混合动力汽车销量方面落后于德国。2015年1—10月，美国新能源汽车累计销售9.23万辆，比上年同比下降约8%。因此，预计到2016年或者最快到2015年年底，我国新能源汽车销量将超过美国，有望成为全球新能源汽车的第一大产销国。

从车企销量来看，2015年1—9月，全球前十家新能源汽车企业累计市场占有率达到75%，其中，比亚迪排在第2位，康迪（吉利）排在第9位。随着我国新能源汽车产业政策的加快落实以及产品性能的持续提升，预计2016年中国品牌新能源汽车企业将会进一步提高全球市场占有率，我国新能源汽车产业将快速崛起。这也会使材料、电池、电机、电控等全产业链中国品牌企业受益，为中国品牌整车企业的成长带来叠加效应。

表1-5　2015年1—9月全球新能源汽车销量排行（按车企）

排名	车企	2015年前三季度销量（辆）	市场份额（%）
1	日产	38888	12
2	比亚迪	36972	11
3	特斯拉	33001	10
4	三菱	32501	10
5	大众	23932	7
6	宝马	22263	7
7	雷诺	17568	5
8	福特	15338	5
9	康迪	12924	4
10	雪佛兰	12828	4
总计		246215	75

资料来源：赛迪智库整理，2016年1月。

从车型销量看，2015年1—9月，比亚迪秦插电式混合动力轿车和北汽E系列纯电动轿车分别位列全球新能源汽车销量排行的第4位和第9位。由于插电式混合动力对于充电设施的需求略低于纯电动汽车，更容易被消费者接受，各大车企正计划推出此类车型。因此预计2016年，插电式混合动力汽车的市场份额将继续提升，受制于充电设施建设进展缓慢，纯电动汽车的销量有可能低于插电式混合动力汽车。

表1-6 2015年1—9月全球新能源汽车销量排行（按车型）

排名	车型	2015年前三季度销量（辆）	市场份额（%）
1	日产聆风	35948	11
2	特斯拉ModelS	32995	10
3	三菱欧蓝德PHEV	28791	9
4	比亚迪秦	26156	8
5	宝马i3	18040	5
6	雷诺Zoe	11782	4
7	大众e-Golf	11220	3
8	雪佛兰沃蓝达	10612	3
9	北汽E系列	10344	3
10	大众高尔夫GTE	10231	3
总计		196119	59%

资料来源：赛迪智库整理，2016年1月。

从全球主流新能源车型的配置和售价看：定位于豪华车型的特斯拉 Model S 和宝马 i3 车，虽然电池容量和比亚迪 E6 相当，但是售价是比亚迪的 1.5 倍，盈利能力较强；从插电式混合动力汽车来看，丰田的普锐斯 PHEV 的盈利能力也优于三菱欧蓝德 PHEV 和比亚迪秦。

不同企业间新能源汽车技术路线也进一步分化。德系车企更多关注插电式混合动力技术和产品的研发推广。以丰田和本田为代表的日系车企则继续推出已取得很好市场表现的混合动力车型，并重点投入燃料电池的研发。而雷诺—日产则坚持纯电动汽车路线。

表1-7 主要汽车企业新能源汽车战略

车系	技术战略	路线	企业
德系	PHEV	大众	继续推行其插电式混合动力战略，未来推出更多PHEV车型
	PHEV	奥迪	计划到2020年将其主流关键车型增加插电式混合动力车型
	PHEV	奔驰	计划在2017年之前推出10款插电式混合动力车型，覆盖C级、E级、S级、SUV等全部车型
	BEV、PHEV	宝马	目前以i3等i系列车型为主推产品，走纯电动路线 有插电式混合动力研发储备，已经计划开始推出车型

（续表）

车系	技术战略	路线	企业
日系	HEV、FCV	丰田	仍然坚持混合动力路线，截止2014年9月末，其混合动力车型全球累计销量已超过700万辆。与此同时，将未来战略方向押注在燃料电池汽车，已发布燃料电池汽车Mirai
	HEV、FCV	本田	与丰田战略类似，重点在混合动力和燃料电池两方面，计划推出全新混合动力车型Grace，未来也将推出一款燃料电池量产车型
	BEV	日产	坚持纯电动汽车路线，计划2016年与三菱合作推出一款小型电动汽车
韩系	HEV、FCV	现代—起亚	现代起亚在纯电动汽车领域地位并不突出，现代主攻混合动力和燃料电池路线，起亚则推出小型纯电动汽车，并宣布为了2020年将燃油经济性提高25%，在提升传统车型技术的同时，还将发布一系列环境友好车型
美系	PHEV、HEV	通用	通用2014年在新能源汽车领域没有大的动作，计划推出全新第二代Votec动力，计划作为2016年第二代Volt的动力基础
	PHEV、HEV	福特	福特2014年在新能源汽车领域没有大的动作，正在酝酿全新紧凑型混合动力车型，也包括插电式混合动力车型，预计在2018年左右推出

资料来源：赛迪智库整理，2016年1月。

第二节　发展趋势

一、新能源汽车产业不断涌现新技术

　　未来新能源汽车技术的发展存在多条可能路线，各国汽车企业所采取的主要技术路线也不尽相同。随着各种新能源汽车产品逐步走向市场以及各汽车企业技术研发的逐渐深入，能够为消费者提供更多的使用便利性的燃料电池技术和无线充电技术可能会有较大突破。

　　一方面，与纯电动汽车相比，燃料电池汽车的主要优势就是充电更快捷。氢燃料电池汽车充满长途行驶所需的气量只需3到5分钟，而Tesla Model S至少需要20分钟才能充满电。而且氢气燃料电池汽车充满电后的行驶的距离是Model S的两倍。但受制于电池成本、性能及加氢站建设，燃料电池车目前仍未真正实现商业化应用。从应用领域来看，固定式储能为目前燃料电池的主要应用领域，约占全球市场份额的60%以上，其次是便携设备和交通工具。从类型来看，目前质子交换膜燃料电池占全球燃料电池市场 90% 以上，其次是直接甲醇燃料电池及固体氧化物燃料电池。丰田在 2014 年发布的燃料电池汽车 Mirai，续航里程达到 700km，该车是丰田长途用车的主要解决方案，上市一个月内就收到了 1500 个订单，远超其 2015 年销售 400 辆的原定计划。丰田随后宣布免费开放其 5860 个燃料电池技术相关专利，燃料电池有望进入比以往都快得多的发展阶段。

另一方面，由于电池的续航能力一直是电动汽车产业快速发展的羁绊，在电池技术无法短时间内取得突破的前提下，如何改进充电模式等成为大家渴望突破的一个方向。无线充电技术对于智能手机等一些便携终端已经实现商业化，其原理也并不复杂，在发射端将电能转换成电磁波并发射出去，接收端接收到电磁波之后，再将其转换成电能，就可以进行充电了。目前充电桩建设因城市用地较多、投资规模较大、商业模式不成熟等原因建设速度明显滞后，与传统充电站、充电桩相比，无线充电主要具有以下优点：一是充电设施布置灵活。传统充电站都需要在城市中规划出相应位置进行建设，而利用无线充电只需要改造现有停车场、路边的停车位，就能够给电动车充电，甚至可以把发射端埋在部分路面之下，届时电动车可以在这些路段实现边行驶、边充电，不会占用过多的城市空间。第二，用户更容易使用。如果没有充电线缆，也能实现高速充电，不仅消除了需要停车等待时间，并且已经有公司开发除了最近的无线充电轨道，这是从静态到动态无线充电（在旅途中充电）的扩展，大大降低了用户的在某一固定位置的充电等待时间，提高了电动汽车的使用频率。例如近几年兴起的电动方程式世界锦标赛，就是在赛道两侧安装充电接受板，当赛车驰骋在赛道时，就已经实现了对其进行瞬间充电。第三，无线充电是比较安全的充电方式。传统的有线充电器需要手动操作，是插入式充电方式，接口处可能发生火花，从而使充电容量受限。而无线充电则不受此限制，无火花及触电危险，无积尘和接触损耗，能适应多种恶劣环境和天气。

目前无线充电主要有三种方式，即无线电波式、磁场共振式以及电磁感应式，其中磁场共振式和电磁感应式更有可能在电动汽车的无线充电中得到应用。从国外车企来看，丰田、沃尔沃、奥迪、日产等传统汽车企业都已经开始研发或测试旗下电动车的无线充电系统。其中，日产的无线充电系统可以内置于地板中，也可以以充电桩的方式安装在室外。需要充电时，车主只需将车开到感应线圈的范围内，系统将自动检测到车辆，车主通过应用程序启动和关闭充电过程。充电系统的安装位置和外界的天气情况均不会对充电时间造成影响。针对无线充电中存在的传输效率问题，奥迪开发了一种可升降的无线充电系统，让供电线圈更靠近车辆底部的受电线圈，使输电效率超过90%。沃尔沃与法国阿尔斯通公司和瑞典能源局合作，正在研发在快速道路上为电动汽车充电的系统。而作为汽车产业外行的英国高通公司和我国中兴通讯公司却率先实现了大功率无线充电系统的商业化，可以在30KW大功率系统下，实现90%的充电效率，并已先后与东风汽车和蜀都客车公司合作，在湖北襄阳和四川成都推出了无线充电公交示范线。中科院电工研究所研制的"3.3KW无线充电系统"也已成功在北汽E150EV电动汽车上装车应用，2015年有望首批在亦庄投入示范应用。但无线充电技术也面临着使用成本较高、技术标准尚未统一、可能存在电磁辐射等问题的制约。

二、主要国家继续大力推广新能源汽车

各国都把新能源汽车作为国家战略，积极布局抢占行业制高点。中国、日本、韩国、美国、欧盟国家和其他许多国家都把新能源汽车作为国家战略，以建立一个新的能源系统，并取得行业竞争优势，减少污染物排放和对石油的依赖为战略目标，出台制定多个发展规划，明确产业目标，技术路线，包含了对研究和开发，示范运行，基础设施等方面的奖励。从推广目标来看，仅中国、日本、韩国、美国、德国、英国和法国7个国家至2020年的新能源汽车推广数量就将超过1000万辆，市场规模将达数10万亿，如下表所示。

表1-8 主要国家新能源汽车推广计划

国家	中国	日本	韩国	美国	德国	英国	法国
2020年推广目标	500万辆	200万辆	120万辆2015年	100万辆2015年	100万辆	24万辆2015年	200万辆
组织部门	发改委、工信部、科技部、财政部等	经济产业省	知识经济部	能源部	经济部、交通部等	气候变化委员会	电动汽车部际协调委员会
运行计划	十城千辆、推广应用城市等	EV、PHEV城市计划	—	EV Everywhere	F&E-Programme	Plugged-in Places	The SAVE Project

（续表）

国家	中国	日本	韩国	美国	德国	英国	法国
国家投入	到2020年1000亿人民币	2011年282亿日元，逐年编制预算	3.1万亿韩元	24亿美元	累计已投入5亿欧元	3亿英镑	650万欧元
示范范围	39个城市群	18个城市	—	6州共18个城市	8个示范区	8个地区	伊夫林省及周边城市
基础设施	到2020年充电站1.2万、充电桩450万个	200万处普通充电设施、5000座换电站	到2015年2万个充电机	33城4亿美元	充电站网络建设	Joined-Cities协助建设	超过3000平米集中式充换电站
发展特色	三纵三横	中性电池技术路线	EV、FCV	PHEV	标准化技术路线	低碳	电动车分时租赁
强制措施	燃油效率管制	按车重燃油效率管制	—	燃油效率管制及ZEV法案	碳排放管制	碳排放管制	碳排放管制

资料来源：赛迪智库整理，2016年1月。

为确保推广目标的实现，各国或采取燃油效率管制、或采取碳排放管制等强制措施，促进传统整车企业进行技术升级，新能源汽车已成为现阶段传统整车企业满足燃油消耗标准的关键技术。具体来看，日本按车重进行燃效管制。以 1081—1195kg 重量的车为例，通过制定强制性目标，要求 2015 年燃效达到 18.7km/L（约 5.3L/100km），2020 年则要达到 21.8km/L（约 4.6L/100km）。对于未能达标的车企，将公布未达标车型名称，并对企业处以罚款，而对于达到甚至超过燃效目标的企业则给予奖励。美国对整车企业燃效管制及 "ZEV"（Zero Emission Vehicle，零排放汽车）管制。要求整车企业平均燃效在 2015 年达到 13.8km/L（约 7.2L/100km），2025 年达到 23.2km/L（约 4.3L/100km）。对于未达标车企，则对每低 1mpg（每加仑油可行驶英里数，1mpg 约合 0.4km/L）的车处以 55 美元 / 辆的罚款，而对纯电动车型或插电式混合动力车型的车企，则给予每辆最高 7500 美元的奖励。欧洲实行严格的碳排放管制，要求所有整车企业平均碳排放在 2021 年达到 95g/km。对于未达标车企，则对每超过 1g 的车处以每辆 95 欧元的罚款，而对纯电动车型或插电式混合动力车型的车企则进行奖励，如法国对每辆纯电动车或插电式混合动力车给予最高 6300 欧元的奖励。

三、智能网联汽车技术开始走向产业化

（一）更高级别驾驶辅助技术逐渐成熟并加快产业化步伐

自适应巡航控制（ACC）、车道偏离警示（LDW）等驾驶辅助系统已产业化应用，可自动判断前后车距、车道等，帮助驾驶员设定车速，确保车辆在设定的车道范围内行驶。随着传感、通信、决策、控制等技术的发展，更高级别的驾驶辅助系统将逐步成熟并实现大规模产业化。预计部分自动化功能的驾驶系统、高度自动化驾驶系统和全自动驾驶系统将分别在 2016 年、2020 年、2025 年实现应用。

表 1-9　整车企业 ADAS 产品及技术

产品	福特	通用	丰田
ADAS	——2010年在经济型汽车福克斯上装备自适应巡航控制(ACC)、自动刹车和主动式车道保持等功能。 ——2014年公布全新的防撞预警系统，准备应用在福特蒙迪欧2015款车型上。 ——语音识别、面部识别和形体动作识别技术计划在2015款野马上率先搭载。	——拥有侧面盲区接近预警SBZA、可视影像倒车辅助系统、前瞻性智能主动安全系统IntelliSafe、全车速自适应巡航系统、碰撞预警系统、车道偏离预警系统、车道变更辅助系统和泊车预警系统，已经开发ADAS系统模块均能够成熟应用。	——2012在华发布自主战略"云动计划"，将自适应巡航系统、车道偏离警示系统、车道保持辅助系统、盲区监测系统等全面引入中国市场。

资料来源：赛迪智库整理，2016 年 1 月。

（二）自主式和网联式加速融合，向全工况自动驾驶迈进

自主式、网联式两种技术路径各有优劣势。自主式不能充分模拟人体感觉、大规模应用成本较高，且缺少城市环境的全方位扫描；网联式无法实现人车通信，需要较大的基础设施投资。两种方案均不能完全满足全工况无人驾驶的需要。未来，自主式和网联式将走向技术融合，以提供安全性更好、自动化程度更高、使用成本更低的解决方案。

四、互联网企业成为汽车产业重要参与者

智能网联汽车的发展，要求新一代信息技术与传统汽车加快融合，给了互联网与 IT 企业巨大的施展空间。未来，互联网企业和 IT 企业将在研发、制造、销售、后服务等汽车产业各个环节发挥自身在智能技术、互联网技术等方面的优势，推动智能网联汽车产业链的重构。

表 1-10　互联网企业汽车领域布局

企业	汽车领域布局
谷歌	——推出基于安卓的车载系统，成立开放性汽车联盟，其目标是将Android系统的体验带到汽车导航和资讯娱乐系统当中 ——正在开发无人驾驶汽车，已取得美国加州牌照 ——内置应用商店可以下载相关汽车应用，或者让自己的Android设备与汽车相连，实现众多功能 ——收购在线地图公司Waze，完善导航服务
苹果	——推出Car Play车载系统，通过和手机相连来获得语音搜索和导航服务 ——已与丰田、福特、宝马、雪佛兰、日产等公司达成合作意向，后者已经宣布支持Car Play系统

资料来源：赛迪智库整理，2016 年 1 月。

互联网的引入将促成汽车产业的电商化和共享化，变革汽车产业的传统商业模式。一方面，电商模式被引入汽车的销售环节。2012 年，奔驰公司已通过京东平台销售 Smart 品牌汽车。2014 年，汽车之家实现线上全款购车、线下提车；二手车电商也在如火如荼发展。另一方面，"轻拥有、重使用"成为汽车使用的新思路。滴滴专车、神州专车、易到用车和 Uber 等公司努力打造 P2P 汽车共享商业平台，戴姆勒集团的 Car2go 也已经在重庆进行试点，开启了汽车共享化时代。

第三节　主要国家和地区概况

一、美国

（一）新能源汽车

美国在新能源汽车技术研发和政策支持上一直走在世界前列。在税收补贴方面，美国《能源政策法》规定，将纯电动汽车按总重量划分为 4 个档位，对应不同挡位可以享受不同的税收减免优惠。对于总重量小于 8500 磅的纯电动汽车，直接减税达到 3500 美元，特别是如果该电动汽车的单次充电续航里程可以达到 1000 英里，甚至可以最高获得 6000 美元的减税优惠。随着混合动力汽车进入商业化推广，美国政府对减税政策进行了调整，规定购买通用、福特、丰田、日产等公司生产的符合条件的混合动力汽车，可以享受到 250 美元至 2600 美元不等的税收减免。

在技术研发方面，美国政府在 2008 年发布了一项综合性能源计划，将在未来 10 年重点支持清洁汽车技术的研发和推广，计划总投入达 1500 亿美元。旨在确保到 2015 年，在美国本土生产的插电式混合动力汽车达到 100 万辆，其燃油消耗率达到每加仑行驶 150 英里。2009 年美国能源部又提出支持美国汽车制造商和零部件企业的研发和生产，重点放在下一代插电式混合动力汽车和动力电池等关键零部件。其中，15 亿美元用在高效动力电池方面；5 亿美元支持整车企业生产电动汽车及电机等关键零部件；另外 4 亿美元主要用于插电式混合动力和纯电动汽车的充电设施的示范运营和评估，如建立带有充电设施的卡车停车场及新型充电轨道。与此同时，美国能源部下属的国家实验室及相关的电池制造业联盟也设立了高性能的锂电池组的研发和制造中心，旨在为插电式混合动力汽车提供高性能的锂电池组。

在充电基础设施建设方面，每个家庭修建一个充电桩就可以从联邦政府获得最高 2000 美元的税收抵扣优惠，基本达到了家用充电桩购买和安装成本的 50%。同时，各个州政府也会根据新能源汽车的发展情况，给予消费者安装充电桩额外的补贴或税收抵扣。例如在电动汽车普及率很高的加州，除联邦政府的购车税收优惠之外，消费者每安装一个充电桩还可以获得 750 美元的补贴，每安装一个充电计时装置获得 250 美元的额外补贴。对于企业用户，如果在办公地点安装充电设施，根据充电桩型号的不同，可以获得 750 美元到 1000 美元不等的补贴。在有些城市，用户还可以在非用电高峰期享受低谷电价的优惠。在东部的马萨诸塞州，政府为 level 2 充电桩提供 50% 的建设补贴，纽约州提供 5000 元的税收减免。

截至 2014 年年底，美国建成并已投入使用的充电桩超过 5 万个。这其中，ChargPoint 作为美国最大的电动汽车充电运营商已建成近 2 万个充电桩，加上 ECOtality、NRG 及 Xatori 等公司的众多充电运营服务网络，共提供了总计约 3 万个充电桩。这种专业化的充电设施运营服务公司为新能源汽车购买者提供了持续的改善充电体验。ChargPoint 运营的充电桩主要分布于中心商务区，并可以为包括家庭、公司、停车场、医院、学校等不同类型的客户提供完整的充电设施解决方案，向用户、经销商及汽车制造商提供包括充电站定位、通过手机移动终端进行便捷支付和车辆充电进度远程监控等大量云服务。甚至，用户自己也可以直接购买和安装充电桩，并为他人提供有偿服务，通过手机随时来管理自己的充电桩运营情况。这类充电运营与服务提供商在美国新能源汽车产业快速发展的过程中起到了积极的推动作用。

（二）智能网联汽车

智能网联汽车方面，美国凭借强大的汽车技术研发能力和在信息技术领域的优势积累，率先初步具备了智能网联汽车产业化能力。

1. 拥有移动智能终端操作系统技术优势

IT龙头企业凭借在移动智能终端操作系统领域的技术优势和生态优势，复制成功经验，在智能网联汽车领域率先布局车载操作系统和车联网平台，打通车辆与智能终端间的应用适配，延展并形成适用于智能网联汽车的产业生态体系。苹果公司的CarPlay系统和谷歌公司的Andriod Auto系统是其中的典型代表。

2. 依托智能交通系统（ITS）推进智能网联汽车发展

美国智能网联汽车的重点在于依托ITS的整体发展推进汽车网联化进程。1991年，美国国会指派交通部（DOT）负责全国的智能交通发展。1997年，以美国为首的自动公路系统（AHS）试验对交通拥堵和污染，事故的减少，减少对驾驶者负担等方面进行了研究和测试。美国运输部正又在1998年试点了智能车辆先驱计划（IVI），通过加快先进的驾驶员辅助产品的开发，减少交通事故对民众造成的伤害;2010年，发布《美国ITS战略计划2010—2014》，第一次从国家战略层面提出大力发展网联技术及汽车应用；2015年，发布《美国ITS战略计划2015—2019》，明确了实现汽车网联化、加速汽车智能化两大核心战略，提出了车辆和道路更安全、增强交通移动性、降低环境影响、促进改革创新、支持交通系统信息共享等5项发展战略，确定了网联汽车、自动化、新兴功能、大数据、互用性、加速应用6大类别的研发及应用目标。

表1-11 美国智能网联汽车产业发展历程

时间	事件
1991年	美国交通部制定《陆上综合运输效率化法案》
1992年	美国交通部发布《ITS战略计划》
1995年	美国交通部发布《美国国家ITS项目规划》
1998年	美国交通部制定《面向21世纪的运输平衡法案》
1999年	美国国会批准《国家ITS五年项目计划》
2002年	美国交通部提出2002—2011《国家ITS项目计划10年计划》
2005年	美国交通部继TEA-21法案后，通过了SAFETEA-LU法案
2010年	美国交通部发布《美国ITS战略计划2010—2014》
2015年	美国交通部发布《美国ITS战略计划2015—2019》

资料来源：赛迪智库整理，2016年1月。

二、欧盟

（一）新能源汽车

在税收补贴方面，德国政府出台了多项优惠政策，其中包括为每辆新能源汽车提供 3000 欧元的补助。法国政府在 1995 年就对购买电动车提供每辆最高 1.5 万法郎的补贴。目前的政策是，对消费者购买纯电动汽车和混合动力汽车分别给予每辆 3200 和 2000 欧元的补助和公路税的减免，其中某些省还出台政策免征或给予 50% 减免的牌照税。英国推出对于消费者购买的第一辆纯电动汽车或插电式混合动力汽车，可收到 2000 到 5000 英镑不等的奖励，并将现行汽车保有税税制改为按二氧化碳排放率的不同，从零到 30% 不等，同时将混合动力汽车及纯电动汽车的补贴提高到了 7500 美元。瑞典政府为购买环保型轿车的消费者提供 10000 克朗的税收减免。意大利政府则也为购买纯电动汽车的消费者补贴 2000 欧元。挪威对混合动力汽车免收一些项目的登记税、对纯电动汽车免收所有登记税、进口增值税和道路税。

在技术研发方面，2008 年欧洲议会通过了鼓励清洁汽车发展的议案，要求把汽车的能耗、二氧化碳和其他污染物的排放指标列入今后公共部门及从事公共客运服务的企业进行车辆采购的要求范围。法国计划投入 4 亿欧元重点放在清洁能源汽车的研发，同时采取配套措施，保证清洁能源汽车的顺利运行，使充电如同加油一样便捷，在工作场所、超市和住宅区增加充电桩和充电站的数量。为了进一步促进环保型汽车的研发与推广，2009 年欧洲投资银行向整车企业发放规模为 70 亿欧元贷款。德国政府也推出了一项经济刺激计划，规模为 500 亿欧元，主要用于研发纯电动汽车和插电式混合动力汽车、建设充电网络和开发新的可再生能源，目标是到 2020 年德国境内保有的新能源汽车要超过 100 万辆。英国交通部为了鼓励推广纯电动汽车等低排放汽车，促进"电动汽车城市"网络的形成，安排了总计 2.5 亿英镑资金，其中包括为充电站及相关基础设施提供 2000 万英镑的资助。

在充电基础设施建设方面，德国电力企业是德国电动汽车产业以及示范项目的积极推动者。目前德国国内第二大电力公司莱茵集团（RWE Group）与相关车企推出了 E3 电动汽车用于其示范项目，在柏林建设 500 个充电点。其他电力企业也纷纷与相关企业合作，推动和参与示范项目建设运行。目前，德国的电力企业已成为政府示范项目建设主力军。德国四大电力公司共参加运营了 5 个示范项目，德国政府在全国范围内共进行了 8 个示范项目的运营。这也表明，电力公司参与的示范运营项目的数量明显超过了汽车企业等装备制造企业。另外，德国电力企业还与整车企业开展合作，积极推动充电设施的标准化建设。此外，政府还考虑修订《联邦干道交通法》等相关法律法规，为充电设施发展提供法律保障。当然，德国的设备制造商也积极推动充电基础设施研发与试点建设，例如西门子和博世等制造业企业也一直致力于充电技术和设施的研发，他们已经开发出全套充电设备和智能管理系统，产品应用于柏林、伦敦及新加坡等地的电动汽车示范项目。

在充电方式的选择上，德国整车企业一直对新能源汽车的更换电池的方式并不认可，并且在政策的制定和实施过程中，德国的车企又对政府有较大的影响力，因此到目前为止，德国范围内的新能源汽车主要采用的是整车充电的基本方式。德国大众汽车开展了无线感应充电技术和产品研发，其研制的无线感应充电机功率为 3.6 kw。特别是针对无线充电中存在的传输效率问题，奥迪开发了一种能够垂直立体升降的无线充电系统，当汽车需要充电时，就将系统抬升，从而使充电线圈更靠近车辆底部的受电线圈，这样能够保证输电效率达到 90%。德国的 ubitricity、e-bee 等公司正在试验将传统路灯改造成充电桩，该公司研发的充电装置可以被集成到传统的路灯上，并提供熔断器、接地漏电保护等配置，实现满足电动汽车需要的充电电流和电压。该公司估算，这样改造而来的路灯充电设施，可以比重建一个传统的充电桩节省约 90% 的成本。

（二）智能网联汽车

欧盟在汽车零部件供应、汽车整车生产以及智能化驾驶技术的研发方面，处于全球领先地位。

1. 制定详细的技术发展路线图

欧盟发布了《欧洲自动驾驶智能系统技术路线报告》，涉及车内技术、基础设施、大数据、系统集成与验证、系统设计、标准化、法律框架、宣传措施等 8 项内容。并规划了三个阶段：2020—2025 年为研发期，2022—2028 年为示范期，2025—2028 年为产业化期。根据欧盟委员会交通白皮书提出的发展目标，以不减少交通流量为前提，到 2020 年，通过自动驾驶技术的应用，实现污染物排放降低 20%、道路交通伤亡率降低 50%；到 2050 年，污染物排放降低 50%、道路交通伤亡率接近零。

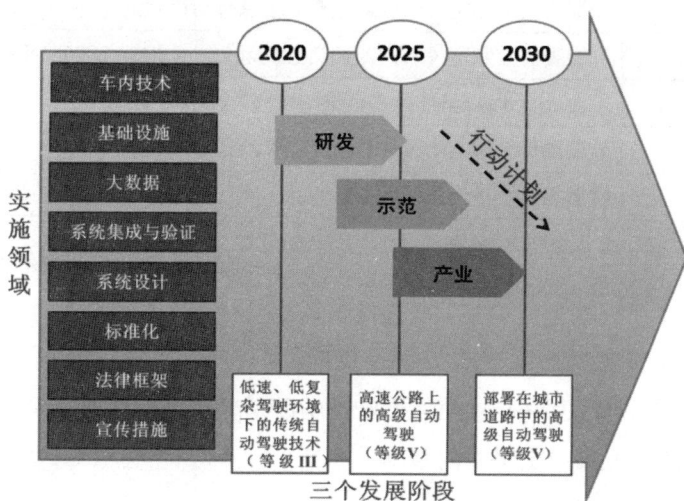

图1-7 欧洲自动驾驶汽车发展战略、实施领域与行动计划路线图

资料来源：赛迪智库整理，2016 年 1 月。

2. 依托全欧 ITS 网络推进产业发展

欧盟智能网联汽车产业以全欧 ITS 网络计划为基础。2004 年，欧盟进行了 ITS 整体体系框架的研究（FRAME 计划），统一了欧盟范围内各国的 ITS 体系框架。2010 年，欧盟委员会制定《ITS 发展行动计划》，是欧盟范围内第一个协调部署 ITS 的法律基础性文件。2014 年，欧盟启动 "Horizon 2020 研究计划（2014—2021）"，将 ITS 作为主要研发目标，其中的道路、物流、智能交通系统研究方向，均涉及智能汽车产业的相关领域，重点项目包括道路领域（合作式 ITS、公路交通车辆安全性与网联化）、物流领域（促进供应链的协同）和智能交通领域（互联性、数据共享与 ITS 部署的广泛性和兼容性等）。

表 1-12　欧洲智能网联汽车产业发展历程

时间	事件
1986年	开始民间主导的PROMETHEUS，实现车辆智能化为主
1988年	欧洲各国政府主导的DRIVE，以开发智能交通基础设施为目的
1996年	欧盟正式通过《跨欧亚交通网络（TEN-T）开发指南》

（续表）

时间	事件
1997年	欧盟委员会制定《欧盟道路交通信息行动计划》
2001年	欧盟委员会制定《欧洲2010交通政策》、《2001-2006隔年指示性计划》
2004年	欧盟进行了ITS整体体系框架的研究（FRAME计划）
2010年	欧盟委员会制定了《ITS发展行动计划》
2014年	欧盟委员会提出Horizon 2020项目

资料来源：赛迪智库整理，2016年1月。

3. 以技术研究及创新项目实施为主要抓手

2005—2020年间，欧盟委员会及权威部门将资助一系列研究与创新项目，涉及网络架构设计、互联与通信、驾驶员辅助系统及无人驾驶汽车四方面，为欧洲自动驾驶汽车发展奠定坚实的基础。

表1-13　2004—2020年欧盟委员会资助的智能网联汽车相关项目内容

项目名称	项目周期	项目内容
预防和主动安全应用（PReVENT）	2004年2月—2008年1月	主要从事高端驾驶辅助系统（ADAS）的研究。通过将传感器信息与通信及定位服务结合，汽车驾驶的整体安全性获得了显著提升
高度自动化智能交通车辆（HAVEit）	2008年—2011年	项目意在提高驾驶安全性以及振兴欧洲汽车产业在国家市场的竞争力。通过项目，部分自动化驾驶模式将会得以发展并且实现车道保持系统和车辆紧急制动系统的安装应用
公路列车环境安全（SARTRE）	2009年9月—2012年12月	项目意在鼓励使用道路列车进行个人运输，识别日常交通中公路列车（尤其是重型车辆）的实际应用方法
基于主动干预的智能车辆事故避免（interactIVe）	2010年—2013年	致力于研究如何实现欧洲无事故交通、开发先进的辅助系统以实现更安全高效的驾驶
智能车辆自动驾驶技术及应用（AdaptIVe）	2014年—2017年6月	大众联合欧洲主流车厂与研究机构，总投资2500万欧元，开展SAE 5阶段智能汽车标准中的2—4阶段的部分技术的应用，重点进行法律法规、人机交互、性能评估、近距离自动驾驶、城市自动驾驶、高速自动驾驶等方面的研究工作
城市自动化公路旅客运输（CityMobil2）	——	是城市环境中无人驾驶车辆（第5级）应用实施的成功案例。作为CityMobil的后续项目，主要是在受保护的环境中实施自动化运输的智能化

（续表）

项目名称	项目周期	项目内容
Horizon 2020	2014年—2020年	资金达到800亿欧元，其中有超过63亿欧元被指定用于未来智能交通系统产业相关领域的研究。包括航空、铁路、公路、水路、乡村道路、物流、智能交通系统、基础设施、与社会经济和行为研究以及前瞻性课题相关的政策研究
欧洲eCall	2018年起	2018年起欧盟地区销售的所有轻型车新车均将配装eCall系统。该系统使用"112"，自动呼叫紧急救助服务，以使救助服务人员能够更快抵达交通事故现场
德国、荷兰、奥地利的C-ITS走廊	——	探索和搭建区域合作的ITS与智能网联汽车发展模式。前期主要是在三国开展初期的智能交通服务，如道路施工预警（Road works warning）、行车信息探测（Probe vehicle data）等功能，并在后一阶段接入车内信息获取（In-vehicle-information）、交叉口安全（Intersection Safety）与其他车辆和交通信息连接的应用（Other DENM based applications）等功能，并对多通道信息技术（Multimodal information）进行应用研究
法国SCOOP	——	计划在2016年装备3000台车辆，改造2000公里道路，在全国5个地区进行国家级层面的智能网联汽车示范运营

资料来源：赛迪智库整理，2016年1月。

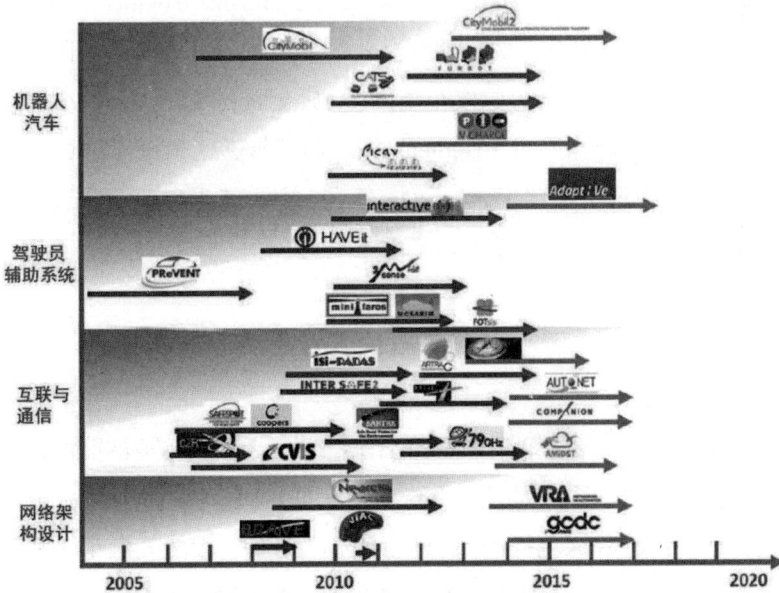

图1-8　2004—2020年欧盟委员会资助的智能网联汽车项目推进情况

资料来源：赛迪智库整理，2016年1月。

4. 制定并出台相关法规及行动计划

法国：2015 年法国政府发布的"新工业法国"计划提出，到 2020 年，电子信息制造与供应商的任务是继续推动传感器、软件、控制系统及服务等相关行业的发展，以获取更加实惠且更具竞争力的自动驾驶车辆及零部件。该任务的实施目标在于通过自动驾驶形成更加灵活、适应性更强的交通流，能够让老年人及残疾人士也可以实现日常交通出行。

德国：2015 年，由德国联邦交通和数字基础设施部指导成立"自动驾驶圆桌会议"（Round Table Automated Driving），由来自政府、汽车制造与供应商、保险公司以及科研机构的专家组成，主要目标是建立一个支持自动驾驶汽车在公路上行驶的法律框架。2015 年，德国联邦经济事务与能源部、联邦教育与研究部资助了一系列 ADAS 和协作系统研发项目。

英国：2014 年，英国政府发布两项政策，为自动驾驶汽车在公路上行驶开启"绿灯"。英国政府的意图是帮助其在新兴的"智能移动"市场成为全球领导者。英国还举办了由各城市参加的无人驾驶汽车实验竞争项目。

瑞典：2013 年，瑞典政府支持了一项名为"驾驭自我——自动驾驶汽车的可持续移动性"（Drive Me – Self driving cars for sustainable mobility）的联合行动计划，该计划以"零交通事故"为动机，将不同领域的研究与公共道路上的自动驾驶汽车相关联。沃尔沃（Volvo）汽车集团、瑞典交通管理局、瑞典交通运输机构、Lindholmen 科技园及哥德堡市（Gothenburg）都参与了这个试点项目。在哥德堡地区长约 50 公里的选定道路上，每天将有 100 辆沃尔沃自动驾驶汽车开展实验行驶。

三、日本

（一）新能源汽车

在税收补贴方面，日本政府主要推出了电动、天然气等清洁能源汽车可享受 50% 的减税政策，并享受与同级别传统车差价的 1/2 作为优惠补贴。2009 年日本开始实施为期一年的"绿色税制"，对购买电动汽车、天然气汽车、清洁柴油车以及获得认定的低公害车等环保汽车的消费者免除车辆购置税，对于政府机关采购车辆，则要求全部为低公害车。同时，为进一步加大对环保汽车消费的促进，日本政府投入约 3700 亿日元等大规模经济刺激政策。汽车生产企业也提供了很多创新补贴，如消费者可以通过租赁电池组的方式，降低一次性昂贵的购买成本，从而将电池费用平摊进汽车的全生命周期中。如此，可以使电动车每英里行驶所需电费降至约为 1 美分，而传统燃油汽车行驶同样里程则需要 10 美分汽油成本。

在技术研发方面，1993 年，日本将新能源技术开发计划、"节能技术开发计划"和"环保技术开发计划"等三个计划合并为规模庞大的"新阳光计划"，旨在通过政府领导，运用政、产、学三方联合的模式，在能源开发方面联合攻克各种技术难题，并每年为该计划拨款约 362 亿日元用于新能源技术研发。2010 年日本政府提出了《新一代汽车战略 2010》，其中包括技术创新战略、资源供给战略、需求导入战略和基础设施先行战略等统一规划的新能源汽车产业的发展战联，并提出到 2020 年，在日本国内的新车销量中，混合动力汽车、电动汽车等"新一代汽车"要达到 50% 的市场占有率。

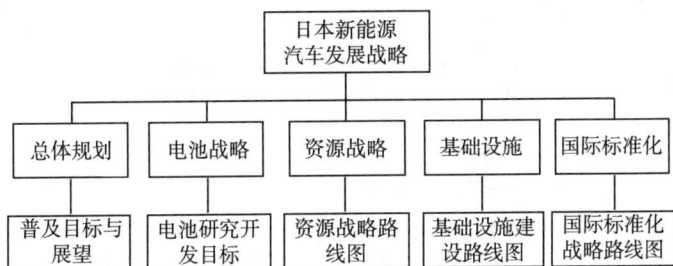

图1-9　日本的新能源汽车发展战略图

资料来源：赛迪智库整理，2016 年 1 月。

（二）智能网联汽车

日本交通设施基础较好，拥有比较领先的 ITS 系统，智能网联汽车技术水平稳步推进。

1. 建设覆盖全国的道路交通信息通信系统

日本的道路交通信息通信系统（Vehicle Information Communication System, VICS）是比较典型的、具有较高层次的车联网信息系统。VICS 于 1996 年正式提供信息服务，2003 年已经实现了对全日本境内的基本覆盖，并能将警察部门和高速公路管理部门提供的交通路况、驾驶所需时间、路面施工、车速与路线管制以及停车场空位等信息编辑处理后及时传送给用户，构建了车辆互联、多方服务的信息化生态环境。目前日本安装 VICS 终端的车辆已超过 3000 万辆。

2. 重点发展ITS布点技术

近年来，日本国土交通省（MLIT）强调车辆与公共交通基础设施之间通信连接的重要性。为更好地实现智能网联汽车的实际应用，引入ITS布点技术来实现高带宽的连接。在日本各地已经安装了1600个ITS布点位置，已有超过10万辆汽车与之建立通信连接。ITS系统已能提供一定的交通信息及预警提示，未来将进一步实现与车载车道保持辅助系统（LKA）和自适应巡航系统（ACC）的联合。

表1-14　日本ITS通信技术系统

技术	具体组成
路边设施通信技术	通信网络：由政府、道路管理和运输工具提供； 支撑网络：监控及管理
车路通信技术	手机/广域和一对一通信； 专用短程通信（DSRC），分为狭域、一对一和一对多通信； 广播（广域和一对多通信）
车内通信技术	局域网（LAN）提供信息、控制和支撑； 控制器（CAN）； 收发器（FR）； 本地互联网络（LIN）； 多媒体系统（MOST）
车车通信技术	车对车的信息收集和传输技术，是日本ITS发展的新技术

资料来源：赛迪智库整理，2016年1月。

3. 实施新的IT战略

2013年，日本政府宣布新IT战略即《世界领先IT国家创造宣言》，启动战略性创新创造项目（SIP）计划，提出了日本自动化驾驶汽车商用化时间表，以及ITS 2014-2030技术发展路线图，并提出到2020年推动先进驾驶辅助系统和自动驾驶系统的开发和商业化应用，建成世界最安全的道路；在2030年实现交通数据的大规模应用，建成世界最安全及最畅通的道路。2014年11月，日本由内阁府牵头，联合警察厅、总务省、经济产业省、国土交通省等政府部门，以及丰田等日本主要汽车企业，开始实施"自动驾驶汽车研发"国家战略创新项目。对环境感知、高精度动态地图、系统安全强化、驾驶员模型、交通基础设施、安全与节能减排效果统计方法、自动驾驶汽车的测试验证等关键技术进行联合研究，并提出了"2017年实现部分自动驾驶系统市场化，2020年代后期实现完全无人驾驶系统市场化"的目标。

4. 大力推广智能安全技术

日本在智能安全技术的应用上较为领先。丰田推出的综合安全管理理念(ISMC)创建能够将各系统加以整合、共同运行的安全体系，而非各系统单独运行。日产宣布在 2020 年推出无人驾驶汽车并表示其价格将在公众可接受范围内，并不像谷歌一样需要昂贵的顶置激光雷达，而是使用低成本、高集成度的车载传感器。本田公司正在研发的无人驾驶汽车则采用的是协同式技术路线，通过车车、车路通讯获取环境信息，对车辆周围环境进行全面的辨识，进而对车辆行驶路径进行智能决策。

表 1-15 日本智能网联汽车产业发展历程

时间	事件
1991年	日本制定《第5个交通安全计划》
1994年	建设省、运输省、警察厅、通产省、邮政省联合共同推进ITS研究
1996年	日本政府提出《ITS总体构想》
2001年	日本政府提出《E-JAPAN战略》
2006年	日本政府启动"智能道路计划Smart Way"
2010年	日本政府提出《新信息通信技术战略》
2011年	日本政府提出《第9次安全基本计划》
2013年	日本提出《世界领先IT国家创新宣言》，启动SIP（战略性创新创造项目）计划

资料来源：赛迪智库整理，2016 年 1 月。

表 1-16 日本智能网联汽车产业发展目标

时间	阶段	目标
2014—2016年	短期战略	完成市场总体部署； 研发V2X系统及终端设备
2017—2020年	中期战略	2017—2018年，完成Level 2市场部署，日本交通事故死亡人数降到2500人/年； 2019—2020年，完成驾驶安全支持系统、V2X研发与市场化，建设世界最安全的道路； 完成交通信息开放数据共享架构及应用，减少交通拥堵，并为2020年东京奥运会提供运行方案
2021—2030年	远期战略	完成自动驾驶系统Level3、4系统研发及市场应用； 最终建设完成世界最安全且最畅通的道路的目标

资料来源：赛迪智库整理，2016 年 1 月。

第二章　2015年中国汽车产业发展状况

第一节　产业现状

一、汽车产销总体平稳增长

2015年以来，受经济增长放缓、各地方限购限行等因素的影响，我国作为世界最大汽车市场，汽车销售也进入到"微增长"的新常态。根据中国汽车工业协会的数据，2015年12月我国完成汽车生产265.58万辆，同比增长15.9%，实现销售278.55万辆，同比增长15.4%；2015年全年，汽车产销分别为2450.33万辆和2459.76万辆，同比累计增长3.3%和4.7%。总体来看，2015年上半年受经济下行因素及部分城市限购限行等措施的影响，我国汽车销量增速较上一年同期继续回落。进入下半年以来，受10月份启动的1.6升及以下排量乘用车实施减半征收车辆购置税的优惠政策影响及新能源汽车市场的超高速增长，我国汽车销量开始快速回升，到11月份单月销量同比增速已接近20%。

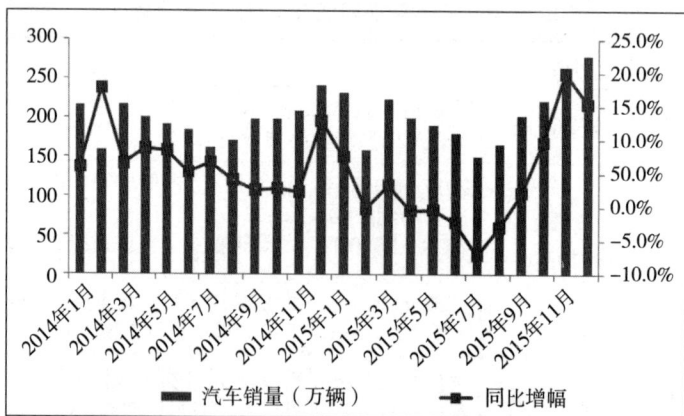

图2-1　2014—2015年我国汽车销量及同比增长情况

资料来源：中国汽车工业协会，2016年1月。

二、乘用车细分领域增势较为明显

2015 年全年，乘用车产销分别为 2107.94 万辆和 2114.63 万辆，同比增长 5.8% 和 7.3%。受市场需求发生变化的影响，乘用车销量结构发生变化，主要表现为 SUV 车型销量迅猛增长，占比大幅提升；轿车占比有所下降。其中，轿车销售 1172.02 万辆，同比下降 5.3%；MPV 销售 210.67 万辆，同比增长 10.1%；SUV 销售 622.03 万辆，同比增长 52.4%；由于在 2015 年 9 月底举行的国务院常务会议做出了决定，从 10 月 1 日起对 1.6 升及以下的小排量乘用车实行车辆购置税减半的优惠政策，因此从 10 月份开始，小排量乘用车的增长势头有所上升，到 2015 年年底，1.6 升及以下小排量乘用车累计实现销量 1450.86 万辆，比上年同期增长 10.38%，高于乘用车整体增速，占乘用车市场份额达到的 68。6%，比上年同期的市场占有率提高了 1.41 个百分点。

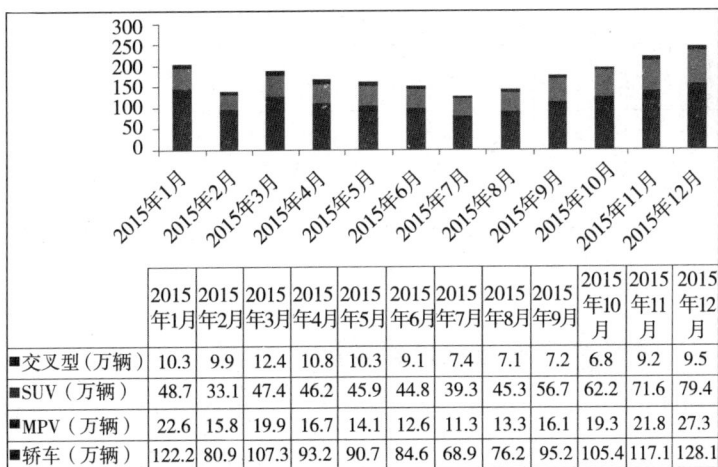

	2015年1月	2015年2月	2015年3月	2015年4月	2015年5月	2015年6月	2015年7月	2015年8月	2015年9月	2015年10月	2015年11月	2015年12月
■交叉型（万辆）	10.3	9.9	12.4	10.8	10.3	9.1	7.4	7.1	7.2	6.8	9.2	9.5
■SUV（万辆）	48.7	33.1	47.4	46.2	45.9	44.8	39.3	45.3	56.7	62.2	71.6	79.4
■MPV（万辆）	22.6	15.8	19.9	16.7	14.1	12.6	11.3	13.3	16.1	19.3	21.8	27.3
■轿车（万辆）	122.2	80.9	107.3	93.2	90.7	84.6	68.9	76.2	95.2	105.4	117.1	128.1

图2-2　2015年我国乘用车份车型销量情况

资料来源：中国汽车工业协会，2016 年 1 月。

三、商用车仍持续负增长态势

受经济增长放缓及房地产等投资回落等因素的影响，2015 年全年，商用车完成生产 342.39 万辆，同比下降 10%，实现销售 345.13 万辆，同比下降 9%，全年商用车产销量仍持续负增长态势。

2015 年 12 月，在商用车主要品种中，与上月相比，客车产销呈现较快增长，货车则呈现小幅增长；与上年同期相比，客车产销有小幅增长，货车呈小幅下降。

12月，完成客车生产 6.78 万辆，实现销售 7.43 万辆，环比增长分别为 13.4% 和 30.6%，同比增长分别为 0.5% 和 6.3%。货车产销 26.7 万辆和 26.91 万辆，环比增长 5% 和 5.5%，同比下降 4.5% 和 3.6%。1—12 月，客车销量比上年同期呈小幅下降，降幅比 1—10 月略有减缓。大型、中型和轻型客车，作为我国客车市场销售的主要品，都显示出一定比例的增长，其中大型客车增速更为明显；与上年同期相比，轻型客车销量略有下降，大型和中型客车保持增长。11 月，大型客车销售 1.05 万辆，环比增长 45.60%，同比增长 50.79%；中型客车销售 0.84 万辆，环比增长 34.57%，同比增长 5.19%；轻型客车销售 3.72 万辆，环比增长 14.69%，同比下降 2.50%。11 月，大、中和轻型客车产销率分别为 99.12%、96.52% 和 95.78%。全年货车生产 283.3 万辆，同比大幅下降 11.4%，货车销售 285.59 万辆，同比大幅下降 10.3%。

表 2-1　2015 年 12 月商用车销售情况

	12月（万辆）	1—12月累计（万辆）	12月环比增长%	12月同比增长%	同比累计增长%
商用车	34.3	345.1	10.1	−1.6	−9.0
客车	7.4	59.5	30.6	6.3	−1.9
货车	26.9	285.6	5.5	−3.6	−10.3

资料来源：中国汽车工业协会，2016 年 1 月。

四、汽车零部件产业呈集群化发展

20 世纪 90 年代以后，受到需求不断扩大的影响，中国汽车零部件产业开始快速发展起来，目前已经基本可以满足我国汽车企业的零配件需求，从整车、系统供应商、一线供应商、二线供应商以至更底层的供应商的产业链已经初步形成，尤其在商用车、中低档乘用车方面，已经具备了零部件开发和配套能力。

汽车零部件产业已形成较为明显的集群特征。考虑到物流成本的因素，汽车零部件企业的位置布局通常与整车企业的位置布局一致，我国目前零部件企业主要集中于汽车整车工业比较发达的地区，合资或外商独资的零部件企业则主要集中于东部地区。近年来，随着一些汽车零部件园区或产业基地的迅速崛起，我国已基本形成京津冀、长三角、珠三角、东北、华中、西南等 6 大汽车零部件集群区域。据统计，这 6 大区域汽车零部件产值占全国汽车零部件行业总产值的 80% 以上，零部件企业数量和从业人数占行业总数量的比例也接近 80%。

近些年，随着新能源汽车市场的快速增长，也拉动了对动力电池的需求。2015 年 1—10 月，位居新能源汽车磷酸铁锂动力电池配套前三甲的企业分别是比亚迪、沃特玛、A123。这三家企业约占据了 56.2% 的市场份额，其中比亚迪独占 36%。2015 年中国新能源汽车市场的锂离子动力电池单元成本较 2014 年下降 25% 左右。

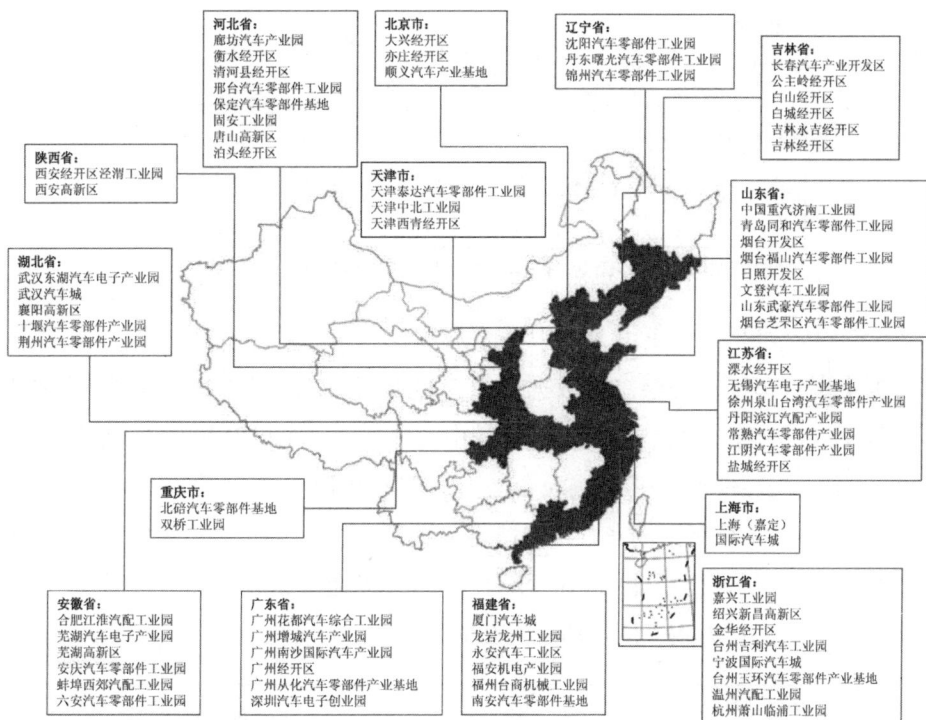

河北省：
廊坊汽车产业园
衡水经开区
清河县经开区
邢台汽车零部件工业园
保定汽车零部件基地
固安工业园
唐山高新区
泊头经开区

北京市：
大兴经开区
亦庄经开区
顺义汽车产业基地

辽宁省：
沈阳汽车零部件工业园
丹东嘿尤汽车零部件工业园
锦州汽车零部件工业园

吉林省：
长春汽车产业开发区
公主岭经开区
白山经开区
白城经开区
吉林永吉经开区
吉林经开区

陕西省：
西安经开区泾渭工业园
西安高新区

天津市：
天津泰达汽车零部件工业园
天津中北工业园
天津西青经开区

山东省：
中国重汽济南工业园
青岛同和汽车零部件工业园
烟台开发区
烟台福山汽车零部件工业园
日照开发区
文登汽车工业园
山东武豪汽车零部件工业园
烟台芝罘区汽车零部件工业园

湖北省：
武汉东湖汽车电子产业园
武汉汽车城
襄阳高新区
十堰汽车零部件产业园
荆州汽车零部件产业园

江苏省：
溧水经开区
无锡汽车电子产业基地
徐州泉山台湾汽车零部件产业园
丹阳滨江汽配产业园
常熟汽车零部件产业园
江阴汽车零部件产业园
盐城经开区

重庆市：
北碚汽车零部件基地
双桥工业园

上海市：
上海（嘉定）
国际汽车城

浙江省：
嘉兴工业园
绍兴新昌高新区
金华经开区
台州吉利汽车工业园
宁波国际汽车城
台州玉环汽车零部件产业基地
温州汽配工业园
杭州萧山临浦工业园

安徽省：
合肥江淮汽配工业园
芜湖汽车电子产业园
芜湖高新区
安庆汽车零部件工业园
蚌埠西郊汽配工业园
六安汽车零部件工业园

广东省：
广州花都汽车综合工业园
广州增城汽车产业园
广州南沙国际汽车城
广州从化汽车零部件产业基地
深圳汽车电子创业园

福建省：
厦门汽车城
龙岩龙州工业区
永安汽车工业区
福安机电产业园
福州台商机械工业园
南安汽车零部件基地

图2-3 我国主要汽车零部件产业园分布示意图

资料来源：赛迪智库整理，2016 年 1 月。

五、新能源汽车产销保持高速增长

根据机动车整车出厂合格证统计，2015 年 11 月，我国新能源汽车生产 7.23 万辆，同比增长 6 倍。其中，纯电动乘用车生产 3 万辆，同比增长 7 倍，插电式混合动力乘用车生产 7509 辆，同比增长 2 倍；纯电动商用车生产 3.09 万辆，同比增长 18 倍，插电式混合动力商用车生产 3893 辆，同比增长 97%。

2015 年 1—12 月，登上我国新能源汽车产品公告上的新能源汽车产品产量累积达到 37.90 万辆，同比增长 400% 左右。其中，纯电动和插电式混合动力乘用车

产量分别为 14.28 万辆和 6.36 万辆，同比增长 300% 和 300%；纯电动商用车生产
14.79 万辆，同比增长 8 倍，插电式混合动力商用车生产 2.76 万辆，同比增长 79%。

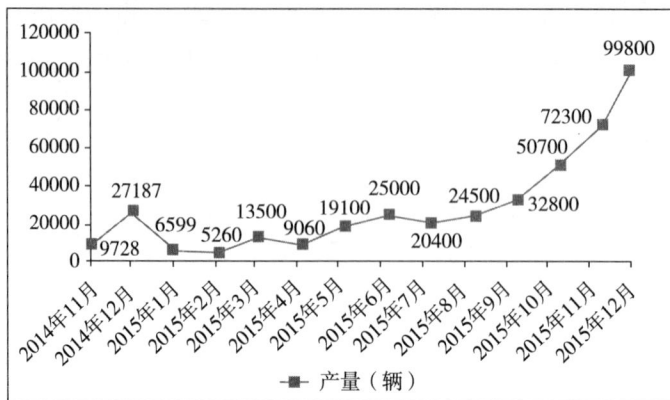

图2-4　2014年11月—2015年12月新能源汽车产量

资料来源：工信部，2016年1月。

　　据中国汽车工业协会统计数据显示，2015 年 1—10 月，我国新能源汽车累
计销售 17.11 万辆，同比增长 290%。其中，纯电动汽车（BEV）累计销售 11.38
万辆，同比增长 390%；插电式混合动力汽车（PHEV）累计销售 5.73 万辆，同
比增长 180%。从全年销量来看，2015 年，我国销售新能源乘用车为 20.74 万辆，
其中纯电动乘用车实现销售 14.67 万辆，同比增长近 3 倍，而插电式混合动力乘
用车实现销售 6.07 万辆，同比增长近 2.5 倍。

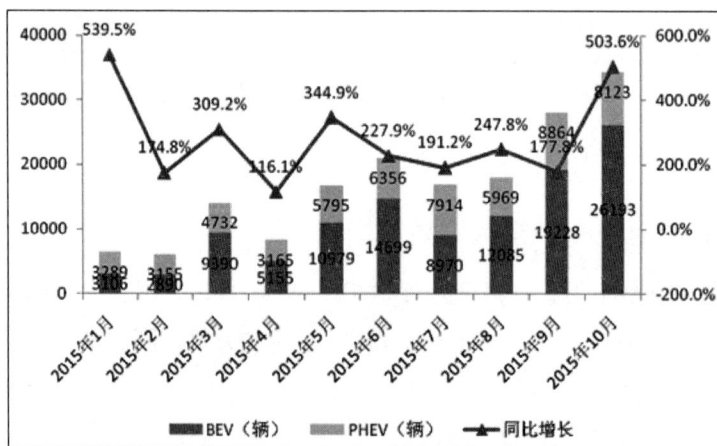

图2-5　2015年1—10月新能源汽车销量及同比增幅

资料来源：中国汽车工业协会，2016年1月。

从车型销量看：在插电式混合动力汽车方面，比亚迪秦、唐以及上汽荣威550车型销量居前列，特别是比亚迪秦，已突破3万的销量。

表2-2　主要新能源汽车车型2015年1—11月销量情况

车型	2015年1—11月销量（辆）
BEV	
吉利康迪熊猫	15689
北汽E系列	14792
众泰云100	12885
江淮和悦IEV	8839
新大洋知豆	7373
众泰E20	6385
奇瑞QQ电动	5961
奇瑞eQ	5394
比亚迪e6	4774
江铃E100	2700
比亚迪奔驰腾势	2016
东风日产晨风	978
众泰TT EV	946
东风风神E30	346
长安逸动	326
PHEV	
比亚迪秦	30426
比亚迪唐	12528
上汽荣威550	9100
广汽传祺GA5EV	874
宝马5系	692

资料来源：赛迪智库整理，2016年1月。

六、中国品牌乘用车市场份额提高

由于轿车市场的大幅度下跌，中国品牌乘用车自2010年市场占有率达到45.6%的高点之后，就一直处于下降通道，2014年市场占有率已降到38.44%。相对于外资品牌，中国品牌产品竞争力薄弱仍是主要因素。2015年，由于我国消费者对于MPV和SUV等细分车型的需求强烈，以及中国品牌汽车企业的成本优势，这两类细分市场上的中国品牌实现了较快速的增长，进而也推动了整体乘用车市场的增长。2015 年 11 月，中国品牌乘用车实现销售 92 万辆，同比增长 27%，在乘用车市场占有率达到 41.90%，比上年同期提高了 1.1 个百分点。其中，中国品牌轿车市场的形势依然不容乐观，11 月实现销售 23.72 万辆，同比下降 6.1%，仅占当月全国轿车销售总量的五分之一左右，市场占有率较上年同期又下降了 3.3 个百分点；但另一方面中国品牌 SUV 共实现销售 39.5 万辆，同比增长 88.1%，占全国 SUV 销售总量的一半以上，占有率同比增长 4.7%。

据中国汽车工业协会统计数据显示，2015 年全年，中国品牌乘用车共销售 873.76 万辆，同比增长 15.3%，乘用车市场占有率较上年提高了 2.9 个百分点，达到 41.3%。其中，中国品牌轿车共销售 243.03 万辆，同比下降 12.5%；占轿车销售总量的 20.7%，占有率较上年同期下降 1.7 个百分点；中国品牌 SUV 共销售 334.3 万辆，同比增长 82.8%，占 SUV 销售总量的 53.7%，占有率较上年同期增长 8.9 个百分点；中国品牌 MPV 共销售 186.58 万辆，同比增长 13.6%，市场占有率达到 88.6%，比上年提高 2.7 个百分点。另外，德系乘用车依旧保持领先地位，销售 363.12 万辆，但乘用车市场占有率有所下降到 18.9%；日系品牌市场占有率小幅增长，美系品牌市场占有率小幅下降，乘用车分别销售 293.85 万辆、228.35 万辆，市场占有率达到 15.9% 和 12.3%；韩系和法系品牌乘用车销量为 146.40 万辆和 65.21 万辆，分别占乘用车销售总量的 7.9% 和 3.5%。

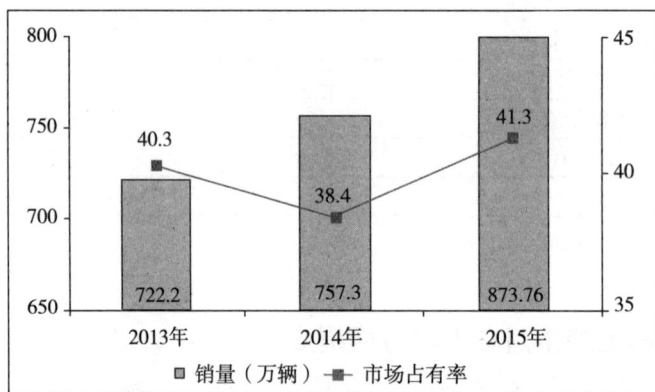

图2-6　2013—2015年中国品牌乘用车销量及市场占有率

资料来源：中国汽车工业协会，2016 年 1 月。

中国品牌汽车企业中，有 12 家销量高于上年同期，有 13 家乘用车销量高于上年同期，有 6 家商用车销量高于上年同期。

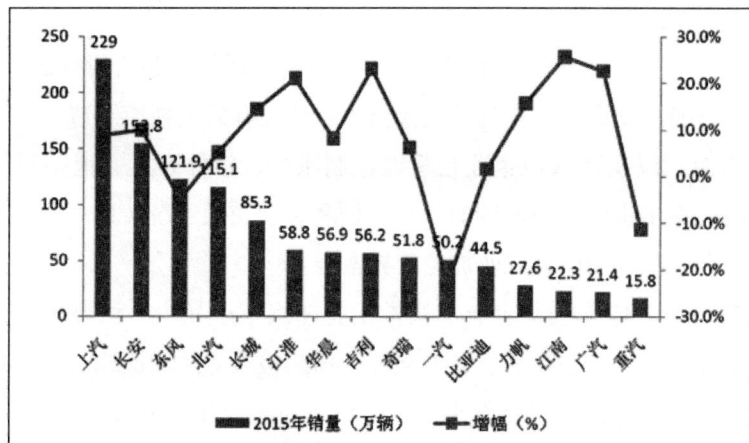

图2-7 2015年中国品牌汽车企业销量及增长情况

资料来源：中国汽车工业协会，2016 年 1 月。

七、智能网联汽车发展处于起步阶段

从产品类型看，目前我国智能网联汽车产品种类少，多为入门级，局限于自动泊车、远程控制、车道偏离预警等辅助驾驶功能。从技术发展看，智能化技术还较为分散、单一，集成化水平不高；网联化技术仍然以实现服务娱乐、用车辅助等功能为主。从应用进展看，整体处于技术研发阶段，离示范推广、大规模应用还有较长距离。从智能网联汽车的产业链来分析，我国目前在汽车级芯片、传感器、车载操作系统等高端环节的产品还没有形成产业化的能力，市场竞争力较弱。

"十二五"期间，我国对复杂交通环境感知、行驶目标识别、驾驶员特性建模、复杂车辆动力性建模、车辆控制算法等领域进行了研究，取得阶段性成果。据媒体报道，国家自然科学基金支持的"以环境感知、人的行为认知及决策为重点的无人驾驶汽车"项目已经取得阶段性成果，完成了原理样机从北京到天津的无人驾驶实车试验。在 863 计划支持下，清华大学联合一汽、东风、长安等企业，在可实用化的智能汽车技术方面开展了大量的基础研究和原理样机的研制、实车路试；自适应巡航控制系统（ACC）、行驶车道偏离预警系统（LDW）、行驶前向预警系统（FCW）等正在进行产业化。部分汽车企业通过开发 Telematics 为主的互联网应用实现娱乐和舒适智能控制，如比亚迪的云服务、上汽的 inkaNet 3.0 车联网系统等。

百度、阿里巴巴、腾讯、乐视、小米等国内互联网巨头纷纷推出造车计划，与汽车企业开展深度合作，以整合发挥汽车企业拥有的大规模制造能力、汽车后服务网络资源，以及互联网企业在智能控制系统、软件开发、地图导航、电商平台等领域的突出优势。与此同时，车联网和智能交通系统（ITS）的快速发展，也推动汽车产业和电子信息产业加速跨界融合。

在汽车行业，传统汽车企业加快推出智能汽车产品。上汽荣威 350 已经实现了实时路况导航、股票交易、社群交流、信息检索等互联应用。东风风神 ECS 概念车也为驾驶者提供智能化驾乘体验、更高的安全性，以及基于 3G 的互联网接入服务。华晨汽车的中华 AO 概念车应用一键式操作系统、智能汽车信息管理系统等全数字系统。长安汽车的 inCall3.0+T-BOX 已实现语音控制、远程控制、手机互联等功能。

在互联网行业，BAT 等加速向智能汽车领域渗透布局。2014 年，百度进行 Carnet 车载智能平台的研发，可将用户的智能手机与车载系统结合，实现"人、车、手机"间的互联互通。阿里巴巴与上汽集团合作打造"互联网汽车"。腾讯入股四维图新，推出"路宝"盒子。

八、汽车进出口均出现回落

2015 年我国汽车进出口出现了大幅滑落。据海关统计数据，2015 年 11 月，我国实现汽车整车进口 8.38 万辆，进口金额 33.13 亿美元，同比分别下降 22.3% 和 27.8%；汽车整车出口 5.17 万辆，同比下降 41%，出口金额 9.13 亿美元，同比下降 21%。2015 年 1—11 月，累计整车进口 99.12 万辆，进口金额 409.62 亿美元，分别同比下降 23.5% 和 26%；累计整车出口 69.94 万辆，同比下降 18.3%，累计出口金额 113.89 亿美元，同比下降 5.9%。在汽车主要进口品种中，越野车、轿车和小型客车进口量环比和同比均呈较快下降，其中小型客车降幅更为显著。在整车出口主要品种中，轿车、客车和载货车这三大类品种的出口量和出口金额的环比和同比均呈明显下降。2015 年 1—11 月，汽车整车出口、汽车零部件和摩托车出口累计金额为 729.75 亿美元，同比下降 4.4%。根据中国汽车协会统计，2015 年汽车累计出口 72.82 万辆，比上年下降 20%。其中乘用车出口 42.77 万辆，比上年下降 19.8%；商用车出口 30.05 万辆，比上年下降 20.4%。

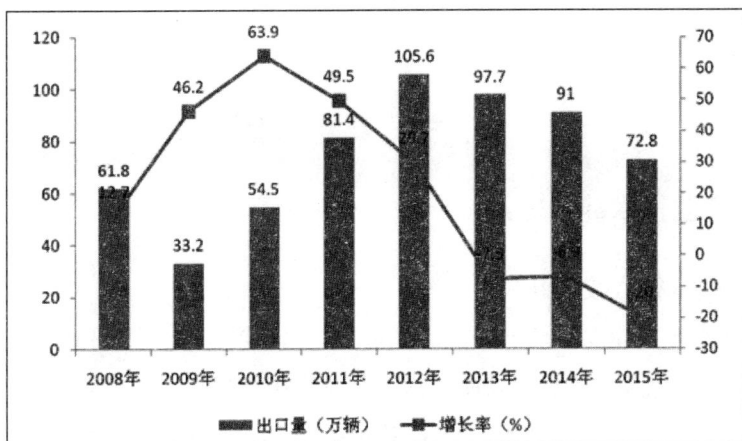

图2-8　2008—2015年我国汽车出口情况

资料来源：中国汽车工业协会，2016年1月。

九、重点企业主要经济指标低于上年同期

根据国家统计局数据，全国汽车行业规模以上企业的主要经济指标显示，2015年1—10月，汽车制造业的主营业务收入累积实现了55602亿元，同比上升2.74%；主营业务税金及附加共计1128亿元，比上年同期减少2.31%；利润总额4607亿元，比上年同期下降3.13%。根据汽车工业协会数据，2015年1—11月全国17家重点汽车企业的主要指标显示，工业总产值累计实现25189.02亿元，同比下降0.8%，营业收入累计实现27951.36亿元，同比下降0.6%，利税总额为5001.62亿元，同比下降1.4%。总的来看，汽车行业主要经济指标增速继续呈趋缓走势，主营业务收入小幅提高，利润、利税总额降幅有所收窄。

表2-3　2015年1—11月17家重点汽车企业集团土要指标情况

指标	1—11月累计	上年同期累计	同比增长	增加额
工业总产值	24992.8	25189.0	−0.8	−196.2
营业收入	27951.4	28117.1	−0.6	−165.7
利税总额	4931.0	5001.6	−1.4	−70.7

资料来源：中国汽车工业协会，2016年1月。

第二节　存在问题

一、企业技术能力较弱

（一）关键核心技术缺失

在我国汽车产业发展初期，政府采取了"以市场换技术"的模式，从人才培养和技术溢出角度看，这对中国品牌汽车企业的培育起到了一定的积极促进作用。但随着我国汽车市场的快速发展，乘用车领域已经被合资品牌占据大部分份额，但中国品牌汽车企业却没有完成从模仿到学习的过程，仍未掌握整车及关键零部件的核心技术。一是中高端市场，特别是乘用车市场，主要被外资和合资品牌占据。汽车的外观设计、先进材料、关键零部件、整车制造、高端智能装备等核心技术也被跨国企业在全球的产业链控制。二是合资企业对外方产品和技术的依赖仍然很强。合资企业主要依靠直接引进的外方技术，没有完成技术学习和技术吸收的过程，对汽车产业核心技术能力的提高、促进相关产业及技术发展的作用不明显。三是缺乏自主知识产权。目前中国品牌汽车技术中有很大一部分的知识产权并不是自己所有，尤其是在在动力总成等核心零部件方面与国际先进水平依然存在较大差距。国内生产的乘用车中，发动机、变速器、控制系统等高技术含量、高附加值的核心零部件基本依赖进口或由外方独资企业与合资企业控制。

（二）研发投入严重不足、结构不合理

整车方面，我国汽车整车企业 R&D 投入占销售收入的比例不到 2%，和全球主要汽车企业集团 5%—8% 的平均值有较大差距。虽然个别中国品牌汽车企业如奇瑞、吉利的研发投入占销售收入的比重超过 5%，但由于规模较小，对汽车行业整体研发水平提高有限。零部件企业方面，据统计，全球零部件企业平均研发投入占销售收入的比例约为 5.1%，一般高于整车企业。但我国汽车零部件企业则普遍低于 1.4%，与整车领域的差距更大。此外，整车企业对引进技术的消化与吸收环节的投入不足、重视程度不够。我国引进技术和消化吸收的经费投入比是 1∶0.08；而日本和韩国在汽车技术引进吸收方面的比例则是介于 1∶5 到 1∶8 之间，从而形成了"引进—吸收—试制—自主创新"的良性发展。

（三）汽车研发人才明显不足

在研发人才方面，据统计，在全球主要汽车企业集团中，研发人员数量占员工总人数的比例均超过 10%，而我国汽车行业该数值平均为 7% 左右。人才质量上的差距更大，发达国家经过多年的汽车产业发展和汽车技术研究，研发人才的积累远远领先我国；同时，全球主要汽车企业的中高级技工数量占工人总数的 40% 以上，而我国只有不到 15%。

二、新能源汽车发展不及预期

（一）动力电池和整车技术水平有待进一步提高

动力电池方面，我国缺少龙头企业，系统集成和工程化能力弱，高能量密度三元材料动力电池批量供应和一致性保障能力还不够。美、日、韩等国家对下一代锂离子电池、新体系电池的研发都进行了系统布局，并发布了国家层面的发展技术路线图。整车方面，共性技术开发能力不足，整车品质如操控性、可靠性、减震降噪等方面与国外产品相比还有较大差距。对燃料电池汽车、智能网联汽车等前沿技术方面技术储备不足。

（二）充电设施建设滞后且推进难度大

这已成为制约纯电动汽车快速推广的主要因素，也是影响插电式混合动力汽车实际使用节能减排效果的一个重要原因。截至 2014 年年底，全国已建成分散式充电桩近 3.1 万个，集中式充换电站 780 座，能够为超过 12 万辆新能源汽车提供充换电服务。基本形成以充为主、以换为辅的充电模式格局。但在充电桩建设方面仍存在以下问题：公共充电站土地审批难；私人充电桩无固定车位安装、电网改造和物业协调难度大；公共充电站和充电桩建设密度低、布局不合理、兼容性差、利用率不高；充电设施设计施工、竣工验收等环节的标准规范不健全存在着安全隐患；国家电网公司退出城市充电设施建设，但社会资本、民营企业尚未及时跟进。

三、产业政策体系有待完善

（一）产业管理体制不完善

一方面，由于汽车产业管理涉及上下游产业链较多，导致产业多头管理、政出多门、职能分散，增加了政府管理和协调成本，导致部分政策难以出台或出台后实施效果不理想。另一方面，以我国汽车产业仍以国有企业为主导，国有汽车企业绩效考核办法不合理，导致企业重规模轻能力、重生产轻消费、重合资轻自主。合资企业中，外方掌握企业运营管理权、核心技术所有权、销售渠道权。

（二）新能源汽车产品监管体系欠缺

我国新能源汽车生产企业 169 家，车型超过 1800 款，企业和车型过于分散。市场销售的部分车型产品可靠性差，有限车型存在配置参数不一致、打政策擦边球的现象，产品质量监管还有待加强。目前，对推广的新能源汽车产品日产监管没有明确的责任主体，主要由地方政府、生产企业负责，国家部委主要负责新产品准入及组织推广情况抽查，没有建立新能源汽车推广情况的监督检查、指导机制，缺少对产品一致性、已推广车辆的实际使用效果的有效监管。特别是在新能源客车领域，各城市推广的新能源客车生产企业、车型非常分散。

（三）地方保护行为依然存在

部分省份还要求按地方标准检测，要求企业到当地投资建厂、采购当地零部件等。另外，一些新的、更加隐蔽的地方保护措施也在不断出现，比如，部分示范城市不对外地企业公布地方扶持政策实施细则，部分限牌城市强行分配上牌指标，对购买外地产品的单位进行约谈，把地方目录改为备案等。

行业篇

第三章　乘用车

第一节　行业运行基本情况

一、产销实现平稳增长

2015 年，我国乘用车生产 2107.5 万辆，同比增长 5.8%，销售 2114.6 万辆，同比增长 7.3%，增速高于汽车总体 2.5 和 2.6 个百分点，比 2014 年分别下降 4.4 和 2.6 个百分点，销量首次超过 2000 万辆。目前，乘用车是我国汽车产品的主体，2015 年已达到汽车总量的 86%，占比进一步提高。

表 3-1　2015 年 12 月中国乘用车市场生产情况

	12月（万辆）	1—12月累计（万辆）	环比增长（%）	同比增长（%）	同比累计增长（%）
乘用车	232.1	2107.9	3.7	19.4	5.8
轿车	120.3	1163.1	0.2	4.5	−6.8
MPV	24.9	212.53	13	13.5	7.7
SUV	78.3	624.36	8.2	60.4	49.7
交叉型乘用车	8.7	107.96	−7.5	1.3	−16.9

资料来源：中国汽车工业协会，2016 年 1 月。

表 3-2　2015 年 12 月中国乘用车市场销售情况

	12月（万辆）	1—12月累计（万辆）	环比增长（%）	同比增长（%）	同比累计增长（%）
乘用车	244.2	2114.6	10.9	18.3	7.3
轿车	128.1	1172	8.8	1.3	−5.3
MPV	27.3	210.7	24.9	27.1	10.1
SUV	79.4	622	10.9	60.7	52.4
交叉型乘用车	9.5	110	3.3	2.9	−17.5

资料来源：中国汽车工业协会，2016 年 1 月。

按月度来看，2015年，乘用车第四季度产销量增长明显，6—8月销量低于同期，10月份后迅猛增长。

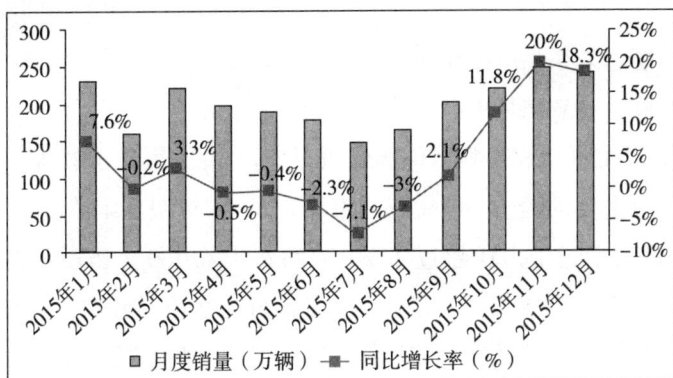

图3-1 2015年中国乘用车月度市场销售情况

资料来源：中国汽车工业协会，2016年1月。

2015年，1.6升及以下乘用车销售1450.9万辆，比上年同期增长10.4%，高于乘用车整体增速；占乘用车销量比重为68.6%。1.6升及以下购置税减半政策促进汽车增长，对汽车总销量增长贡献度达到124.6%。对于节能减排、促进小排量车型消费起到了很大引导作用。

二、自主品牌市场占有率提高

2015年，德系、日系、美系、韩系和法系乘用车销量分别占乘用车销售总量的19.4%、15.7%、12.2%、7.84%和3.5%。与上年同期相比，日系和美系品牌销量实现小幅增长，其他外国品牌均呈一定下降。

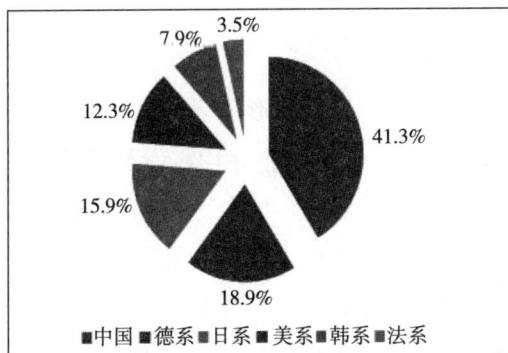

图3-2 2015年中国乘用车各派系市场占有率（%）

资料来源：中国汽车工业协会，2016年1月。

43

2015 年，在 MPV 和 SUV 市场上，由于市场需求强烈和成本优势，自主品牌销量快速增长，推动乘用车市场整体增长。2015 年，国内自主品牌乘用车累计销量 873.8 万辆，同比增长 15.3%，市场占有率达 41.3%，比上年同期提升 2.9 个百分点，远远超过外系品牌乘用车。

从车型上看，SUV 销量的拉动力量最大。在长安自主乘用车的 100 万辆销量中，SUV 车型 CS35 和 CS75 共销售接近 36 万辆，占比达到 36% 左右。而上汽自主品牌的回暖也主要依赖于 MG 锐腾的市场表现，该车型全年销量为 4 万辆左右，在上汽 17 万辆的销量中占比超过 20%，A 级车荣威 360 上市后与之前的 350 两款车型月度销量突破 10000 辆，有力拉动了销量的增长。另外，长安集团无论是从产品布局还是结构上都具有比较优势，其产品线的均衡发展特色突出，无论是轿车、SUV 还是 MPV，都取得了突出的成绩。

表 3-3　2015 年中国品牌乘用车销量前 10 名企业集团

排名	企业	2015年（万辆）	同比变化（%）
1	上汽	198.4	21.2%
2	长安	118.2	14.7%
3	东风	78.1	4.8%
4	长城	75.3	14.1%
5	北汽	65.6	14.6%
6	吉利	56.2	12.9%
7	奇瑞	49.9	3%
8	比亚迪	44.5	0.7%
9	江淮	34.6	15.1%
10	一汽	32.7	−5.7%

资料来源：中国汽车工业协会，2016 年 1 月。

三、主流企业全面增长

在 2015 年 11 月乘用车销售回温的形势下，国内主流乘用车生产企业均实现了一定增长。其中，销量排名前 20 的企业均实现了同比增长，并且有 6 家企业销量突破 10 万辆。销量前 20 企业排行榜中，自主品牌企业占据了 6 个席位，分别是长安汽车、长城汽车、吉利汽车、奇瑞汽车、比亚迪和江淮汽车。销量前三甲的企业分别是上汽通用、上海大众和一汽大众，以绝对销量优势领衔其他乘用车企业。上汽通用 2015 年 11 月销售新车 181455 辆；南北大众 11 月销量分别达到 178434 辆和 168679 辆，同比上涨 49.9% 和 14.9%。

表3-4 2015年11月中国前10乘用车企业集团

排名	企业	2015年（万辆）	同比变化（%）
1	上海通用	198.4	19.8%
2	上海大众	178.4	49.9%
3	一汽大众	168.7	14.9%
4	上海通用五菱	127.8	23.5%
5	东风日产	114.2	22.6%
6	北京现代	110	11.2%
7	长安福特	90	29.5%
8	长安汽车	82	24%
9	长城汽车	80	22.3%
10	神龙汽车	71	11.7%

资料来源：盖世汽车网，2016年1月。

四、新能源乘用车市场快速增长

2015年，我国新能源汽车生产37.9万辆，销售33万辆，同比分别增长3.3和3.4倍。其中，纯电动乘用车产销分别完成15.2万辆和14.7万辆，同比分别增长2.8倍和3倍，销量占新能源汽车总销量的44.3%；插电式混合动力乘用车产销分别完成6.3万辆和6万辆，同比均增长2.5倍，销量占新能源汽车总销量的18.3%，构成我国新能源汽车销售的主要力量。

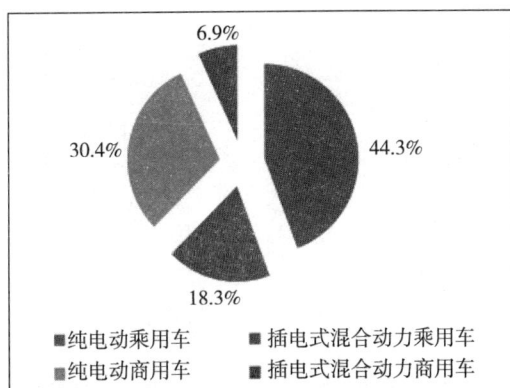

图3-3 新能源乘用车销量占新能源汽车的比重（%）

资料来源：中国汽车工业协会，2016年1月。

五、进出口同比下降

2015年，乘用车出口42.8万辆，比上年下降19.8%；商用车出口30.1万辆，比上年下降 20.4%。

2015 年 1—11 月，汽车整车累计进口 99.12 万辆，比上年同期下降 23.5%。进口汽车主要车型为越野车、轿车和小型客车。

表 3-5　2015 年中国乘用车进出口情况

	12月（万辆）	1—12月累计（万辆）	环比增长（%）	同比增长（%）	同比累计增长（%）
乘用车出口	3.5	42.8	−3.06	−35	−19.8
	11月	1—11月	环比增长	同比增长	同比累计增长
乘用车进口	2.1	34.5	−16.1	−37.5	−20

资料来源：中国汽车工业协会，2016 年 1 月。

第二节　各子行业运行分析

一、轿车

（一）行业增速明显下滑

2015 年 1—11 月，我国轿车累计生产 1044.1 万辆，同比下降 7.9%，销售 1041.6 万辆，同比下降 5.8%，增速比 1—10 月提升 1.8 个百分点和 1.5 个百分点，较 2014 年同期下降 20.3 个百分点和 17.6 个百分点。

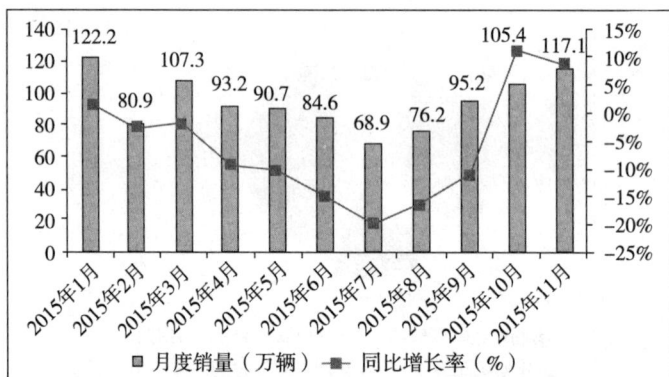

图3-4　2015年1—11月中国轿车市场销量及增长率

资料来源：中国汽车工业协会，2016 年 1 月。

（二）自主品牌发展不足

2015 年，自主品牌轿车共销售 243 万辆，同比下 12.5%，占轿车销售总量的 20.7%，比上年同期下降 1.7 个百分点。

2015 年 11 月，我国轿车市场销量排名前 10 的企业依次是上海大众、一汽大众、上汽通用、北京现代、东风日产、长安福特、神龙汽车、吉利汽车、一汽丰田和东风悦达起亚，其中自主品牌车企业仅有吉利汽车入列。

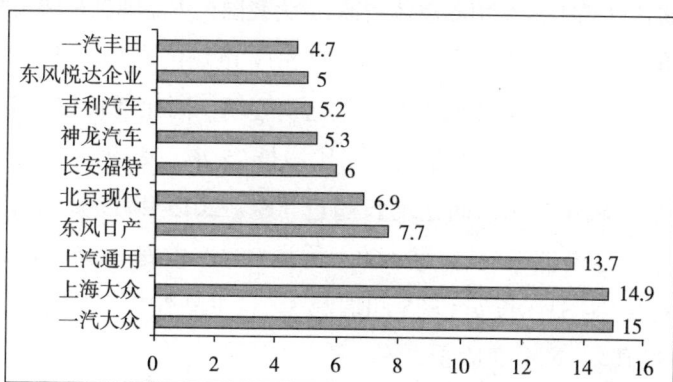

图3-5　2015年11月中国轿车销售市场前10企业集团（万辆）

资料来源：盖世汽车网，2016 年 1 月。

二、SUV

（一）行业增速显著提升

2015 年 11 月，我国运动型多用途乘用车（SUV）生产 72.3 万辆，环比增长 20.1%，同比增长 63.6%，销售 71.6 万辆，环比增长 15.1%，同比增长 72.1%；2015 年 1—11 月，我国 SUV 销售 542.2 万辆，同比增长 51.1%，占乘用车销售总量的 29%，目前，SUV 成为驱动我国乘用车市场整体增长的重要力量。

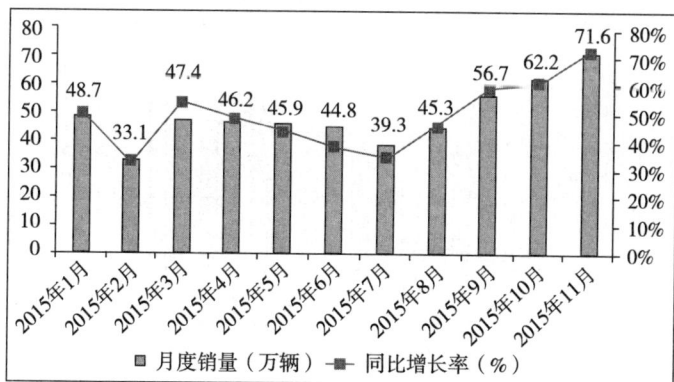

图3-6　2015年1—11月中国SUV市场销量及增长率

资料来源：中国汽车工业协会，2016 年 1 月。

（二）自主品牌发展迅猛

2015，我国自主品牌SUV共销量共销售334.3万辆，同比增长82.8%，占SUV销售总量的53.7%，自主品牌SUV占有率同比增长8.9个百分点，远超外资品牌SUV销量，增长速度高于SUV市场总体增速，成为我国自主品牌汽车增长的主导力量。

2015年我国自主品牌车企均加大了在SUV市场的布局，以国内SUV龙头长城汽车为例，2015年11月乘用车销量达9万辆，同比增长20.7%，环比增长12.1%，其中，SUV销量达7.4万辆，同比增长25.2%，特别是其经典车型哈弗H6，11月销量突破4万辆，同比增长超过30%。2015年11月，自主品牌SUV前十畅销车分别是哈弗H6、宝骏560、传祺GS4、长安CS75、瑞风S3、哈弗H2、中华V3、幻速S3、长安CS35和瑞虎3。自主品牌SUV前十畅销车在市场共计销售21.8万辆，集中度达55.7%。

三、MPV

（一）行业增速稳步提高

受市场定位所限，MPV在整个乘用车市场所占份额一直远低于轿车和SUV。但随着MPV逐渐进入家庭消费，近几年来MPV市场持续快速发展，市场占比逐渐增大，MPV市场销量总体呈现高位运转并且保持快速稳定增长走势，不过增幅相较2014年有所放缓。2015年11月，我国多功能乘用车（MPV）生产22万辆，环比增长14.8%，同比增长2%，销售21.8万辆，环比增长13.2%，同比增长8.8%；2015年1—11月，我国MPV累计生产188.1万辆，同比增长10%，累计销售183.4万辆，同比增长8.5%，占我国乘用车销量的9.8%。

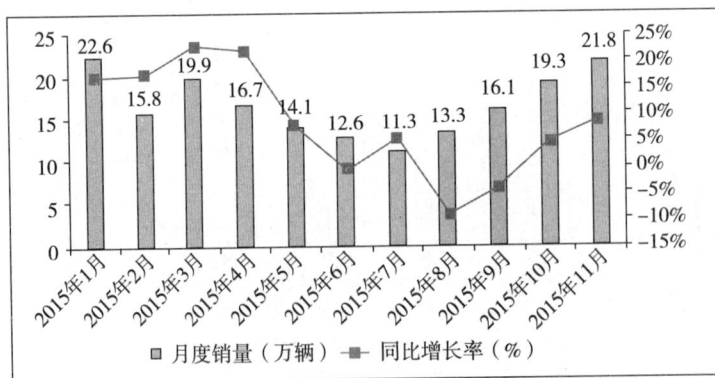

图3-7 2015年1—11月中国MPV市场月度销量及增长率

资料来源：中国汽车工业协会，2016年1月。

（二）自主品牌占据主导

随着家庭用车需求的不断增长，我国自主品牌一直都是 MPV 市场的主要组成部分，并且随着新企业、新车的涌入以及销量的发力，自主品牌优势更加显著。2015 年，自主品牌 MPV 销量 186.6 万辆，同比增长 13.6%，市场占有率提升至 88.6%，较上年同期提升 2.7 个百分点。品牌方面，自主品牌五菱宏光主导行业增长，2010 年五菱宏光市场份额仅为 1.4%，2014 年则达到 40.4%。车型方面，自主品牌 MPV 的优势地位更为明显，2015 年 1—11 月，MPV 市场前十畅销车型依次为五菱宏光、宝骏 730、欧诺、威旺 M20、菱智、风光 330、别克 GL8、瑞风、杰德和风光 360。

第三节　行业发展面临的问题

一、自主品牌轿车市场占有率仍持续下滑

在乘用车市场中，自主品牌的市场占有率一直处于领先地位，但从 2010 年下半年开始，自主品牌的市场占有率就一直减少，已经由 2010 年上半年的 47.4% 下降到 2015 年的 41.3%。特别是在轿车市场中，自主品牌的市场份额由 2010 年的 30.9% 持续下降到 2015 年的 20.7%，同比下降 10.2 个百分点。

表 3-6　2010—2014 年乘用车市场占有率（%）

	2010年	2011年	2012年	2013年	2014年	2015年
自主品牌	45.6%	42.2%	41.4%	40.3%	38.4%	41.3%
日系	19.5%	19.4%	19%	16.4%	15.7%	15.9%
德系	14.4%	16.5%	17.9%	18.8%	20%	18.9%
美系	10.3%	11.0%	11.2%	12.4%	12.8%	12.3%
韩系	7.5%	8.1%	7.8%	8.8%	8.9%	7.9%
法系	2.7%	2.8%	2.7%	3.1%	3.7%	3.5%

资料来源：中国汽车工业协会，2016 年 1 月。

表 3-7　2010—2015 年 11 月轿车市场占有率（%）

	2010年	2011年	2012年	2013年	2014年	2015年
自主品牌	30.9%	29.1%	28.4%	28%	22.4%	20.7%

资料来源：中国汽车工业协会，2016 年 1 月。

自主品牌轿车市场占有率持续走低,在技术水平、产品质量和品牌影响等方面都落后于合资企业,市场形势整体上不容乐观。主要原因,一是家庭购车的消费实力提升过程中,自主品牌的产品技术水平和质量提升相对较慢,造成消费者趋向选择合资品牌;二是近年合资企业加大了低价位轿车在中国市场的投放力度和速度,并推出合资自主品牌,合资品牌汽车的价格不断下探,同时加快了三四线城市的销售网点布局,自主品牌汽车的市场空间不断被挤压;三是随着更多城市已经或者即将加入到限行限购的行列,使得消费者首次购置车辆更加倾向于选择合资品牌产品,因限购产生的被动型消费升级,以及普遍存在的交通拥堵和停车困难等问题,都给自主品牌轿车带来了巨大的压力。

二、自主品牌乘用车企业利润水平普遍较低

自主品牌乘用车以价格作为市场竞争的主要手段,在面对合资品牌的价格挤压时,为提高销量,不断降低产品价格,导致利润率普遍较低,与日韩汽车企业相比,自主品牌汽车企业的获利能力仍有较大的提升空间。以入围 2015 年《财富》世界 500 强的 6 家中国汽车企业为例,利润率最高的企业是上汽集团和一汽集团,达到 4.4% 和 5.3%,利润率最低的企业是广汽集团,其利润率为 0.9%;同期入围世界 500 强的丰田汽车、现代汽车、起亚汽车的利润率分别为 8%、8.2% 和 6.4%。

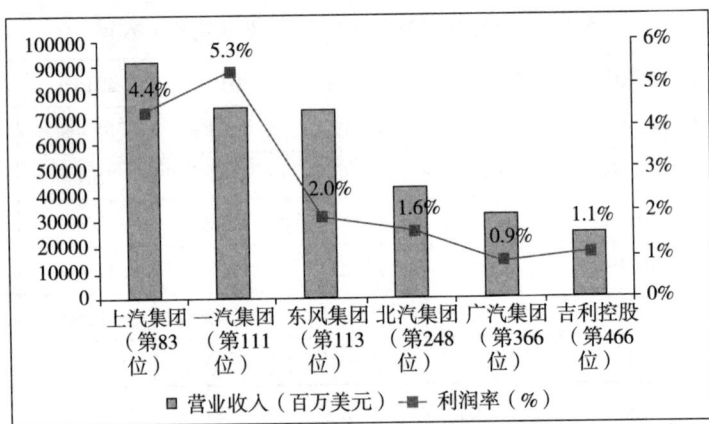

图3-8　2015年入围世界500强的中国汽车企业收入及利润率

资料来源:2015 年《财富》世界 500 强排行榜,2016 年 1 月。

三、汽车消费环境压力进一步加大

截至 2015 年年底，我国乘用车保有量已突破 1.7 亿辆，并将长期保持稳定增长的趋势，汽车保有量的提升将造成交通拥堵愈发普遍，汽车尾气排放对环境的影响会愈发明显，也会造成我国石油对外依存度的进一步提高。为了缓解交通拥堵，降低对环境的影响，北京、上海、广州、杭州、贵阳、天津等城市已经出台了限行限购政策，这加剧了汽车供给和需求之间的矛盾。随着更多城市已经或者即将加入到限行限购的行列，使得消费者首次购置车辆更加倾向于选择合资品牌，因限购产生的被动型消费升级，给自主品牌乘用车销售带来了巨大的市场压力。

四、充电设施建设滞后制约纯电动乘用车的发展

2015 年中国新能源汽车迎来了爆发式增长，但是充电设施不够完善将制约新能源汽车尤其是电动汽车的增长。大量增加公共充电设施数量是新能源汽车快速推广的关键。目前，全国已建成充换电站 780 座，交直流充电桩 3.1 万个，可以为 12 万辆电动车提供充电服务，远远不能满足目前新能源汽车的充电需要。国家发展改革委等四部门 2015 年 11 月发布的《电动汽车充电基础设施发展指南（2015—2020 年）》提出，预计到 2020 年，全国电动汽车保有量将超过 500 万辆，根据各应用领域电动汽车对充电基础设施的配置要求，经测算，到 2020 年，应新增集中式充换电站超过 1.2 万座，分散式充电桩超过 480 万个，以满足全国 500 万辆电动汽车充电需求。降低充电设施建设难度也是实现新能源汽车快速推广的主要措施。目前我国在充电建设方面难度较大，包括公共充电站土地审批难；私人充电桩无固定车位安装、电网改造和物业协调难度大；公共充电站和充电桩建设密度低、布局不合理、兼容性差、利用率不高；充电设施设计施工、竣工验收等环节的标准规范不健全存在着安全隐患；国家电网公司退出城市充电设施建设，但社会资本、民营企业尚未及时跟进等一系列问题，如何充分调动社会资源（场地、设施、资本等）参与充电设施建设、运营和维护是破解这一问题的关键。

第四章 商用车

第一节 行业运行基本情况

一、行业增速持续下滑

近年来我国商用车行业面临市场持续下滑、结构调整任务艰巨、出口不利因素增加等前所未有的困难，使整个行业面临巨大的挑战。2015年，我国商用车累计生产342.4万辆，同比下降10%，销售345.1万辆，同比下降9%，这是自2011年开始，我国商用车市场连续5年出现下滑。从车型类别来看，载货车产销较上年同期分别下降11.91%和10.93%。从区域分布来看，2015年1—11月，全国商用车终端市场均呈现下降趋势，西北地区和东北地区降幅均超过30%；西南地区和华中地区分别下降28.05%、28.51%；华东地区和华北地区分别下降21.97%、22.87%；华南地区降幅最小，下降12.89%。其中，山东省销量302829辆，位列第一位，同比下降20.6%；其次是广东、河北、浙江和河南；前十省份有八个地区累计同比下降超过20%。2015年1—11月中国品牌商用车销量前十名的企业分别为：北汽、东风、长安、上汽、华晨、江淮、一汽、重汽、力帆和长城。

表4-1 2015年1—11月商用车生产情况

	11月（万辆）	1—11月累计（万辆）	环比增长（%）	同比增长（%）	同比累计增长（%）
商用车	31.4	308.9	8.6	−3.7	−10.5
客车	6	52.3	26.9	3.8	−3.1
货车	25.4	256.6	5.1	−5.3	−11.9

资料来源：中国汽车工业协会，2016年1月。

表4-2　2015年11月商用车销售情况

	11月（万辆）	1—11月累计（万辆）	环比增长（%）	同比增长（%）	同比累计增长（%）
商用车	31.2	310.5	9.6	-1.1	-9.7
客车	5.7	52.1	18.4	1.3	-3.2
货车	25.5	258.4	7.8	-1.7	-10.9

资料来源：中国汽车工业协会，2016年1月。

二、快递物流带来市场增长空间

2015年10月，国务院发布了《关于促进快递业发展的若干意见》，指出鼓励快递企业发展跨境电商快递业务，加大对快递企业"走出去"的扶持力度，在重点口岸城市建设国际快件处理中心，探索建立"海外仓"。电商的快速发展带动了快递物流业的发展，从而带动物流运输车辆需求的快速增长。目前我国每年快递物流业的复合增长率在25%以上，快递业的增速远远高于物流业10%的增长速度。对于我国商用车企业来说，物流运输将是增长最快、最有活力的细分市场之一。

三、高标准减排政策的出台推动行业转型升级

2015年5月25日，北京市环保局、质监局与北京市交管局联合发布了《关于实施重型柴油车第五阶段排放标准的公告》，决定自6月1日起，全面实施第五阶段排放标准。同时，自8月1日起，对于不符合第五阶段规定的车型不予办理车辆注册登记手续。北京成为全国首个全面实施国五阶段机动车排放标准的城市。《公告》中指的重型柴油车是指最大总质量在3.5吨以上的柴油车，全部属于商用车。北京率先全面实施国五排放标准的措施再次提出了商用车市场面临转型升级的重要性，从一定程度上来说，京五的出台加快了国内商用车转型升级的步伐，将促进整个行业的优胜劣汰。

四、"互联网＋"产品成为热点

2015年7月，国务院制定并实施"互联网＋"行动指导意见，通过移动互联网、云计算、大数据、物联网与现代制造业的结合，催生新兴业态，以适应新技术革命的发展要求。这符合制造业网络化、数字化、智能化发展的大背景，也顺应了

汽车产业调整变革、转型升级的大趋势。近年来，在商用车领域，众多车企业也纷纷试水"互联网"概念。陕汽推出天行健、车轮滚滚平台；中国重汽推出了一款名为"智慧重汽"的手机 APP 应用，该款 APP 涵盖售后维修、配件购买、养车用车以及救援等多项内容；一汽解放同样宣布，"解放管家"APP 也将在 2016 年推出，聚力于打通终端用户、经销商及整车企业的沟通渠道，意在拓宽营销渠道，增强用户黏性。

第二节　各子行业运行分析

一、客车

（一）行业增速持续向好

2015 年 11 月，客车产销情况继续好转，客车实现生产 5.98 万辆，环比增长 26.9%，同比增长 3.8%，销售 5.7 万辆，环比增长 18.4%，同比增长 1.3%。2015 年 1—11 月，我国客车产销分别为 52.3 万辆和 52.1 万辆，同比分别下降 3.1%、3.2%，其中大型客车销售 7 万辆，同比增长 0.5%，中型客车及轻型客车分别销售 6.7 万辆、38.4 万辆，与上年同期相比略有所下降。在客车主要品种中，与 10 月相比，大、中和轻型客车销量均呈较快增长，其中大型客车增速更为明显；与 2014 年同期相比，轻型客车销量略有下降，大型和中型客车保持增长。2015 年 11 月，大型客车销售 1.1 万辆，环比增长 45.6%，同比增长 50.8%；中型客车销售 0.8 万辆，环比增长 34.6%，同比增长 5.2%；轻型客车销售 3.7 万辆，环比增长 14.7%，同比下降 2.5%。2015 年 11 月，大、中和轻型客车产销率分别为 99.1%、96.5% 和 95.8%。

2015 年 11 月，客车领域销量排名前十位的企业依次为：郑州宇通、金杯汽车、江铃控股、南京依维柯、北汽福田、金龙联合、上汽大通、厦门金旅、苏州金龙和保定长安，分别销售 0.7 万辆、0.6 万辆、0.4 万辆、0.3 万辆、0.3 万辆、0.3 万辆、0.3 万辆、0.3 万辆、0.3 万辆和 0.2 万辆。2015 年 11 月，十家企业共销售 3.7 万辆，占客车销售总量的 66.6%。

（二）新能源客车成为市场焦点

2015 年 11 月，新能源商用车的产量便已突破 2 万辆；2015 年 1—11 月，纯电动客车的累计产量为 6.8 万辆,同比增长高达 966%。新能源客车所享受的国家、地方双重补贴,无疑成为这一类车型产销双双"井喷式"增长的原因。2015 年 4 月,财政部发布了《关于 2016—2020 年新能源汽车推广应用财政支持政策的通知》,其中 2016 年新能源汽车推广应用补贴标准与 2015 年相比发生了些许变化,如长度级别在 10—12 米的插电式混合动力客车(含增程式)补贴金额为每辆 20 万—25 万元;12 米以上及双层客车按照标准车型 1.2 倍进行补贴。这一补贴形式,或许会在一定程度上刺激 12 米以上级别客车和双层新能源客车数量的增长。

二、货车

(一)行业增速大幅下滑

2015 年我国货车销售 285.6 万辆,同比下降 32.9%。从细分市场来看,中重型载货车的下降成为影响商用车增长的主要因素。2015 年,中重卡市场累计销售 75.1 万辆,同比下降 24.1%,东风、重汽、一汽位列今年中重卡市场销量前三强。其中,东风累计销售 10.7 万辆,同比下降 26%,而销量前十的企业中,最大同比降幅高达 64%。2015 年,我国轻卡累计销售 155.9 万辆,同比下降 10.4%;微卡累计销售 54.6 万辆,同比增长 1.6%。

表 4-3　2015 年中国货车销售市场结构

	2015年(万辆)	2014年(万辆)	同比增速(%)
货车总计	285.6	318.4	-32.9
其中:中重卡	75.1	99.2	-24.1
轻卡	155.9	166.3	-10.4
微卡	54.6	53	1.6

资料来源:中国汽车工业协会,2016 年 1 月。

(二)高端牵引车将成为中重卡市场发展主流

近年来电子商务的快速发展带动了物流配送市场的蓬勃发展,主、干线物流,城际及市内物流配送业务发展较为迅速。重卡市场逐步涌现出众多高效物流车辆,这些车辆多配以大排量、500 马力以上的发动机、小速比驱动桥,在设计上注重高出勤率、高可靠性。例如陕汽展出了配装潍柴 WP13 升发动机、西安康明斯 ISM13 升的陕汽 X3000;一汽解放推出配装锡柴 6DM3550 马力 13 升发动机的全新 J6 系列牵引车。快递物流业正朝着集约化、专业化的方向发展，运输效率最高的牵引车将成为中重卡市场发展的主流方向，与生活日用消费品运输紧密相关公路运输车辆占比逐渐增大，工程类车辆将逐步减少。

（三）中高端产品成为轻卡方向

2015 年 1—11 月，我国轻卡市场整体销量出现下滑，但节能与新能源轻卡却增长迅速。2015 年 1—11 月，天然气轻卡销售 2817 辆，同比增长 140.4%，纯电动轻卡销售 848 辆，同比增长 484.8%。另外，由于我国汽车排放标准全面升级，以及物流运输业的发展，2015 年高端轻卡销量占比，从往年的 10% 提高到目前接近 30%，而低端轻卡占比从原来的 60% 下降至 40%。

（四）纯电动物流车逐步兴起

2015 年 1—10 月，工信部共发布 10 批《节能与新能源汽车示范推广应用工程推荐车型目录》，共有 62 个品牌的 218 款电动物流车入选，包括纯电动载货车、纯电动厢式运输车、纯电动邮政车等车型。大力发展纯电动物流车代替传统燃油物流车作为治理城市污染的重要举措之一，已受到各级政府部门的重视。2015 年 1—9 月，我国纯电动物流车累计生产 7225 辆。纯电动物流车在运营成本上也有很大优势。首先是牌照政策倾斜，在有些限购城市甚至可以获取免费牌照。其次是补贴丰厚，中央和地方两级财政补贴，大大降低了购车成本。

第三节　行业发展面临的问题

一、市场持续下滑压力加大

截至 2015 年，我国商用车已经连续 5 年实现下滑，从车型类别来看，载货车产销下降幅度最大，这与 2015 年国民经济整体呈现"新常态"的发展特点紧密相关。2015 年，我国固定资产投资增速呈现逐月下降态势。1—11 月，固定资产投资累计同比增长 15.8%，增幅较 2014 年同期下降 4.1%。另外，造成 2015 年载货车市场低迷的因素还包括以钢铁、煤炭为代表的原材料市场需求的萎缩，产量的持续走低。公路运输是煤炭运输业不可缺少的环节，这也造成公路运输车辆产销量的下滑。此外，部分政策的实施也成为 2015 年载货车市场低迷的关联因素。2015 年，国内大多数地区和城市正式实施国四排放标准，但由于国四油品供应、车用尿素等附属配套销售渠道并没有完全展开，再加上购车成本、使用成本较高的问题，使得部分消费者对购车仍持观望态度。即便是在各地出台的黄标车、老旧车辆淘汰政策的共同实施下，也没能对终端用户的购车需求起到明显的促进作用。

二、出口不利因素增加

2015 年 11 月，我国商用车出口 2 万辆，比 10 月下降 2.9%，比 2104 年同期下降 36.2%。2015 年，我国商用车出口 30.1 万辆，比 2014 年同期下降 20.4%。从 2011—2015 年商用车出口情况来看，随着国际经济形势的恶化，商用车出口增长率持续下降，究其原因，除了自主研发能力不强等问题外，全球经济形势缓慢复苏，人民币汇率波动、国内宏观经济增速放缓，固定资产投资减慢，需求下滑致使库存压力加大等因素都将长期影响出口增长。尽管近年来我国商用车出口范围已由亚洲、非洲和拉丁美洲等地区向欧洲、北美洲地区拓展，但不容忽视的是，多数中国商用车自主品牌车企出口依旧面临着自主研发能力不强、缺乏核心竞争力、产品技术相对落后等问题，低价策略依然成为大部分国内企业占领海外市场的重要手段。以客车为例，目前海外客车市场已经形成欧系、日韩系、中系与区域品牌竞争的格局。按照各地区汽车技术准入标准、认证体系以及区域内主流产品的需求层次等指标衡量，中系客车主要集中二类及以下市场区域。执行欧四以上标准的亚太、中东和中南非是中国客车出口主要方向。而欧六排放标准、可靠性和精细化水平要求比较高的欧洲、北美、日韩这一类市场和南亚出口销量较少。此外，由于受全球经济形势的影响，作为中国客车目标市场和新兴市场的购买力不足、需求减少是主要原因。另外，中南美、东南亚等许多国家当地虽然没有整车制造能力，但有客车改装企业，并有地方保护政策，这也增加了中国客车进军海外市场的难度。

第五章　零部件

第一节　行业运行基本情况

一、行业增速稳步上升

2015年1—9月，中国汽车零部件制造业规模以上企业主营业务收入 22667.4亿元，同比增长 6.7%；利润总额 1631.4 亿元，同比增长 8.71%；固定资产投资 6021.9 亿元，同比增长 13.1%。与汽车行业整体相比，汽车零部件产业经济指标稳步提升。然而从中长期发展来看，中国汽车市场增速回落及汇率波动的影响将逐步凸显，汽车零部件产业发展形势不容乐观。2015 年1—11 月，中国汽车零部件进口 241.5 亿美元，同比下降 11.5%；出口 319.8 亿美元，同比下降 9.5%。

二、行业指导政策频出

零部件行业作为汽车产业的基础，其发展的壮大以及发展方向均与国家政策的引导休戚相关，每一项新政策的出台都会引导产业结构调整，改变行业产品格局，2015 年，汽车零部件领域国家政策频出，为行业发展和转型升级提供了指引。

表 5-1　2015 年汽车零部件领域相关方针政策

时间	政策名称	发布机构	主要意义
2015年1月22日	《车载导航影音系统认证技术规范》	中国汽车信息化推进产业联盟、深圳市汽车电子行业协会、中国质量认证中心、工信部	由企业、院校等权威机构共同参与的具有里程碑意义的行业标准，打破了行业多年来无强制标准的困境，实现了车载导航影音行业发展的新突破

（续表）

时间	政策名称	发布机构	主要意义
2015年1月26日	《轮胎生产企业公告管理暂行办法》	工信部	办法规定了申请公告的轮胎生产企业应当具备独立法人资格、符合轮胎行业准入条件要求、无重大违法行为
2015年3月24日	《汽车动力蓄电池行业规范条件》	工信部	规范称，锂离子动力蓄电池单体企业年产能力不得低于2亿瓦时，金属氢化物镍动力蓄电池单体企业年产能力不得低于1千万瓦时，超级电容器单体企业年产能力不得低于5百万瓦时。系统企业年产能力不得低于10000套或2亿瓦时
2015年5月19日	《中国制造2025》	国务院	要求"继续支持电动汽车、燃料电池汽车发展，掌握汽车低碳化、信息化、智能化核心技术，提升动力电池、驱动电机、高效内燃机、先进变速器、轻量化材料、智能控制等核心技术的工程化和产业化能力，形成从关键零部件到整车的完整工业体系和创新体系，推动自主品牌节能与新能源汽车同国际先进水平接轨"
2015年6月9日	《汽车有害物质和可回收利用率管理要求》	工信部	对各级汽车零部件和材料供应商提出了更高的要求：自2016年1月1日起，对总座位数不超过九座的载客车辆（M1类）有害物质使用和可回收利用率实施管理
2015年8月11日	零部件再制造产品"以旧换再"试点工作启动	国家发改委、财政部、工信部、商务部、质检总局组织实施	此次纳入"以旧换再"试点方案的零部件产品为汽车发动机与变速器，国家对符合条件的汽车发动机、变速器等再制造产品，按照置换价格的10%进行补贴，再制造发动机最高补贴2000元，再制造变速器最高补贴1000元
2015年9月11日	《电动汽车动力蓄电池回收利用技术政策（2015年版）》征求意见稿	国家发改委、工信部	要求动力蓄电池回收利用应当在技术可行、经济合理、保障安全和有利于节约资源、保护环境的前提下，按照减少资源消耗和废物产生的原则实施
2015年9月11日	GB/T32007-2015《汽车零部件的统一编码与标识》国家标准	国家标准委	标准规定了汽车零部件统一编码的编码原则、数据结构、符号表示方法及其位置的一般原则。适用于汽车零部件（配件）统一编码和标识的编制，以及汽车零部件（配件）的信息采集及数据交换。对规范汽车维修市场，提高企业管理效率、降低运营成本，实现消费者配件查询、配件可追溯体系的建立提供了技术手段

（续表）

时间	政策名称	发布机构	主要意义
2015年9月14日	《汽车维修技术信息公开实施管理办法》	交通运输部、环保部、商务部、国家工商总局等8部门	《办法》自2016年1月1日起实施，明确汽车生产者应采用网上信息公开方式，公开所销售汽车车型的维修技术信息
2015年11月27日	《缺陷汽车产品召回管理条例实施办法》	国家质量监督检验检疫总局	进一步明确了汽车产品生产者是缺陷汽车产品的召回主体。规定生产者应当保存涉及安全的汽车产品零部件生产者及零部件的设计、制造、检验信息
2015年12月10日	2015版铅蓄电池规范条件及管理办法出台	工信部	新规范对电池企业的建设申请、生产能力、工艺水平以及环保等方面做出了严格的规定

资料来源：中国汽车工业信息网，2016年1月。

三、跨国兼并重组步伐加快

2015年，全球汽车零部件行业掀起了一股兼并重组的浪潮，在一定程度上也在推动着国际汽车零部件产业集中度不断提升。涉及的汽车零部件既有发动机、变速器、汽车内外饰、汽车座椅、轮胎等传统零部件，也有芯片、传感器、电机、车载电子、主被动安全技术、驾驶辅助系统等新能源汽车和智能驾驶新技术、新产品，涵盖内容非常广泛，全球汽车零部件行业将形成新的格局。面对这一环境，国内零部件企业也在不断加快跨国并购及重组的步伐。2015年12月2日，华域汽车发布公告称，根据公司全资子公司延锋汽车饰件系统有限公司与美国江森自控的全球汽车内饰业务重组完成，华域汽车将成为世界最大的汽车内饰系统供应商。中国航空工业集团也完成了对美国汽车零部件制造商瀚德汽业（瀚德公司产品包括密封条、抗振动系统、橡胶组件）的收购，成为历史上中国企业对美国汽车公司最大的一起收购之一。不过，国内零部件企业目前在收购及业务领域的延展上仍疏离核心零部件及新型科技领域，本土零部件企业仍需进一步提升高质量的跨国并购。

表 5-2　国际及国内汽车零部件企业兼并重组案例

	时间	事件
国际	2015年4月	米其林6400万美元收购阿罗频公司40%的股份； 西班牙安通林5.25亿美元收购麦格纳汽车内饰业务； 日本THK4亿美元收购天合旗下悬挂业务
	2015年6月	哈曼国际1.56亿美元完成收购汽车音响供应商Bang & Olufsen公司； 韩泰轮胎等约36亿美元收购汉拿伟世通空调控股公司69.9%股权； 英国贝恩24亿美元完成收购邦迪汽车系统
	2015年7月	博格华纳9.51亿美元收购雷米电机； 麦格纳19亿美元收购格特拉克100%股权
	2015年8月	曼胡默尔5.13亿美元收购阿菲尼亚集团全球滤清器业务；
	2015年10月	麦格纳收购斯塔柯汽车有限公司，收购事宜预计将于今年四季度完成； 加拿大利纳马收购美特倍100%股权及表决权，并承担6500万欧元的净债务； 普利司通加价至8.63亿美元收购汽车配件连锁零售商Pep Boys
	2015年12月	全耐塑料收购佛吉亚汽车外饰业务，包括保险杠和前端模块
国内	2015年3月	中国化工橡胶70亿欧元收购意大利轮胎巨头倍耐力，成为其最大股东； 潍柴动力1.87亿欧元收购凯傲公司4.95%股权，间接持股达到38.25%
	2015年6月	中航工业8亿美元收购美国汽车密封和防震系统公司瀚德汽车
	2015年8月	霍氏集团和美国凯雷投资集团接收壳牌转让其持有的统一润滑油75%股权
	2015年10月	中鼎股份1美元收购辉门FM密封系统公司100%股权；
	2015年11月	航天机电收购合资公司伙伴上海德尔福50%股权，拥有合资公司的绝对控制权

资料来源：《中国汽车报》，2016年1月。

四、新能源汽车零部件成为产业发展重要方向

《节能与新能源汽车产业发展规划（2011—2020 年）》曾明确提出，以纯电驱动为我国汽车工业转型的主要战略取向，加快培育和发展新能源汽车产业，重点推进纯电动汽车、插电式混合动力汽车产业化。以快速降低汽车燃料消耗量为目标，大力推广普及节能汽车，提升汽车产业整体技术水平。以整车为龙头，培育并带动动力电池、电机、汽车电子、先进内燃机、高效变速器等产业链加快发展。以加快充电设施建设为重点，同时做好市场营销、售后服务以及电池回收利用，形成完备的产业配套体系。2015 年，新能源及智能汽车的发展成为带动汽车零部件产业发展的重要动力，而培育新能源及智能汽车关键零部件也已经上升

到国家战略,被写进《中国制造 2025》。

第二节　各子行业运行分析

一、车身附件

2015 年 10 月,车身附件产品出口金额 7.1 亿美元,比上年同期增长了 8.2%。2015 年 1—10 月,车身附件产品累计出口金额 71.9 亿美元,比上年同期增长了 6.2%。车身附件产品出口主要国家为:美国、日本、韩国、德国、泰国等。

2015 年 10 月,车身附件产品进口金额 5.4 亿美元,比上年同期下降了 26.8%。2015 年 1—10 月,车身附件产品累计进口金额 58.4 亿美元,比上年同期下降了 14.7%。车身附件产品进口主要国家为:德国、韩国、日本、美国、捷克等。

二、传动系统零部件

2015 年 10 月,传动系统零部件产品出口金额 2.8 亿美元,比上年同期下降了 13.2%。2015 年 1—10 月,传动系统零部件产品累计出口金额 30.2 亿美元,比上年同期下降了 7.4%。传动系统零部件产品出口主要国家为:美国、韩国、墨西哥、日本、印度等。

2015 年 10 月,传动系统零部件产品进口金额 9 亿元,比上年同期下降了 21.7%。2015 年 1—10 月,传动系统零部件产品累计进口金额 93.7 亿美元,比上年同期下降了 18.1%。传动系统零部件进口主要国家为:日本、德国、韩国、美国、泰国等。

三、电子电器零部件

2015 年 10 月,电子电器零部件产品出口金额 8.4 亿美元,比上年同期下降了 7.8%。2015 年 1—10 月,电子电器零部件产品累计出口金额 91 亿美元,比上年同期增长了 0.2%。电子电器零部件产品出口主要国家为:美国、日本、韩国、荷兰、德国等。

2015 年 10 月,电子电器零部件产品进口金额 2 亿美元,比上年同期下降了 25.2%。2015 年 1—10 月,电子电器零部件产品累计进口金额 20.7 亿美元,比上年同期下降了 12.6%。电子电器零部件产品进口主要国家为:德国、韩国、日本、捷克、美国等。

四、行驶系统

2015 年 10 月，行驶系统零部件产品出口金额 16 亿美元，比上年同期下降了 14.4%。2015 年 1—10 月，行驶系统零部件产品累计出口金额 169.4 亿美元，比上年同期下降了 11%。行驶系统零部件产品主要出口国家为：美国、日本、墨西哥、英国、澳大利亚等。

2015 年 10 月，行驶系统零部件产品进口金额 1.2 亿美元，比上年同下降了 29%。2015 年 1—10 月，行驶系统零部件产品累计进口金额 13.9 亿美元，比上年同下降了 15.7%。行驶系统零部件产品主要进口国家为：德国、日本、韩国、泰国、美国等。

五、制动系统

2015 年 10 月，制动系统零部件产品出口金额 3.9 亿美元，比上年同期下降了 3.7%。2015 年 1—10 月，制动系统零部件产品累计出口金额 39.9 亿美元，比上年同期下降了 2%。制动系统零部件产品出口主要国家为：美国、日本、德国、英国、墨西哥等。

2015 年 10 月，制动系统零部件产品进口金额 0.7 亿美元，比上年同期下降了 27.4%。2015 年 1—10 月，制动系统零部件产品累计进口金额 7.6 亿美元，比上年同期下降了 21.7%。制动系统零部件产品进口主要国家为：美国、日本、德国、英国、墨西哥等。

六、转向系统

2015 年 10 月，转向系统零部件产品出口金额 1.6 亿美元，比上年同期增长了 19.4%。2015 年 1—10 月，转向系统零部件产品累计出口金额 14.1 亿美元，比上年同期增长了 17.2%。转向系统零部件产品主要出口国家为：美国、韩国、泰国、印度、日本等。

2015 年 10 月，转向系统零部件产品进口金额 1.6 亿美元，比上年同期下降了 11.5%。2015 年 1—10 月，转向系统零部件产品累计进口金额 15.1 亿元，比上年同期下降了 9.2%。转向系统零部件产品主要进口国家为：德国、韩国、日本、美国、加拿大等。

七、发动机零部件

2015 年 10 月，发动机产品出口 26 万台，比上年同期下降了 7.43%；出口金额 1.7 亿美元，比上年同期增长了 21.6%。2015 年 1—10 月，发动机产品累计出口 284.4 万台，比上年同期下降了 6.3%；累计出口金额 14.8 亿美元，比上年同期增长了 4.5%。发动机产品出口主要国家和地区为：阿富汗、美国、日本、俄罗斯、德国、韩国、英国、墨西哥、意大利、巴基斯坦等。

2015 年 10 月，发动机产品进口 6.4 万台，比上年同期下降了 1.3%；进口金额 1.7 亿美元，比上年同期增长了 15.1%。2015 年 1—10 月，发动机产品累计进口 54.2 万台，比上年同期下降了 20%；累计进口金额 14.7 亿美元，比上年同期下降了 22.3%。发动机产品进口主要国家：日本、瑞典、墨西哥、西班牙、美国、韩国、澳大利亚、德国、匈牙利、英国等。

第三节 行业发展面临的问题

一、企业市场占有率低

目前，我国汽车零部件企业总数超过 10000 家，规模企业不到 6000 家。其中，外资及合资企业（独资 45%，中外合资 55%）占规模企业数的 20%，但其市场份额高达 70% 以上。其中，中国品牌零部件企业市场份额不足 30%，其中 90% 的产品集中于中低端，且市场份额呈现下降趋势。而在 EPB（电子手刹）等汽车电子和发动机关键零部件等高科技含量领域，外资市场份额高达 90%。在发动机管理系统（包括电喷）、ABS 等核心零部件领域，外资企业所占比例分别高达 95% 和 90% 以上。

二、产品技术水平不高

目前，中国汽车零部件生产企业数量众多，但大多规模较小、产业集中度低、缺乏创新能力、开发手段相对落后、整体水平较差，尤其在在高端零部件产品方面开发水平较低，零部件企业与主机厂还未形成同步开发能力，系统化、模块化、电子化的供货能力刚刚起步，对于跨国公司的依赖程度还很高，大大影响了整车的水平。例如汽车的主、被动安全系统，如防抱死制动系统、电子稳定程序，安全气囊电子控制单元以及倒车雷达等技术急需在本土生产并应用，而这些零部件关键技术是中国零部件企业最欠缺的。

随着中国零部件市场的全面开放，本土零部件企业的价格优势将逐渐丧失。受开发能力、质量等因素的影响，一些零部件以直接贸易方式进口，比国内生产的产品价格更低，因此，受关税和国产化率双重保护的国内汽车零部件企业将面临巨大的挑战，零部件走高端化势在必行。此外，面对国家节能、环保、安全法规等方面要求的日益严格，面对来自整车企业配套采购质量要求的不断强化，中国汽车零部件企业面临全面提升质量的压力。

三、人才短缺制约行业发展

高端人才短缺，培育体系不健全。长期以来中国多以仿制为主的零部件制造，科技人才短缺，高端人才匮乏，是掣肘中国汽车零部件行业发展的重要因素之一。目前，相当部分国内零部件企业由于对技术人才的重视不足和使用不当导致人才流失，造成高科技人才严重短缺，行业高素质的人才大都集中在外资企业。国内汽车零部件核心技术的掌握要依靠创新人才，而人才需要培育和发现，需要宽容的环境鼓励创新、激励创新、宽容失败。中国品牌零部件企业尚未建立一种宽容失败的学术、技术氛围，在招贤纳士的同时，亟须完善人才培养体系。需要指出的是，外资品牌零部件在加大科技研发型才培育的同时，也应注重本土化管理团队的建设。

汽车专业人才缺乏，出现用工难发展态势。国内汽车产业集群区，汽车专业人才缺乏，大多整车及零部件企业在吸引专业的技术、管理、销售、外贸人才方面存在不足，企业人才资源储备有限，尤其中小零部件企业人力资源严重短缺。国内汽车制造人工成本的上升，一线作业岗位出现用工难日益严重。

四、"双反"危机不断上演

2016 年 1 月 8 日，美国帝坦轮胎公司和美国钢铁工人联合会（USW）联合向美国商务部和美国国际贸易委员会提交起诉书，要求对来自中国等国家的非公路用轮胎启动反倾销和反补贴调查。中国已连续 19 年成为世界上受到反倾销、反补贴调查最多的国家，仅 2014 年就受到 97 项反倾销、反补贴调查。其中，轮胎企业更成为"双反"调查重点。近几年，美国、埃及、巴西、阿根廷和欧亚经济委员会等国家和地区先后对中国乘用车轮胎、卡车轮胎和非公路用轮胎等产品采取贸易救济措施，严重影响了相关企业和产品的国外市场开拓。从另一角度来看，在"双反"的重压之下，中国汽车零部件产业也将面临重新洗牌，加速产品多样化、提高产品质量、市场多元化，加强国内外同行合作，寻找利益交汇点，向高技术含量、高附加值产品转型的零部件企业，无疑将获得更多发展壮大的机会。

区域篇

第六章　东部地区

第一节　2015年整体发展形势

一、运行状况

（一）汽车产能呈大范围下降趋势

受国内外汽车市场低迷影响，我国东部地区汽车产能在2015年前10个月表现为大范围下降趋势，整个东部地区汽车产量与上年同期相比下降5.63%。2015年1—10月，整个东部地区汽车产能占比由2014年同期的61.74%下降为58.46%。其中，东北、山东与珠三角地区部分省份的汽车产量受影响较大，呈现大幅下滑趋势。黑龙江、吉林、辽宁、山东、广东五省汽车产量与2014年同期相比，分别降低14.72%、15.05%、9.35%、18.96%、10.64%。仅有天津、河北、广东三地汽车产量呈现增长态势。2015年1—10月东部地区汽车分省市产量如表6-1所示。

（二）汽车制造业收入与利润持续增长

汽车制造业收入与利润呈持续增长态势，少数地区增速放缓并出现小幅回落。2015年1—11月，北京、天津、河北、浙江汽车制造业分别实现增长10.1%、12.7%、8.6%、18.9%；上海、广东汽车制造业出现负增长，分别同比降低2.4%、0.1%。

（三）新能源汽车产销持续大幅增长

与低迷的汽车产销市场相反，新能源汽车在经过多年酝酿后，在东部地区产销规模实现了大幅增长。自2014年7月《国务院办公厅关于加快新能源汽车推广应用的指导意见》出台之后，地方政府纷纷出台了相关支持政策。以北京、上海、深圳为例，截至 2015 年 9 月，北京新上牌新能源汽车 1.37 辆，累计上牌量达 1.62 万辆；上海市新上牌新能源汽车超过 1 万辆，累计上牌新能源汽车 2.3 万辆，占全国新能源汽车总量的 15%；预计 2015 年，深圳累计上牌新能源汽车将超过 2.5 万辆。东部地区新能源汽车的快速发展，为中、西部新能源汽车产业的长期持续向好发展打开了局面，也为 2015 年汽车产业的市场低迷注入了一剂强心针。

表 6-1　2015 年 1—10 月东部地区汽车产量分省市统计表

地区	2014年1—10月累计（辆）	地区占比（14年前10个月）	2015年1—10月累计（辆）	地区占比（15年前10个月）	同比增长（%）
黑龙江	80685	0.66%	68808	0.6%	−14.7
吉林	2097041	17.22%	1781436	15.5%	−15.1
辽宁	930763	7.64%	843737	7.3%	−9.4
北京	1669660	13.71%	1601204	13.9%	−4.1
天津	418894	3.44%	421952	3.7%	0.7
河北	816951	6.71%	883287	7.7%	8.1
山东	852284	7.00%	690691	6.0%	−18.9
上海	2088299	17.15%	1945668	16.9%	−6.8
江苏	978483	8.04%	918306	7.9%	−6.2
浙江	150651	1.24%	323970	2.8%	−1.7
广东	362545	2.98%	1863579	16.2%	−10.6
福建	1730503	14.21%	148105	1.3%	7.7
地区总计	12176758	100.00%	11490743	100.0%	−5.6

资料来源：根据中国产业信息网数据整理，2016 年 1 月。

二、发展特点

东部地区汽车产业集中度较高。东部地区属于汽车产业发达地区，既包含东北老工业基地区域（黑龙江、吉林、辽宁），同时又包括京津冀、长三角、珠三角三大经济区主要省市，既具有良好的发展基础，同时具有良好的区位优势。东北老工业基地拥有全国汽车龙头企业一汽集团、优质的民营企业华晨宝马和金杯通用以及自主研发企业哈飞集团；京津冀环渤海地区依据自身区位优势，助推了北京汽车、天津夏利、天津丰田企业的发展；以广州为中心的珠三角经济区对丰田、日产和本田三大汽车集团实现了有效聚集；长三角经济区围绕上海的经济、资源优势，全力助推了上汽、南京汽车等企业的快速发展。这四大区域通过分区域集中发展，提高了区域协同度，发挥了较好的分区聚集效应。2015 年 1—10 月，东部地区汽车产量在全国占比为 58.46%，较 2014 年同期的产量占比 61.74% 有所降低，但与西部、中部地区相比，仍具有绝对优势。2015 年 1—10 月东、中、西部地区汽车产量占比如表 6-2 所示。

表 6-2　2015 年 1—10 月东、中、西部地区汽车产量占比

地区	2014年1—10月累计（辆）	2014年全国占比	2015年1—10月累计（辆）	2015年全国地区占比	同比增长(%)
东部	12176758	61.74%	11490743	58.46%	−5.63%
中部	3184905	16.15%	3431708	17.46%	7.75%
西部	4361229	22.11%	4733736	24.08%	8.54%
全国	19722892	100.00%	19656187	100.00%	−0.34%

资料来源：赛迪智库整理，2016 年 1 月。

三、发展经验

（一）积极制定相应政策，大力发展新能源汽车

相关部门将新能源汽车作为转变当前汽车市场低迷局面的有力抓手，积极制定新能源汽车的推广应用政策，加大对新能源汽车的研究开发投入，启动新能源汽车研发项目资金。2009 年，科技部、财政部联合下发了《关于开展节能与新能源汽车示范推广工作的通知》及《节能与新能源汽车示范推广财政补助资金管理暂行办法》，鼓励北京、上海、重庆等 13 个城市以公共服务领域用车为突破口，扩大新能源汽车使用规模。2010 年，国务院审议通过《国务院关于加快培育和发展战略性新兴产业的决定》，把新能源汽车作为七大战略性新兴产业之一加以培育，积极推进新能源汽车产业的发展。

（二）积极培育中国品牌，提升自主创新能力

相关部门鼓励汽车生产企业提高研发能力与技术创新能力，积极开发具有自主知识产权的产品，将实施品牌经营战略作为提升汽车产业发展政策的主要目标，在税收、知识产权保护、重大科技攻关等方面提供政策支持。支持汽车产业大力

推进技术进步与结构调整，加大技术改造力度。积极引导汽车企业通过自主开发、联合开发、国内外并购等方式发展中国品牌。

（三）加快汽车标准体系建设

加速升级优化汽车产品结构，是汽车标准的技术定位与发展策略更加体现世界汽车的主流趋势。相关部门逐步完善汽车安全碰撞标准体系，加速推进汽车排放标准体系建设，积极制定汽车节能标准。

第二节　重点省份与城市发展情况

一、东北三省

（一）黑龙江省

2014年，黑龙江省生产汽车11.6万辆，同比降低4.5%；民用汽车拥有量327.1万辆，比2013年增长10.4%，其中私人汽车269.0万辆，同比增长13.4%。民用轿车拥有量达163.1万辆，同比增长14.1%，其中私人轿车145.8万辆，同比增长16.7%。

2015年1—6月，黑龙江省汽车类零售额实现195.3亿元，比2014年下降2.1%。2015年1—9月，汽车制造业增长39.2%。

在产业政策方面，黑龙江省提出打造高端装备制造产业园区，发展新能源汽车等战略性新兴产业，建成"国内一流、特色突出、技术领先、布局合理"的高端装备制造产业园区。为了打造我国北方最大的微型车生产基地，一是围绕哈尔滨，依托哈飞汽车及长安集团，在已有微型车基础上，加快发展中型客车、轻型商用车和专用汽车等产品。二是加速对汽车发动机及变速器等关键零部件的开发，提高省内汽车零部件的配套能力，从而形成较完善的汽车产业链。

（二）吉林省

2014年，吉林省汽车制造业实现增加值1615.89亿元，比2013年增长6.2%；生产汽车255.03万辆，比2013年增长8.9%，其中乘用车（轿车）182.24万辆，比2013年增长11.9%；民用汽车保有量达282.97万辆，同比增长14.7%。

2015年1—11月，吉林省汽车产量达205.27万辆，同比回落13.3%。2015年，吉林省提出"坚持高端化发展方向"，大力发展新能源汽车和智能网联汽车，优化汽车产品结构，特别是要提高自主品牌汽车产品的市场规模，加大对核心零部件研发的支持力度，从而提高配套能力，打造吉林省汽车产业的竞争优势。2015年，一汽大众年产 30 万辆奥迪 Q 系列整车项目开工建设，上海时代新能源汽车公司（CATL）新能源汽车产业园项目谋划工作也有序进行，年产百万台 EA211发动机项目建成投产等，吉林省汽车产业的很多大项目取得了突破性进展。

（三）辽宁省

2014 年，辽宁省汽车制造业增加值实现 32.3% 的增长；汽车产量 121.8 万辆，同比 2013 年增长 12.7%；汽车类商品零售额 1110.4 亿元，比上年增长 4.4%；民用汽车拥有量 539 万辆，比上年增长 5.8%。

2015 年 1—11 月，辽宁省汽车类商品零售额同比降低 1.3%；2015 年 1—10 月，汽车产量 84.37 万辆。为加快推动辽宁省新能源汽车技术创新体系建设，2015 年8 月，辽宁省成立了新能源汽车产业联盟，该联盟由华晨汽车集团、辽宁曙光汽车集团、辽宁凯信新能源技术有限公司发起，并汇集了辽宁省其他从事新能源汽车研发的相关企业、科研院所及高等院校等。该联盟的成立，将为优化整合辽宁省的新能源汽车产业资源，特别在技术集成创新和技术成果转化方面，起到巨大的推动作用。

二、京津冀三省市

（一）北京市

2014 年，北京市汽车制造业实现利润 323.5 亿元，同比上年增长 11.1%。全市机动车拥有量达 559.1 万辆，比 2013 年增加 15.4 万辆。民用汽车 532.4 万辆，同比增加 13.5 万辆。其中私人汽车 437.2 万辆，同比增加 10.7 万辆；私人轿车316.5 万辆，同比增加 5.5 万辆。限额以上批发和零售企业中，汽车类实现零售额 1723.1 亿元，同比下降 2.9%。

2015 年 1—11 月，北京市汽车制造业增长 10.1%。全市生产产量达 198.1 万辆，同比增长 2.2%。其中，轿车 107.1 万辆，载货汽车 38.5 万辆，同比分别增长 2%与 –18.6%。2015 年，北京市累计推广纯电动汽车 1.85 万辆（截至 2015 年 6 月底），累计建成充电桩（口）8300 个（截至 2015 年 5 月底），呈现"车桩两旺"的发展局面。2014—2015 年北京市纯电动小客车月度上牌数据如图 6-1 所示。

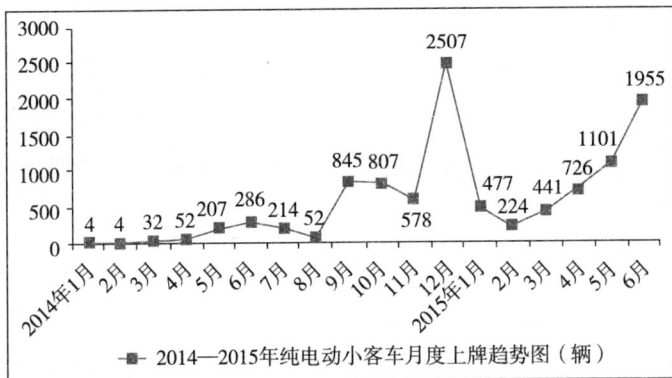

图6-1　2014—2015年北京市纯电动小客车月度上牌趋势图

资料来源：赛迪智库整理，2016年1月。

2015年上半年，北京新车交易累计实现23.79万辆，同比下降12.86%，降幅高于全国14.29%。新能源汽车产销量分别达到7.6万辆与7.27万辆，分别增长2.5倍和2.7倍。2015年北京市新车环比增长数据如图6-2所示。

在产业政策方面，2015年北京市也陆续出台了多条细则，落实我国新能源汽车产业的推广政策，例如新能源汽车不受尾号限行的限制，购买新能源汽车不需摇号，可以直接申请购买等。

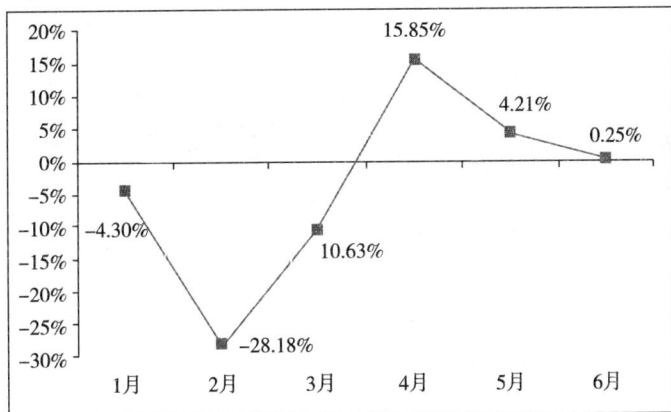

图6-2　2015年北京市新车环比增长趋势图

资料来源：赛迪智库整理，2016年1月。

（二）天津市

2014年，天津市汽车拥有量稳步增长。截至2014年年末，全市民用汽车拥有量284.89万辆，同比增长4.2%；民用轿车拥有量181.80万辆，同比增长4.3%。当年新注册民用汽车24.09万辆，比2013年下降43.5%；新注册民用轿车13.61万辆，同比下降52.9%。

2015年1—11月，天津市汽车产量47.47万辆，同比增长3.2%，汽车制造业增速达12.7%。在新能源汽车方面，自从推出《天津市新能源汽车推广应用实施方案(2013—2015年)》以来，天津着力打造了新能源汽车产业集群，拥有国能新能源汽车有限公司等新能源整车企业，以及力神电池、松正电动、捷威动力、比克国际、天津金牛、南车时代等一系列新能源汽车动力电池及系统解决方案供应商，在滨海新区、西青区和北辰区等区域形成了新能源汽车产业链集群。

（三）河北省

2014年，河北省汽车产量为97.8万辆，比上年增长0.5%。汽车制造业投资437.7亿元，同比降低2.9%。限额以上商品零售额中，汽车类增长8.3%。年末民用汽车保有量达997.0万辆，同比增长3.7%。民用轿车保有量542.5万辆，同比增长20.4%。

2015年1—9月份，河北省汽车制造业累计增长8.6%，汽车制造业企业单位数达492个，主营业务收入1527.5亿元，同比增长9.3%；利润总额131.7亿元，比上年增长4.6%。汽车产量73.7万辆，同比增长4.8%。2015年底，河北省印发了《河北省加快新能源汽车产业发展和推广应用若干措施的通知》，主要从新能源汽车推广应用和推进新能源汽车充电设施建设方面入手，如加大对公共交通领域的推广力度，新能源汽车不受限行影响，加快高速公路服务区充电设施建设等。

三、山东省

2014年，山东省汽车制造业增长10.9%。年末民用汽车拥有量1407.1万辆，同比增长10.2%。其中，私人轿车763.2万辆，比上年增长18.5%，占轿车拥有量的93.6%。

2015年1—10月，山东省汽车产量达97.8万辆，同比降低18.6个百分点。2015年9月，山东省微型电动车产量达2.78万辆，1—9月累计产量达22.47万辆，同比增长53.82%。近几年，山东省汽车工业规模不断扩大，大型汽车企业和知名品牌逐步形成，在已有潍柴控制、中国重汽等重点企业基础上，又引入了上汽、吉利、青年等企业在山东省投资重组。产品结构也进一步调整，由载货类汽车逐渐向客车和乘用车等多品种均能生产转型。技术和质量水平不断提高，竞争实力显著增强，已形成整车及零部件等门类齐全的汽车产业体系。

四、江浙沪三省市

（一）上海市

2014 年，上海市汽车制造业总产值达 5319.03 亿元，比 2013 年增长 10.5%；生产汽车 247.45 万辆，同比增长 9.1%；民用汽车拥有量 255.19 万辆，同比提高 8.5%。私人汽车 183.43 万辆，比上年增长 12.3%。

2015 年 1—11 月，上海市汽车制造业实现 4696.73 亿元，同比降低 2.4%；经济效益实现 988.72 亿元，同比提供 1.2 个百分点。汽车制造业主营业务收入 5894.46 亿元，比上年同期降低 2.2%；利润总额达 988.72 亿元，同比增长 1.2 个百分点；生产汽车 219.49 万辆，同比降低 3%。同时，为了促进新能源汽车的推广应用，上海也推出了购买新能源汽车可以获得免费牌照的政策。2015 年上海新能源汽车累计推广应用 4.4 万辆，比 2014 年增长 4.15 倍。从 2013 年以来实行新能源汽车推广应用的补贴政策以来，上海市累计推广应用新能源汽车已达 5.5 万辆。上海已成为全国新能源车市场规模最大的地区。

（二）浙江省

浙江省汽车制造业多以零部件及配件制造为主，汽车整车制造规模较小，行业整体层次不高。2014 年，在限额以上批发零售贸易业零售额中，汽车类零售额同比增长 6.7%。

2015 年 1—11 月，浙江省汽车制造业增长 18.9%；汽车类零售额 2725 亿元，同比增长 4.9%，比前 10 月累计环比提高 0.4 个百分点。浙江省目前共有整车生产企业 16 家，改装及专用车企业 28 家，具备轿车、客车、SUV 等多种产品的开发设计能力，已经形成了以大众、福特、吉利、青年、众泰、裕隆等汽车企业为主导的较为完整的汽车产业体系，并初步建成了杭州、台州、金华和宁波等四个整车基地。特别是以民营经济为主的机制优势也促进了浙江省汽车产业的快速发展。在零部件方面，浙江省有一万余家汽车零部件生产企业，年产值突破 1500 亿元，特别在变速器、万向节等零部件方面在国内外都占据了较大的市场份额。

（三）江苏省

2014年，江苏省汽车产量达125.7万辆，同比增长10.2%；在全年规模以上工业中，汽车制造业实现产值6448.8亿元，同比增长13.4%；汽车类零售额3309.2亿元，同比增长6.6%。年末民用汽车保有量1104.0万辆，比上年末增长15.7%；个人汽车保有量935.7万辆，比上年末增长18.4%；个人轿车保有量665.6万辆，同比增长20.0%。2014年，全省新能源汽车产业完成销售收入180亿元，同比增长45%。但新能源汽车产业所占产值不足0.5%，占整个汽车产业比重不足3%；产品结构主要为客车、专用车及配套零部件，乘用车市场销售仍为空白，这成为制约江苏省新能源汽车规模化生产的重要因素。

2015年1—11月，江苏省汽车产量达107.04万辆，同比降低5.7%；轿车产量59.24万辆，同比降低11.5%。近几年，江苏省汽车产业也加快了转型升级，一方面汽车总销量在全国处于前列，特别是在专用车和客车方面具有较高的市场占有率，重点企业持续加大研发投入，不断推出新技术新产品，在新能源汽车方面，已有累计超过120多款车型列入国家推荐车型目录。未来江苏省将汽车产业规划重点放在"智能、环保"等方面，加快新能源汽车的推广和应用。

五、广东省

2014年，广东省汽车制造业实现增长9.2%；汽车产量219.59万辆，同比增长7.9%；在限额以上批发和零售业商品零售额中，汽车类增长19.2%；汽车出口2.92万辆，同比降低3.4%；出口金额7.53亿美元，同比增长21.8%；民用汽车保有量1328.44万辆，同比增长12.8%；私人汽车1150.78万辆，同比增长15.7%。民用轿车保有量771.00万辆，同比增长15.2%；私人轿车保有量722.23万辆，同比增长16.5%。

2015年1—11月，广东省汽车制造业实现利润408.20亿元，同比下降0.1%。汽车类零售额3316.11亿元，同比增长0.9%。目前，广东省新能源汽车产业的发展已经初具规模，已广州和深圳的几家整车厂为中心，如比亚迪、腾势、广汽、东风日产等，辐射周边中山、佛山、江门、肇庆等城市，形成了布局较为完整的新能源汽车产业链。

第七章　中部地区

第一节　2015 年整体发展形势

一、运行状况

（一）中部地区汽车产能整体呈良好上升态势

中部地区汽车产能整体呈良好上升态势，部分省市产能呈现负增长。与东部地区产能大范围下降趋势不同，中部地区汽车产能仍持续良好的发展态势。2015年 1—10 月，中部地区汽车产能整体同比增长 7.75 个百分点，呈良好增长态势。其中，安徽、湖南汽车产能增长较多，分别同比增长 19.45% 与 12.72%。但整体增速与上年相比呈现增速放缓趋势。河南、江西两省汽车产量呈现负增长。地区产量占比变化不大，湖北、安徽仍然为中部地区汽车生产大省。2015 年 1—10月中部地区汽车分省市产量如表 7-1 所示。

表 7-1　2015 年 1—10 月中部地区汽车产量分省市统计表

地区	2014年1—10月累计（辆）	地区占比（14年前10个月）	2015年1—10月累计（辆）	地区占比（15年前10个月）	同比增长（%）
湖北	1421087	44.62%	1539748	44.87%	8.35
湖南	233785	7.34%	263523	7.68%	12.72
安徽	749233	23.52%	894959	26.08%	19.45
河南	422505	13.27%	402056	11.72%	−4.84
江西	358294	11.25%	331422	9.66%	−7.5
地区合计	3184905	100.00%	3431708	100.00%	7.75

资料来源：根据中国产业信息网数据整理，2016 年 1 月。

（二）汽车类消费品零售额呈现持续增长态势

汽车类消费品零售额呈现持续增长态势，但增速呈现放缓趋势。2015年1—10月，湖北、安徽、江西三省汽车类消费品零售额同比分别增长15.3%、8.3%、18.9%。

（三）汽车产能分布不平衡

中部地区五省汽车产量中，汽车龙头企业东风汽车集团所在地，湖北省产能最大，2015年1—10月累计生产汽车153.97万辆，同比增长8.35%，在中部地区产能占比高达44.87%。其中，东风汽车集团旗下神龙汽车、东风乘用车、东风本田及昌河等汽车企业的生产贡献最大。而江西、湖南两省在中部地区产能占比较低，仅分别为9.66%和7.68%。

二、发展特点

2015年，中部地区汽车产业整体呈现微增长态势，在全国汽车产销中占比有一定程度提升。产能继续保持稳定增长，产销形势高于全国平均水平，但增速与利润都呈现回落状态。新能源汽车关键技术研究已取得重大进展，产业发展进展顺利。东风汽车集团、神龙汽车有限公司在混合动力、纯电动汽车车型方面研制的车辆产品已经列入《节能与新能源汽车示范推广应用工程推荐车型目录》，并逐步实现了批量生产。

三、发展经验

以汽车产业水平整合为手段，做大汽车产业规模，积极构架汽车产业集群。以产业链建设为途径，努力实现汽车产业链上下游环节的合理配套，提升产业竞争力，通过"建链、补链、强链"的途径，提升汽车产业层次，优化汽车产业结构。加强与国际著名车企间的合作，引进先进技术，形成配套能力，构筑汽车产业链条。进一步借鉴东部地区汽车产业发展经验，积极建立一批龙头、领军汽车企业，逐步提升中部地区汽车产业占比。

第二节　重点省份与城市发展情况

一、湖北省

2014年，湖北省汽车拥有量429.39万辆，轿车拥有量219.86万辆。2015年1—

10月，汽车类产品实现零售额1187.8亿元，同比增长15.3%，增速较1—9月环比下降0.6%。以武汉市为例，2014年，武汉市汽车及零部件业投资实现490.2亿元，同比增长2.0%；在限额以上企业商品零售额中，汽车类比上年增长23.1%；汽车拥有量163.70万辆，同比增长23.9%；私人小汽车拥有量125.18万辆，同比增长32%。全年完成汽车组装113万辆。

2015年1—8月，武汉市汽车及零部件业完成投资419.08亿元，同比增长26.0%。1—9月，武汉市汽车产量达96.4万辆，同比增长16.1%。随着武汉和襄阳两个城市被列入国家节能和新能源汽车试点示范城市，湖北省的天然气公交车、混合动力客车等公共服务领域产品，已经实现产业规模化，具备了批量生产能力，关键技术的研发也取得了一定进展，新能源乘用车也开始进入产业化准备阶段。

二、湖南省

2014年，湖南省汽车类消费品零售额实现1184.6亿元，同比增长15%；生产汽车产量62.1万辆，同比增长1.9%；民用汽车保有量443.4万辆，同比增长11.5%；私人汽车、轿车保有量分别实现393.3万辆和234.1万辆，同比分别增长20.2%、20.1%。2015年1—10月，湖南省汽车制造业增长8.9%。

目前，湖南省已形成了新能源汽车整车、关键零部件、新材料三大产业集群，汽车产业已经成为湖南省的支柱产业之一。随着吉利、广汽、上海大众、比亚迪、陕汽、博世等一批整车及零部件企业投资项目的逐个落地，全省初步形成了以长株潭三市为核心区域，衡阳、永州、常德、邵阳、娄底、益阳等市为零部件配套基地的汽车产业格局。2015年1—11月，湖南省实现汽车产量7.69万辆，同比增长30.1%，日均产量达到2562辆。

三、安徽省

2014年，安徽省汽车制造业实现增长7%，汽车产量95.5万辆，同比下降7.1%；限额以上汽车类商品零售额中同比增长11%；民用汽车、私人汽车拥有量分别实现437.3万辆、348.2万辆，分别比上年增长16.3%、20.3%。民用轿车、私人轿车拥有量分别为226.1万辆、205.1万辆，分别同比增长21.2%、24.8%。

2015年1—11月，安徽省汽车产量达到112.5万辆，同比增长31.4%。限额以上汽车类消费品零售额达938.9亿元，同比增长8.3%。2015年1—10月，安徽省汽车出口总值达80.9亿元，同比增长17.7%。预计安徽省2015年全年汽车产量将达到 120 万辆。已江淮汽车和奇瑞汽车为代表的企业持续加大研发投入、不断提高企业创新能力，也带动了全省的汽车产业的转型升级，特别是在新能源汽车领域，江淮等车企积极布局节能与新能源汽车产品，借助国家和地方政府的优惠政策，取得了较快的增长。

四、江西省

2014 年，江西省汽车类零售额实现 520.2 亿元，同比增长 16.2%；汽车制造业实现增加值 234.8 亿元，同比增长 14.1%；民用汽车、民用轿车保有量分别达到 296.5 万辆、154.3 万辆，同比增长分别为 15.6%、21.2%。私人轿车保有量 139.3 万辆，同比增长 25.4%。2015 年 1—11 月，江西省汽车类消费品零售额 581.05 亿元，同比增长 18.9%。

江西省汽车产业起步较早，目前已拥有整车及零部件生产企业超过 200 家，但江西汽车产业在技术创新研发方面能力较弱，零部件企业规模较小，整车企业的产品竞争力也有待提高。以江铃、昌河等为龙头的汽车企业研发投入不足。近几年，随着江铃集团等积极调整产品结构，企业销量实现增长，北汽重组昌河以来，也进行了重点战略调整，实现了较快发展。新能源汽车产业也成为江西省产业转型升级的亮点，已有 34 款客车列入国家推荐目录。

五、山西省

2014 年，山西省民用汽车、私人汽车保有量分别达到 429.8 万辆与 372.3 万辆，比 2013 年分别增长 3.4 与 14 个百分点。轿车保有量 255.0 万辆，同比增长 15.8%，其中私人轿车 234.8 万辆，同比增长 17.9%。新注册汽车 58.8 万辆，同比下降 1.7%。

为了转变经济增长方式，山西省也加大力度推广新能源汽车，2014 年底发布了《山西省加快推进新能源汽车产业发展和推广应用的若干政策措施》，特别提出要加大公共服务领域的推广力度，将新能源汽车纳入政府采购目录，优先采购新能源汽车，同时还在充电基础设施、设立产业发展基金、暂免基本电费等方面都做出了相关规定。

第八章 西部地区

第一节 2015 年整体发展形势

一、运行状况

2015 年，西部地区汽车产能持续呈现较好增长态势，个别省市汽车产能出现回落。与东部地区汽车产能呈大范围下降趋势相反，西部地区受整个国内外汽车市场低迷影响较小，汽车产能依然表现了良好的增长态势。2015 年 1—10 月，整个西部地区产能实现稳定增长，同比上年增长 8.54%。其中，甘肃、新疆两地均实现大幅度产能提升，分别同比上年增长 167.8 和 47.81 个百分点。此外，海南、陕西两省产能出现大幅降低，分别同比上年回落 25.11 和 5.86 个百分点。其他西部各省呈现较好的增长态势。2015 年 1—10 月西部地区汽车分省市产量如表 8-1 所示。

表 8-1　2015 年 1—10 月西部地区汽车产量分省市统计表

地区	2014年1—10月累计（辆）	2014年西部地区占比	2015年1—10月累计（辆）	2015年西部地区占比	同比增长（%）
内蒙古	17418	0.40%	21658	0.46%	24.34
陕西	294553	6.75%	277292	5.86%	−5.86
海南	71373	1.64%	53451	1.13%	−25.11
甘肃	6965	0.16%	18652	0.39%	167.8
重庆	1912627	43.86%	2094327	44.24%	9.5
四川	265067	6.08%	332103	7.02%	25.29
广西	1705325	39.10%	1838681	38.84%	7.82

（续表）

地区	2014年1—10月累计（辆）	2014年西部地区占比	2015年1—10月累计（辆）	2015年西部地区占比	同比增长（%）
云南	79239	1.82%	84770	1.79%	6.98
新疆	8661	0.20%	12802	0.27%	47.81
地区合计	4361229	100.00%	4733736	100.00%	8.54

资料来源：根据中国产业信息网数据整理，2016年1月。

二、发展特点

自2014年国内外汽车市场呈现不景气局势以来，我国汽车产业区域布局逐渐发生变化，汽车产销中心呈现由东部逐渐向中、西部转移的趋势。此前，我国主要的汽车整车生产制造企业主要分布在东部沿海地区（包括长三角经济区、珠三角经济区、京津冀经济区、东北老工业基地），其产销总量在全国产销总量中比重占到60%以上。但随着传统汽车产业的低迷，东北汽车工业基地汽车产销份额逐年下降，在全国总产销量比重仅有13%左右。同时，东部地区产能逐渐下滑，西部地区产能占比不断提高。此外，随着东部地区汽车制造成本的不断上升，未来汽车市场逐步向西部扩散，各大汽车厂商的生产布局中心也随之向西部转移，汽车整车制造业也被列入西部地区外商投资优势产业目录。整个西部地区整车产能在全国占比将进一步扩大。

三、发展经验

加大西部地区汽车产业核心技术研发投入，努力提升汽车产业技术创新能力。整合行业科技资源，建立产业技术创新运行机制。按照"市场引导、政府推动、企业化运作"的模式，形成政府、科研、教育与产业紧密结合的运行机制。通过与国际先进汽车企业合作，缩小与国际先进汽车整车、零部件生产技术差距，突破产业链薄弱环节，摆脱关键核心零部件依赖进口的局面。

积极推进汽车产业新业态、新模式的发展。积极发展基于O2O模式的汽车电商交易平台、二手车买卖平台、汽车零配件流通等交易平台。鼓励发展汽车后市场应用及创新服务模式。鼓励构建基于车联网的汽车线上4S店、维护保养、分时租赁、P2P汽车共享平台、第三方车险B2C网站、汽车金融在线平台等为代表的汽车后市场应用及创新商业模式，提高资源匹配效率，优化客户体验。丰富发展车载信息服务创新模式。着力发展汽车云服务，鼓励最优路线规划、免费语音导航、实时路况播报、行车安全监控、故障在线诊断、驾驶行为评测、油耗评估评测等车载信息服务模式创新。

推进试点示范，建立西部地区汽车创新融合示范应用基地。加强国际交流与合作，争取引领国际标准制定。凭借互联网优势，加快推进西部区域内先进汽车企业走出去。支持整车企业积极开展海外并购，促进汽车零部件产品、技术和服务出口，培育具备国际影响力的汽车中国品牌。

第二节　重点省份与城市发展情况

一、内蒙古自治区

2014 年，内蒙古自治区生产载货汽车 11996 辆，同比上年下降 18.3%；民用汽车保有量 371.7 万辆，同比增长 6%；汽车类零售额完成 420.7 亿元，同比下降 2.5%；2015 年 1—7 月，内蒙古自治区累计生产汽车 6561 辆，比上年同期降低 8.4%。汽车类消费品零售总额 240.10 亿元，同比降低 3.7%。2015 年 1—11 月，限额以上汽车类企业零售额实现 34.6 亿元，同比增长 18.1%。

在新能源汽车方面，内蒙古包头市被列为全国第二批新能源汽车示范城市，并与上海申沃、上海众联等共同打造包头市新能源汽车项目，建设年产 1800 辆新能源客车的生产线，并引进了比亚迪新能源特种车辆，生产纯电动矿用车等产品。

二、广西壮族自治区

2014 年，广西壮族自治区汽车制造业比 2013 年增长 12.6%；汽车类零售额同比增长 6.8%；实现利润总额 94.2 亿元，同比增长 18.7%。2015 年 1—10 月，广西壮族自治区汽车产量达 183.87 万辆，同比增长 8.7%，产业增加值增速同比增长 5.6%。

柳州市在广西壮族自治区乃至全国汽车工业发展中都占据重要位置。2014 年，柳州市汽车产量与销量均超过 200 万辆，分别同比增长 15.1%、14.2%，分别高出全国汽车产销增速 7.2%、7.6%。其中，汽车产量占全国汽车总产量的比重为 8.8%。2015 年 1 至 4 月，柳州市规模以上汽车工业产值实现 668 亿元，同比增长 12%，带动全市工业产值增长 5.4%。汽车产销量分别达到 82.8 万辆和 80.3 万辆，分别增长同比 13%、11.1%，分别高于全国增速 8.9 和 8.3 个百分点。

三、四川省

2014 年，四川省汽车生产汽车 96.3 万辆，同比增长 19.1%；在限额以上企业（单位）商品零售额中，汽车类实现增长 16.1%。2015 年 1—11 月，四川省汽车制造业实现增长 10.6%；汽车产量 96.69 万辆，累计同比增长 9.1%；汽车类消费品零售总额达 1580.66 亿元，累计同比增长 5.9%。

经过多年的培育和发展，四川省汽车产业已基本完成了结构调整和产业升级，相关配套产业加快发展。目前，全省形成了以成都为中心，辐射绵阳、南充和资阳等地的环形汽车产业经济带，形成了产业发展集聚区，共计拥有过超过 360 家的汽车整车及零部件生产企业。

四、云南省

2014 年，云南省在限额以上批发和零售业零售额中，汽车类增长 6.8%。民用汽车（包括三轮汽车和低速货车）、私人汽车保有量分别为 431.98 万辆和 375.92 万辆，分别同比上年增长 14.1% 与 16.4%。民用轿车保有量 191.40 万辆，同比增长 17.1%；私人轿车拥有量 175.45 万辆，同比增长 18.5%。2015 年 1—11 月，云南省汽车产量达 11.56 万辆，同比降低 5.2 个百分点。

2015 年，云南省发布了《关于加快新能源汽车推广应用的实施意见》，明确了到 2015 年年底，在昆明、丽江等城市群完成推广应用 5000 辆等总体目标，范围涵盖公交、出租、环卫、物流等领域。对于新能源汽车充电设施建设方面，在示范城市的停车场、居民区及部分高速公路建立新能源汽车充电配套设施。同时，也鼓励非示范城市适度推广应用新能源汽车。

五、重庆市

2014 年，重庆市汽车制造业实现总产值 3846.94 亿元，占全市工业总产值的 20.5%，同比上年增长 19.9%；汽车产量 262.89 万辆，同比增长 22.2%；轿车产量 111.32 万辆，同比增长 10.7%；在限额以上汽车类商品零售额增长 24.9%；全市民用车辆、私人汽车拥有量分别达到 441.07 万辆与 190.70 万辆，同比上年末分别增长 8.2 与 28.4 个百分点。民用轿车、私人轿车拥有量分别达 120.83 万辆、108.01 万辆，同比分别增长 26.4 和 29 个百分点。2014 年全年，重庆汽车顺利实现年产 260 万台产量目标，产量全国占比超过 11%，成为全国第一大整车生产基地，超越吉林、上海、湖北等国内其他汽车产业基地，其中，中国品牌汽车贡献率最为明显。

作为重庆的支柱产业之一，汽车产业近年来发展迅速，2015 年 1—11 月，重庆市汽车制造业利润增长 19.7 个百分点；汽车产量达 275.17 万辆，同比增长 16.3%。其中，11 月份，重庆市运动型多用途乘用车（SUV）产量增长 61.7%，新能源汽车增长 3.4 倍。2015 年上半年重庆市汽车产业产值超过 2200 多亿元，实现 19% 的高速增长，上半年全市汽车产量超过 155 万辆，实现了近 22% 的高速增长，特别是在轿车和 SUV 领域，重庆市的产品已占据全国的领先地位。目前，重庆市拥有 12 家国内外知名的汽车企业，同时聚集了近千家的汽车零部件供应商，形成了从研发、测试、制造、销售和售后的完整的产业链条。

园 区 篇

第九章　长春汽车经济技术开发区

长春汽车经济技术开发区位于长春市区西南部，原名长春汽车产业开发区，成立于2005年9月，并于2010年12月被国务院批准为国家级经济技术开发区，2012年10月更名为长春汽车经济技术开发区，是全国唯一一家以汽车产业为核心的专业开发区。开发区由中共长春市委、长春市人民政府与一汽集团合作共建，是全国首个政企共建的开发区。开发区建成区面积23平方公里，行政管辖面积110平方公里，总人口22.3万人，各类企业3160余户，先后被授予国家汽车零部件出口基地、国家汽车电子产业基地、国家新型工业化产业示范基地等称号，也是东北首家启动国家级生态工业示范园区创建工作的开发区。

第一节　发展现状

一、汽车工业是保持长春市经济增长的重要支撑

长春市与上海市、武汉市并称为我国三大汽车产业基地，根据《2014年长春市国民经济和社会发展统计公报》，2014年，长春市汽车产业实现产量250.3万辆，同比上年期增长11.4%，高于全国平均水平4.1个百分点；全年汽车制造业累计完成产值5894.2亿元，同比增长7.7%，占全市规模以上工业总产值的60%；可见，汽车产业是决定长春市工业经济增长的决定性因素。

汽车经济技术开发区是长春市汽车产业发展的核心区。区内拥有全国最大的汽车生产企业，包括一汽集团，一汽解放、一汽大众、一汽丰越、一汽通用等整车制造企业以及300多家汽车零部件企业，目前已具备年产120万辆轿车、20

万辆卡车、20万辆专用车的生产能力，占长春市汽车总产量的60%，2014年实现总产值约3900亿元，占长春市汽车工业总产值的66%。同时，拥有一汽技术中心、中国机械工业第九设计院、吉林大学汽车学院等国内最顶尖的汽车研发教育机构；以及全国最大的汽车零部件交易集散地、东北地区最大的汽车、二手车交易市场等完善的汽车后市场服务区。目前，全区产值达到1000亿元以上的企业1户，产值达到50亿元以上的企业1户、10亿元以上的企业3户、亿元以上的企业16户。

二、依托一汽和吉大不断提升技术创新能力

整车方面，园区以一汽集团，一汽解放、一汽大众、一汽丰越、一汽通用等整车制造企业为代表，已经形成了"中、重、轻"三大系列多个车型的产品格局。零部件方面，区内集聚汽车零部件企业300余户，包括一汽富维、杰克赛尔空调、一汽铸造、一汽锻造、一汽模具中心等一批在国内较有影响的企业，可生产发动机、变速器、减震器、底盘、内饰件等5000多个品种，形成了一定规模的配套体系和在国内具有一定竞争优势的零部件制造企业集群。

目前，开发区的技术创新及进步主要依托包括一汽集团、中国机械工业第九设计院、吉林大学汽车学院为代表的国内最顶尖的汽车研发教育机构。

一汽集团技术中心作为国家级技术中心，承担国家及一汽集团商用车产品、乘用车产品及总成和零部件的自主研发任务，具备中重、轻、微、轿、客、军、新能源等全系列整车产品的自主开发能力。技术中心拥有汽车振动噪声和安全控制综合技术国家重点实验室，具备寒、热带两个汽车试验场，具备整车环境与强度疲劳、车身试验、底盘及总成试验、发动机试验、振动噪声试验、电子电器试验、材料与工艺试验、新产品试制、计算分析等产品试验

验证能力设施。此外，一汽集团还设有铸造技术中心、模具技术中心、车载电子技术中心等研发机构。2014年5月，一汽大众在长春建成车辆安全中心，标志着一汽大众已经具备车身本地化开发的能力。2014年6月，一汽大众投资约13亿元兴建了亚洲最大的整车试验场，作为一汽大众研发体系能力建设的重要基础设施之一。预计2015年，一汽大众将具备整车开发的能力，包括零部件以及模块的开发，整车的开发和匹配，同时也包括新能源汽车的开发。2015年4月，中国一汽正式发布了新能源汽车战略规划，规划提出，未来一汽不仅要完全掌握

高功率密度的湿式离合器耦合电机设计、电池组集成开发、整车控制器自主软件源代码设计技术等核心技术，还要突破以铝代铜的低成本的高压电气技术，以及突破增程式电动汽车发动机关键技术，创新设计对置活塞增程发动机。在研发能力方面，建立完整的新能源汽车研发专业体系，形成从整车到总成再到关键性能的新能源汽车正向开发流程、体系和标准，全面建成具有国际先进水平的1万平方米新能源汽车整车及关键总成试验基地，能完成整车多功能模拟研究和整车性能与可靠性的品质认证。

表 9-1　长春汽车经济技术开发区研发机构情况

汽车产业研发机构情况	
国家级企业技术中心或研发机构名称	所属企（事）业
汽车振动噪声和安全控制综合技术国家重点实验室	一汽集团技术中心
汽车仿真与控制国家重点实验室	吉林大学汽车学院
其他企业技术中心或研发机构名称	所属企（事）业
汽车工程系实验室	吉林大学汽车学院
内燃机实验室	吉林大学汽车学院
车身实验室	吉林大学汽车学院
热能实验室	吉林大学汽车学院
铸造技术中心	一汽集团技术中心
模具技术中心	一汽集团技术中心
车载电子技术中心	一汽集团技术中心
轿车车型开发中心	一汽集团技术中心
汽车测试中心	一汽集团技术中心
汽车性能实验室	一汽集团技术中心
能源与动力实验室	一汽集团技术中心
吉林省汽车零部件研发中心	一汽集团技术中心
吉林大学汽车研究所	一汽集团技术中心
吉林大学低碳汽车研究中心	一汽集团技术中心

资料来源：赛迪智库整理，2016年1月。

表 9-2　长春汽车经济技术开发区重大科研成果

企业技术中心及研发教育机构	科研成果及重点项目（部分）
一汽集团技术中心	锡柴奥威11升天然气发动机
	11升奥威重型柴油机出厂试验实施"冷试"技术
中国机械工业第九设计院	涂装车间机械化输送系统运行模拟仿真
	工厂数字化技术。包括数字化的 "土建三维建模设计"、"设备三维设计"、"机械化运输模拟仿真"，"物流数字化技术"、"MES系统技术"等技术研发与应用
	汽车生产线装备制造技术。包括"双链U型杆输送机"、"新型节能直通式烘干室"、"涂装烘干室废气焚烧余热回收利用技术"、"汽车涂装烘干生产线废气焚烧供热系统""干式喷漆室"、"轿车工厂焊接车间排烟技术"等科研项目
	焊装工艺制造技术。"年产20万辆A级轿车精益化典型工厂设计"、"柔性焊接生产线举升机构及夹具库研制"、"涂装车间工艺规划通用技术要求研究"等工艺制造技术的研究项与应用
	涂装工艺材料。包括"水性漆、氧化锆及硅烷等先进工艺材料技术"
	天津一汽夏利汽车股份有限公司华利工厂15万辆改扩建项目等整车项目
	汽车工厂典型物流平台系统建设
	一汽解放汽车有限公司轴齿制造中心项目
吉林大学汽车学院	中国机械工业科学技术奖二等奖:低速汽车燃料消耗量限值及测量方法
	吉林省科学技术奖一等奖:混合动力客车动力系统匹配设计及关键控制技术
	中国汽车工业科技技术奖二等奖:汽车CAN总线仪表及其检测系统设计方法和关键技术研究与应用
	中国机械工业科技进步二等奖:高效低排放车用柴油机关键技术及产业化
	中国机械工业科技进步二等奖:大功率重型商用车天然气发动机自主研发与技术创新
	中国机械工业联合会科技进步奖二等奖：别克轿车液力变矩器
	国家科技进步奖二等奖:全工况高精度轮胎动力学体系创建及应用
	汽车工业科学技术奖特等奖:全工况高精度轮胎动力学理论、关键技术及应用
	吉林省科技进步奖一等奖:全工况高精度轮胎动力学理论、关键技术及应用
	国家科技进步奖二等奖:低断面抗湿滑低噪声超高性能轿车子午线轮胎

资料来源：赛迪智库整理，2016年1月。

三、已形成较完整的产业链和产业集群

长春汽车经济技术开发区围绕一汽集团，包括一汽大众、一汽马自达、一汽丰越等整车企业聚集了一大批相关汽车零部件配套产业，已经形成了以主机厂为核心、周边配套企业围绕发展，同时集研发、制造、物流、贸易、服务于一体的强势产业集群。目前，园区围绕一汽的汽车零部件本地配套率提升了10%，由此前的28%上升到38%，随着一批整车及零部件项目建设的上马，本地配套率还将不断提升。

长春是中国汽车工业的发源地，长春汽车经济技术开发区作为省市汽车产业发展的核心区，承载着中国汽车工业的历史和未来，已经成为长春市汽车产业的核心区和增长极。在新的历史阶段，开发区确立了建设区域整车产能最大、核心零部件实力最强、研发能力一流、管理服务国际化的世界级汽车产业基地的发展目标。同时，开发区也是展示长春汽车社会生活、理念、方法、技术、产品的创造、交流、生产、展示、贸易的基地以及新城区。汽车区的发展必将为我国工业园区的建设探索出一条新途径，为中国汽车工业的创新发展提供样本及经验。

第二节　发展经验

一、加强政策保障

开发区从产业发展、招商引资、人才吸引等方面实施了相关支持政策来支持汽车产业发展。具体如下：产业发展思路方面，第一，努力把汽车产业做大，形成整车与零部件相互依存、共同发展的集群优势；第二，积极发展汽车贸易和服务业，在发展汽车及零部件国内贸易的同时，扩大对外贸易，鼓励有条件的企业到境外办厂；第三，支持发展汽车信用消费，积极发展汽车租赁和二手车市场，推动汽车消费；第四，建立国家级的汽车及汽车零部件出口基地，充分利用现有出口资源，吸引聚集一批优势出口企业，迅速扩大出口规模，提高参与国际市场竞争的能力；第五，建立汽车工业信息网络平台，充分运用现有网络资源，以一汽和地方共建的方式，建立面向国内和国际的汽车、汽车零部件及专用车信息网络，实现企业间的信息共享。招商引资方面，首先，对投资核心零部件的企业应缴纳的土地出让总价款，可在一年内分两期，每期按总价款50%缴纳；其次，对投资规模5亿元人民币以上或世界500强企业的重大核心零部件项目，可一事

一议；另外，对企业所缴纳的城市基础设施配套费进行50%的返还；最后，核心零部件企业从获利年度起，已缴纳的企业所得税，前三年市、区两级留成部分的全额和第四、第五年市、区两级留成部分的50%，由市、区两级财政按年度返还给企业。人才吸引方面，对于核心零部件企业的总经理、副总经理，在个人所得税、子女上学方面给予奖励和提供方便。

二、搭建产业发展平台

开发区以成为世界级汽车产业发展基地为建设目标，其中，四大汽车产业发展平台的建设与发展起到至关重要的作用。主要包括：整车平台、零部件平台、研发平台及商贸物流平台。

整车平台以解放、大众、丰越、q工场、专用车等整车企业为主导。目前，园区整车年产能约160万辆以上。2014年11月开工的一汽大众q工场项目，占地面积49万平方米，总投资158亿元。年产30万辆全新audiq系列车型。项目达产后预计可实现年销售收入1579亿元，税收296亿元。整车平台的建设对开发区汽车产业的规模发展具有强大的带动作用，有利于吸引国内外相关配套汽车零部件企业集聚，扩大产业集聚发展效应，提高产业基地的综合竞争力，为建设国际汽车城奠定基础。

零部件平台以引进核心零部件企业为主导。近年来，在抓好整车扩产增量基础上，开发区逐步向发展专用配套零部件产业转型，提升本地零部件综合配套率，缩短物流半径，促进企业发展。尤其是开发区大力引进相关一汽零部件供应商，包括既为本地配套又具备向外埠配套能力的零部件企业。麦格纳、纳铁福、日本电装、大众发动机、变速箱、一汽四环股份、杰克赛尔空调、一汽铸造、一汽锻造、一汽模具中心等一批在国际国内较有影响的汽车零部件企业已集聚园区，形成了国内具有一定竞争优势的零部件制造企业集群，包括动力总成园、模具工业园、富奥工业园、轴齿工业园等四大零部件产业集群。零部件配套体系的完善，为开发区整车企业的发展创造了良好的配套环境，有利于整车企业规模的不断提升。

研发平台以技术研发机构、科技型企业主导。近年来，开发区不断加大对区内企业技术创新的投入和支持，鼓励企业开展技术创新，新建省级企业技术中心5个，落实各类创新扶持资金2000余万元；同时，突出产业创新，加快推进一汽乘用车研究所建设，目前，中国机械工业第九设计院、长春汽车高专等研发教育机构、一汽乘用车研究所等科研机构也正在积极建设之中。研发平台的建设为开发区汽车产业的技术创新奠定了良好的基础，有利于紧跟世界汽车技术发展趋势，实现核心零部件及整车组装的关键技术创新及突破，提升开发区产业整体竞争力。

商贸物流平台以汽配批发、二手车交易等为主导。开发区是全国最大的汽车零部件交易集散地，近年来，开发区大力发展汽车上下游产业，努力促进高力北方汽贸城、汽配商街市场发展，启动了西湖大路4s店区和新区后市场产业园规划，拥有华港二手车、长沈路汽车贸易商街等。其中一汽物流园区计划2016年12月投入使用，可实现年仓储、发运100万辆一汽大众品牌整车，储存和配送100万辆份零部件，仓储、包装、发运一汽解放公司入库金额10亿元的备品、一汽轿车公司入库金额25亿元的备品。实现年营业收入23亿元，税收1.8亿元。商贸物流平台的快速发展有效延伸了开发区汽车产业链条，开发汽车后市场，占据产业价值链高端环节，提升开发区汽车产业整体实力和影响力。

三、完善产业链环节

汽车产业链以汽车零部件及整车制造为核心，包括上游的零部件及整车研发设计、下游的汽车贸易、汽车物流、汽车金融及服务等环节，长春汽车经济技术开发区以打造世界级汽车产业基地为目标，不断完善产业发展链条，基本形成了以整车为核心，零部件、原材料、贸易、物流、金融、文化等上下游相关产业协调发展的汽车产业体系。首先，开发区依托整车核心环节，重点发展以动力总成为代表的核心零部件产业，以及汽车模具、汽车电子、新能源汽车等潜力领域，打造围绕整车生产关键环节的高端零部件产业集群。在上游研发设计领域，依托一汽集团技术中心等国家级汽车产业科研机构和单位，掌握底盘、发动机等核心零部件的研发技术，并将重点突破乘用车系列发动机及直喷增压技术等六项乘用车技术，重型高端商用车平台技术等四项商用车技术和汽车电子等四项共性技术。在下游汽车服务及贸易领域，开发区建设了长春第一个"汽车后市场"产业园。其建设内容主要包括二手车交易中心、一站式服务配套办公楼、汽车整备工厂、汽车拆解中心和F3赛道等项目，预计整个项目建成后，可实现年产值100亿元。根据发达国家经验，汽车服务业创造的利润占到行业利润总额的50%至60%，发展空间巨大，是汽车产业新的盈利增长点。

第十章　武汉经济技术开发区

武汉经济技术开发区始建于 1991 年 5 月，并于 1993 年 4 月被国务院批准为国家级经济技术开发区。2003 年，科技部批准建立国家电动汽车研发、汽车产业化研发及示范运营基地；2006 年，经国家发改委、商务部批准，开发区建立了"国家电动汽车研发、产业化及示范运营基地（科技部批准）"及"国家级汽车及零部件出口基地（商务部、发改委批准）"，拥有东风汽车、神龙汽车、东风本田汽车等 5 大汽车公司总部，是我国汽车及零部件产业最集中的区域之一，也是武汉市为努力打造"中国车都"城市品牌形成的以汽车产业为重点的经济开发区。目前，开发区内正致力于打造"汽车整车、汽车零部件、电子电器、战略新兴产业"四个千亿元产业，在区内已建立 6 家整车厂，180 家汽车零部件企业，20 家汽车相关研发机构。2010 年，开发区内汽车整车产业产值已达 1000 亿元，汽车零部件产值也已达 400 亿元。在汽车整车及零部件等支柱产业的带动下，开发区已形成 100 万辆整车产能，积极带动了开发区经济发展。

第一节　发展现状

一、全区汽车工业产值持续增长

2014 年，武汉经济技术开发区工业产值突破 5000 亿元。2015 年前 10 个月，开发区累计实现规模以上工业总产值 2226.5 亿元，同比增长 5.8%。完成固定资产投资 660.7 亿元，同比增长 29.4%。社会消费品零售额 45.8 亿元，同比增长 14.0%。汽车及零部件行业工业总产值达 1628.8 亿元，同比增长 8.4%；汽车整车企业总产值达 1116.9 亿元，同比上年增长 5.4%，占汽车及零部件行业总产值的 68.6%。

二、汽车类企业招商引资成效显著

2015 年，开发区新引进项目总投资 167.6 亿元，实现招商引资总额 200.2 亿元，同比增长 30%。引进投资过 50 亿元项目 2 个，新引进的 22 个亿元以上项目中，5 亿元以上项目 5 个。2015 年 11 月，武汉巴博士豪车定制改装产业园正式投产，总投资 10 亿元，项目投产后，可实现年改装车辆 1.5 万台套，年销售收入 15 亿元，税收近亿元，在汽车改装、汽车博览领域助推了汽车产业发展；东风佛吉亚汽车内饰项目正式开工建设，主要从事汽车仪表板、中控台总成、发动机舱内饰件、汽车内饰件等产品销售，为神龙、东风乘用车、东风雷诺、东风本田等整车厂提供配套。项目投产后，将形成年产 100 万套（件）年生产能力，实现年销售收入 30 亿元。南京金龙新能源客车项目实现总投资额 51 亿元，项目建成投产后可实现 1 万台新能源大客车的年产能，销售收入有望达到 100 亿元，每年实现税收 6 亿元。诚盛汽车零部件项目投资 5 亿元，投产后可实现产值约 5 亿元，税收 5000 万元；东风楚凯汽车零部件制造项目投资 3 亿元，为神龙、长安福特、东风乘用车、等车企提供轮毂、发动机喷油系统配件等零部件配套。投产后可实现约 5 亿元以上年产值，年创税收约 2600 万元。光瑞亚山汽车零部件（武汉）滚压生产线项目投资 1 亿元，投产后可实现年产值 2 亿元以上。

三、税收收入稳步增长

2015 年 1—6 月，开发区共实现税收收入 119.99 亿元，较同比上年实现小幅增长，增收 4.41 亿元，提高了 3.82 个百分点。其中，汽车及零部件行业的税收贡献率达到 86.67%，比上年同期同比增加 0.89 个百分点。

武汉出口加工区是全国首批 15 家试点出口加工区之一，形成了以汽车及零部件、电子电器等行业为主的加工贸易、保税物流产业集聚区，目前正积极转型升级为综合保税区。2014 年，武汉出口加工区进出口贸易额 13.6 亿美元，位居全国加工区前列；武汉出口加工区负责的武汉汽车及零部件出口基地位居全国 12 家基地的第二名。

四、汽车产销后期发力、逆势上涨

2015 年，面对经济下行压力加大、合资品牌销量下滑、价格竞争全面升级的局势，开发区内汽车产业在经历 4、5、6 三个月的市场低迷后，快速响应市场变化，全力以赴稳增长，通过后期发力实现了逆势增长。开发区内神龙公司、东风本田企业通过智能制造转型升级，抓住国家"购置税减半"的政策利好，实现了销量提升。神龙公司 11—12 月份连续两个月销量突破 7 万辆，全年销辆突破 71 万辆，实现正增长，增幅在主流合资品牌中位居前列。SUV 细分市场量与上年相比，增长 60%，位于行业前列；东风标致也在后期持续发力，销售突破 40 万辆，同比增长超过 5%。

第二节　发展经验

一、加大车企招商引资力度

为缓解 2014 年以来汽车产业增速放缓的低迷态势，武汉经济技术开发区在资金、人才、服务、用地等多方面入手，积极完善区内招引机制，全方面做好国际国内大型车企的招商引资工作。在加大力度对整车生产商进行招商引资的同时，加强对配套汽车零部件企业的招商，实现产业协同配套。改变传统落后的招商引资方式，通过以商招商，实现产业价值链延伸。通过打造"飞地"产业园等方式扩大开发区空间，制定合理的招商用地机制，努力招引一批投资见效快、经济带动强、产业配套好的大型企业，通过项目引进进一步加强开发区汽车产业的发展基础。

二、把握国家各项政策，积极响应市场变化

积极关注国家各项汽车产业政策，及时出台对汽车类企业的奖励与优惠措施，鼓励汽车企业积极响应市场变化，调整汽车产销库存结构，细化汽车产品结构，把握主流汽车产品销售细分市场；提高中国品牌汽车产品、新能源汽车的销售比例；坚持创新驱动发展，通过智能制造推动车企实现转型升级，有力地提升产品和品牌市场竞争力，推进开发区汽车产业的触底回升。

三、加强汽车产业人才引进与培养机制

建立适应市场经济发展的人才引进与培养机制。在人才引进上，积极制定吸引高端人才的激励政策，创新人才引进机制。打破户籍束缚，建立与人才"柔性"流动相适应的各种福利、保障等制度；努力开创具有开发区特色的用人机制，对特殊人才实行特殊政策，为优秀人才开辟"绿色通道"，为其充分展示才华提供良好的环境。积极落实和完善分配、奖励等政策，对取得显著成绩的优秀科技人员和经营管理人员，给予政府奖励。鼓励创新人才实施科技成果转化，对专家学者、归国留学人员等人才的科研成果实施创业转化的，予以补助。完善科技成果、知识产权归属和利益分享机制，提高骨干团队、主要发明人受益比例。鼓励各类企业通过股权、期权、分红等激励方式，调动车企科研人员创新积极性。重视对一线车企技术人员的培训，努力培养一批实际操作经验丰富、能适应汽车工业现代化生产需要的高技能工人队伍。

第十一章　成都经济技术开发区

　　成都经济技术开发区是由国务院于 2000 年正式批准的国家级经济技术开发区，是工信部批准的国家汽车产业新型工业化产业示范基地，也是四川省和成都市确定的以汽车整车及关键零部件为主导的现代制造业基地。成都经开区以汽车产业综合功能区为依托，大力推进汽车主导产业集中集群集约发展，全力构建了以强大的现代汽车制造业为支撑、以汽车高新技术产业为先导、以现代服务业和总部经济为核心的现代产业体系。在战略目标方面，成都经开区制定了"双百战略"：到 2016 年，汽车整车产量达百万台；到 2020 年，新增汽车产能百万台。同时，以 2020 年形成以一汽大众为首的百亿企业集群为目标，推进开发区内汽车主导产业综合销售收入突破 10000 亿元，建成万亿汽车产业基地。

第一节　发展现状

一、经济下行压力增大，汽车产业增速放缓

　　2014 年，随着经济下行压力增大，龙头车企对经济增长的拉动作用减弱，成都经开区汽车产业实现主营业务收入 1214 亿元，同比增长 22.4%，增幅同比回落下降 35.2%，汽车产业发展进入"换档期"。从汽车库存来看，吉利高原、一汽大众等配套零部件企业产销量趋于饱和，收入和利润呈现下滑趋势。由于产能下降，一汽丰田汽车产量下降 32%，9 月到 11 月，其工业总产值环比增速下降 45.2%。田纺、天津矢崎等配套汽车企业产值同比降幅超 35%。

二、整车产量稳中有增，零部件产业持续增长

2015年，成都经济开发区整车与零部件产业规模不断壮大，整车产量稳中有增，零部件产业持续增长。2015年1—6月，开发区整车产量达到50.1万辆，呈现两位数增长，高于全国汽车产业平均增速，奠定了年销售"破百万量"的目标。汽车零部件企业新增17家，累计达100家，半年内产值达140.7亿元。以一汽大众为例，整车产量在增速放缓的基础达到33.5万辆；高原汽车凭借自身销售优势，实现产能3.8万辆。随着一汽丰田普拉多、沃尔沃S60L油电混合动力汽车、东风神龙、中国重汽等一批重大汽车项目的快速推进，开发区固定资产投资停止下滑趋势并出现回升，工业投资呈现成倍增长。

第二节　发展经验

一、以发展整车制造为基础，推动汽车产业跨越发展

成都经济开发区充分利用成都在四川的市场与区位优势，积极发展以轿车为龙头的整车制造产业。以整车制造为基础，成都经济开发区将发展乘用车作为重点，在关键零部件、新能源汽车、智能汽车领域寻求增长的突破口，进一步做大做强整车制造，通过增加整车品种，细化汽车市场划分，在中端基础上积极面向高端市场，扩大汽车产能，推动汽车产业跨越式发展。

二、提升汽车产业配套，延伸汽车产业链条

在现有整车制造基础上做大产业发展规模，积极推动一汽、东风、神龙等龙头企业扩大产能，加大对新车型、新技术资金投放力度；通过招商引资，一方面进一步加强与上汽、广汽等国内知名整车企业合作，另一方面积极吸引并带动一批零部件企业来开发区落户，全面提升开发区汽车产业配套能力，通过关键零部件的补链强链，在汽车电子、发动机总成、底盘等方面形成产业配套体系，打通汽车产业链协作配套，延伸汽车产业链条。努力做好汽车后产业市场，在产业链上游向汽车研发、设计延伸，在下游向汽车消费、贸易、博览、娱乐等方向延伸，努力构建汽车"全产业链""全价值链"。同时，与重庆及省内城市展开区域合作，形成汽车产业集群，充分发挥成都对西南地区的辐射作用。

三、优化汽车产业发展模式，推动汽车产业技术创新

汽车产业是典型的技术密集型、资金密集型行业，成都经济开发区以创新驱动为动力，积极优化汽车产业发展模式，着力推动汽车产业技术创新，实现汽车产业结构优化升级。一方面，以智能制造为转型突破点，加快先进汽车类科技成果转化为现实的步伐，提升成都经开区的"汽车智能制造"水平；另一方面，积极搭建产学研用平台，支持企业建设研发中心进行技术创新，加快基于"互联网+"的智能网联汽车产业发展战略实施，通过建设国家级的汽车检验检测中心等工程，推进企业之间的协同创新发展。

四、搭建公共服务平台，促进资源高效配置

成都经济开发区立足成都汽车产业功能区汽车整车及关键零部件产业基地这一准确定位，积极搭建汽车产业公共服务平台，努力建设一系列国际一流的汽车零部件检测平台，组建汽车产品科技成果转化公共服务平台，行成成都汽车产业功能区内企业共同提升的发展模式，促进开发区内资源实现高效配置。

企业篇

第十二章　东风汽车集团股份有限公司

第一节　企业基本情况

一、发展历程与现状

（一）艰苦创业期（1969—1980年）

1969年第二汽车制造厂大规模施工建设在湖北十堰正式拉开序幕，是我国第一个完全自行设计建造的大型汽车厂。二汽建厂初期，聚集和采用了大批人才、新技术、新设备、新材料和新工艺。其中，一汽包建11个分厂，上海包建6个，北京包建1个，武汉包建1个。1975年，二汽自主开发的第一个基本车型——2.5吨越野车EQ240投产。1978年，东风5吨民用车EQ140下线，标志着二汽成功实现"军转民"。同年东风3.5吨越野车EQ245通过国家鉴定，加上2.5吨越野车EQ240，构成了第一代东风商用车三个基本车型。

（二）快速成长期（1981—1993年）

至20世纪80年代，东风在国内形成10万辆生产能力，成为当时中国最大的汽车生产企业和世界三大卡车生产厂之一。1983年，二汽技术中心成立，形成了"大集中、小分散"的产品开发格局，确立了"改进一代、开发一代、预研一代"的产品研发理念，使产品开发工作进入一个崭新的阶段。1984年，二汽开始建设襄阳基地。1993年，东风公司轻型车厂在襄樊基地开工建设。襄阳基地的建设，实现了公司从十堰走向全国的"第一跳"。1992年，神龙汽车公司在武汉成立。东风公司产品实现从卡车向卡车、轿车双轮驱动。1992年，第二汽车制造厂更名为东风汽车公司。

（三）改革调整期（1994—2000 年）

20 世纪 90 年代后，面对体制转轨、市场转型、需求剧变等，东风经营陷入低谷，1998 年亏损 3.92 亿元。公司主动调整，创新求变，至 2000 年盈利 13.8 亿元。1999 年，东风汽车公司全面推出体制改革新框架，构建了新的三层次公司化管理体制，完成了从管理一个工厂到管理一个公司的巨大跨越。同年，东风汽车股份有限公司股票在上海证券交易所挂牌上市交易，标志着东风公司在资本运作上揭开了新篇章。

（四）开放合作期（2001—2010 年）

在全球经济一体化及中国加入 WTO 背景下，东风全方位推进开放合作，战略性推进自主事业发展。2002 年，东风公司与日产汽车公司签署全面合作协议。2002 年，与 PSA 提升合作层次，与悦达集团、韩国现代起亚合资。2003 年，与本田合资等。2003 年，东风汽车公司总部迁址武汉，为公司更有效实施集团管理、谋求更大发展奠定了坚实基础。2005 年，东风汽车集团股份有限公司发行的 H 股股票，在香港联合交易所主板挂牌上市，为公司进一步深化改革、提高竞争力提供了良好契机，为公司提供了国际化的融资和发展平台。2007 年，东风乘用车武汉工厂隆重奠基，标志着东风公司战略性发展中国品牌乘用车事业。

（五）协同发展期（2011 年至今）

2014 年销量 380 万辆，实现销售收入 4829 亿元，行业排名第 2 位，资产总额达到 2402 亿元，员工总数 17.6 万人，位居世界 500 强第 113 位，中国企业 500 强第 17 位，中国制造业 500 强第 4 位。累计产销汽车 2660 万辆，其中，合资品牌产销 1500 万辆，中国品牌产销 1160 万辆。累计上缴税费 2700 亿元。产品包括商用车、乘用车、新能源汽车及汽车零部件及装备产品。

商用车覆盖重、中、轻、微全系列卡车和客车产品；市场占有率处于行业领先水平，中重型商用车销量连续 11 年位居行业第一；主要生产企业有东风商用车公司、东风汽车股份公司、东风特种商用车公司、东风柳州汽车公司等；主要生产基地在十堰、襄阳、柳州等；2014 年销售量达 56.02 万辆。

乘用车涵盖基本型、SUV、MPV、交叉型等；主要生产企业有东风乘用车公司、神龙公司、东风日产、东风本田、东风悦达起亚、东风裕隆、东风柳汽、郑州日产、东风小康等；主要生产基地在武汉、十堰、襄阳、广州、郑州、盐城、柳州、杭州等；2014年销售量达324.23万辆。

新能源汽车涵盖纯电动轿车、纯电动客车、纯电动工程车、纯电动物流车、纯电动环卫车及混合动力城市客车、BSG混合动力轿车、插电式混合动力城市客车等；主要生产企业有东风电动车公司以及乘用车、商用车各事业单元。

汽车零部件覆盖动力系统、制动系统、转向系统、悬架系统、内饰系统、汽车电子等；装备业务包括汽车自动线专用设备、模具、检具等；汽车零部件主要生产企业有东风零部件公司、东风鸿泰、东风实业公司等；汽车装备主要生产企业有东风装备公司、东风特种商用车公司、东风设计院等；主要生产基地在十堰、武汉等地。

二、企业组织结构

公司最高权力机构是股东大会，下设董事会和监事会，董事会下设审计委员会、提名委员会、薪酬委员会。董事会根据公司章程授权负责企业重大经营决策，并监督高级管理人员的日常经营管理；监事会主要负责监督董事会以及高级管理人员的职务行为。根据公司章程的规定，董事由股东大会选举产生，任期三年。董事任期届满，可以选择连任。本届董事会由十一名董事组成，包括三名执行董事、四名非执行董事以及四名独立非执行董事。公司董事会成员具有不同的行业背景，在企业管理、财务会计、法律和投资等方面拥有专业知识和丰富的经验。同时，董事会也制定了董事会成员多元化政策，并每年至少一次检讨成员架构。董事会下设三个专门委员会，包括审计委员会、薪酬委员会和提名委员会，专委会成员大部分为独立非执行董事，各专委会按照其职权范围进行运作。根据公司章程的规定，监事由股东代表和一名公司职工代表组成，其中股东代表由股东大会选举和解聘，职工代表由公司职工民主选举和解聘。本届监事会是公司成立以来的第四届监事会，由五名监事组成。监事会对本公司股东大会、董事会召开程序、决议事项、董事会执行股东大会决议情况进行监督，审议本公司董事会提交股东大会的各项报告和议案。

三、企业技术状况

目前东风已形成以公司技术中心为核心、各子公司研发机构协同运作的二层次、复合开放式研究开发体系。公司总部下设科技工程部和科学技术委员会。各子公司的研发机构包含：东风商用车技术中心、神龙汽车公司技术中心、东风股

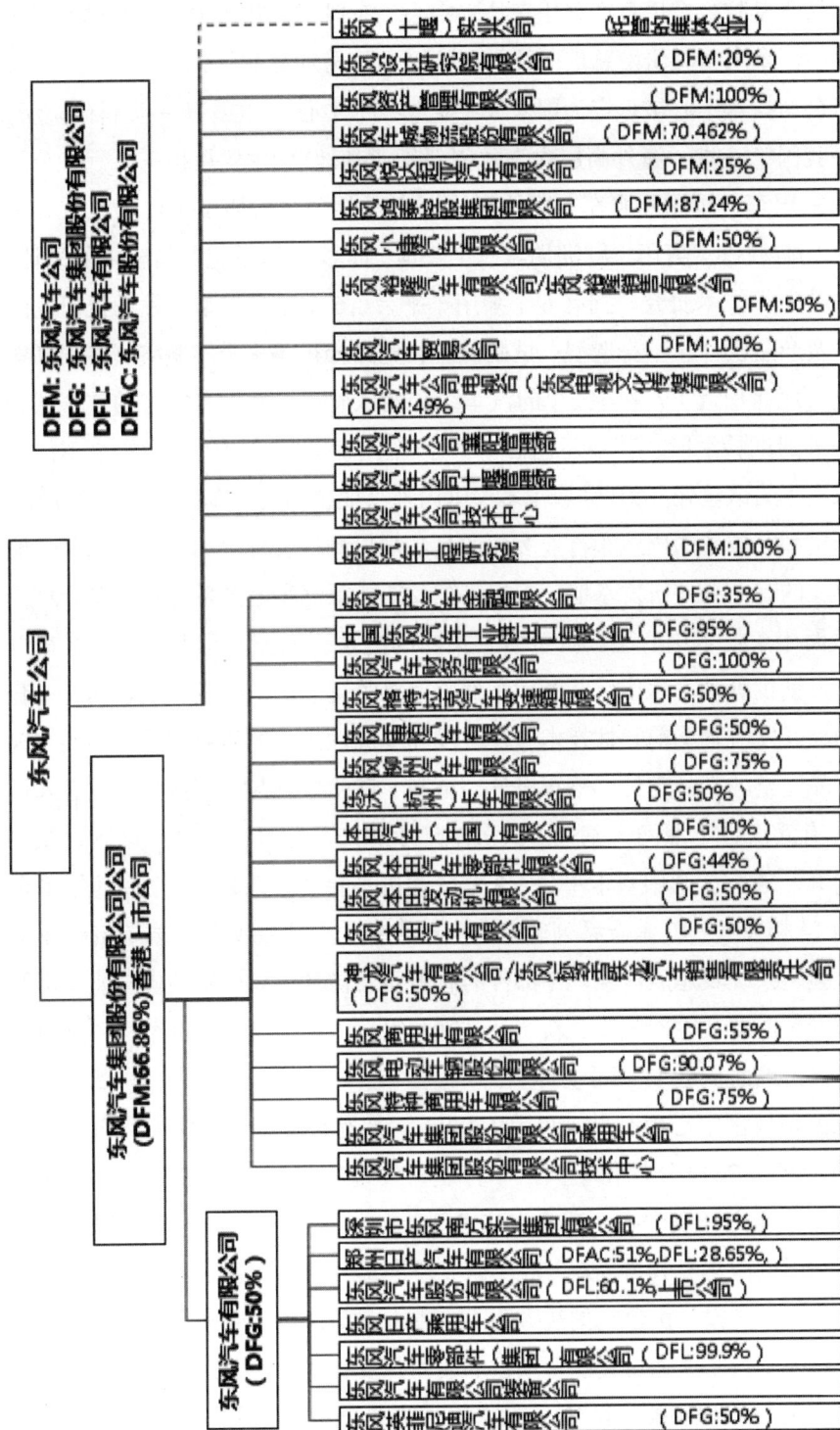

图12-1 东风汽车集团组织结构图

DFM: 东风汽车公司
DFG: 东风汽车集团股份有限公司
DFL: 东风汽车有限公司
DFAC: 东风汽车股份有限公司

东风汽车公司

- 东风（十堰）实业公司　（托管的集体企业）
- 东风汽车衬片有限公司　（DFM:20%）
- 东风资产管理有限公司　（DFM:100%）
- 东风汽车物流股份有限公司　（DFM:70.462%）
- 东风劳达船汽车有限公司　（DFM:25%）
- 东风鸿泰控股集团有限公司　（DFM:87.24%）
- 东风小康汽车有限公司　（DFM:50%）
- 东风柳隆汽车有限公司/东风柳隆部件有限公司　（DFM:50%）
- 东风汽车财务公司　（DFM:100%）
- 东风汽车公司电视台（东风电视文化传媒有限公司）（DFM:49%）
- 东风汽车公司襄阳基地
- 东风汽车公司十堰基地
- 东风汽车公司技术中心
- 东风汽车工程研究院　（DFM:100%）

东风汽车集团股份有限公司 (DFM:66.86%) 香港上市公司

- 东风日产汽车金融有限公司　（DFG:35%）
- 中国东风汽车工业进出口有限公司（DFG:95%）
- 东风汽车财务有限公司　（DFG:100%）
- 东风裕隆纳智捷汽车销售有限公司（DFG:50%）
- 东风重建汽车有限公司　（DFG:50%）
- 东风鼎和汽车有限公司　（DFG:75%）
- 易捷（杭州）卡车有限公司　（DFG:50%）
- 本田汽车（中国）有限公司　（DFG:10%）
- 东风本田汽车零部件有限公司　（DFG:44%）
- 东风本田发动机有限公司　（DFG:50%）
- 东风本田汽车有限公司　（DFG:50%）
- 神龙汽车有限公司/东风标致雪铁龙汽车销售有限公司（DFG:50%）
- 东风御风汽车有限公司　（DFG:55%）
- 东风电动车辆股份有限公司　（DFG:90.07%）
- 东风特种商用车有限公司　（DFG:75%）
- 东风汽车集团股份有限公司乘用车公司
- 东风汽车集团股份有限公司技术中心

东风汽车有限公司 (DFG:50%)

- 深圳市东风电动汽车集团有限公司　（DFL:95%,）
- 郑州日产汽车有限公司（DFAC:51%,DFL:28.65%,）
- 东风汽车股份有限公司（DFL:60.1%上市公司）
- 东风日产乘用车公司
- 东风汽车零部件（集团）有限公司（DFL:99.9%）
- 东风汽车有限公司装备公司
- 东风英菲尼迪汽车有限公司　（DFG:50%）

资料来源：赛迪智库整理，2016 年 1 月。

份公司商品研发院、东风日产乘用车技术中心、东风柳汽技术中心、东风本田研究开发中心、东风裕隆研发总部以及零部件等子公司研发中心等。

东风公司技术中心被认定为国家级"企业技术中心"，国家级一类科研院所，同时也是我国第一批"海外高层次人才创新创业基地"。主要承担东风汽车公司中国品牌乘用车、军用越野车、新能源汽车以及相关总成研发工作。现有人员1720余人，有武汉、襄阳、欧洲瑞典三个基地。武汉基地承担产品整体的设计、试制，以及先行技术研究。拥有6个乘用车平台、6个车型造型和发动机研发的能力，以及产品设计、车身造型、试制试验、竞品分析等多个实验室。襄阳基地建有一座占地面积近1.7平方公里的汽车综合性试验场，并拥有完善的汽车试验设施和先进的试验手段，其中还包括14个汽车用专业实验室等，多年来不仅承担了东风汽车的试验任务，还完成了多项国内外其他公司的整车试验与总成试验，并参与制定和完成了国内汽车行业多项产品法规检测检验标准的工作。瑞典基地是公司建立的首个海外研发基地，承担汽车及新能源汽车电控系统的研究开发。

东风商用车技术中心主要负责研发集团的全系列中型和重型卡车、客车以及大功率发动机等动力总成以及商用车驾驶室等关键总成的研发，中心拥有一套全面的商品开发流程、前瞻性技术开发手段和基础性技术的研究体系。能够实现商用车产品完整的产品定位、整车设计、试制、试验检测与验证能力。现有人员1586人，有武汉、十堰两大基地。武汉基地承担产品整体的设计、试制以及先行技术研究。拥有3个中重卡平台、2个发动机平台3个系列、2个变速箱平台从6档到14档及6—12米全系列客车研究开发能力。十堰基地主要负责整车道路模拟试验、系统及总成试验、零部件的有限元及仿真分析、发动机性能及可靠性试验、汽车电子及电器试验、新产品试制及组装、理化检验及汽车材料试验分析等工作，占地面积近11万平方米。

神龙公司技术中心现有员工总数1600人，拥有雄厚的研发实力和自主创新能力，2012年至2014年获得中国汽车行业科技进步奖13项，先后荣获武汉市高新技术企业研究开发中心、湖北省技术创新企业称号。中心注重"原始创新、集成创新和引进消化吸收再创新"相结合，不断提升自主创新能力。产品开发历程可以分为三个阶段：由最初的法方为主，中方参与，到后来项目由神龙主导开发和工业化完全自主。通过爱丽舍项目的成功开发实践，神龙建立了自己初步的开发体系、开发流程和技术队伍。2002年，神龙公司成立了新的技术中心，进一步提升技术中心的地位。越来越多的产品被植入"神龙基因"和"中国元素"，也更适应中国用户需求。到2012年神龙公司技术中心自主研发能力大大提升，共用平台车型与PSA同步开发，产品得到中国用户的认可；自主开发取得实质性突破，东风风神L60开创后合资时代新模式。

东风日产乘用车技术中心成立于2003年8月，总占地面积20万平方米，现有员工总数1100人。承担日产品牌、英菲尼迪品牌（与日产联合开发）和启辰品牌（自主开发）的研发。拥有先进的整车开发实验室，涵盖大部分零件实验和场景模拟实验。包括排放实验室、发动机实验室、整车环境实验室等30个实验室。启辰品牌基于自主平台开发，相继完成设计开发了D50、R50、R30、T70以及晨风纯电动车等车型，获得良好的市场口碑。2014年8月，包括启辰造型中心、东风日产先进工程技术中心及企业大学在内的东风日产三大中心正式奠基，将大幅提升东风日产价值链前端的研发实力。

从2009年至2014年，公司累计研发投入将近290亿元，2014年研发投入强度为1.3%左右。累计获得中国汽车工业科技进步奖达61项，位居行业首位。2009—2013年累计申请专利6600多项，获得专利授权4848项。

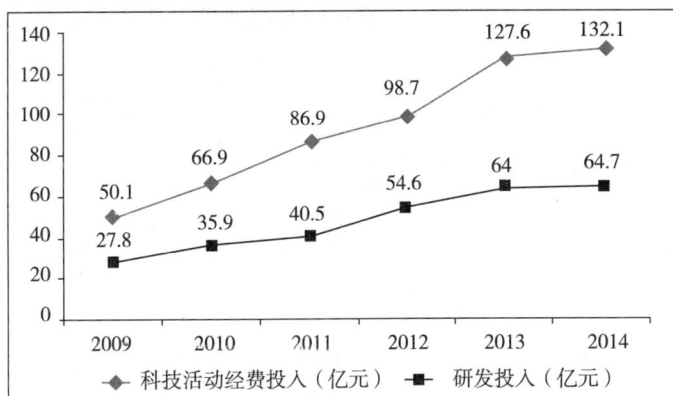

图12-2 东风近年科技经费及研发投入

资料来源：赛迪智库整理，2016年1月。

表 12-1 东风近年获中国汽车工业科技进步奖

时间	一等	二等	三等	合计	行业排名
2009年	0	3	10	13	第1名
2010年	1	3	6	10	第1名
2011年	0	2	8	10	第1名

（续表）

时间	一等	二等	三等	合计	行业排名
2012年	1	2	7	10	第1名
2013年	1	1	7	9	第1名
2014年	1	4	4	9	第1名

资料来源：赛迪智库整理，2016年1月。

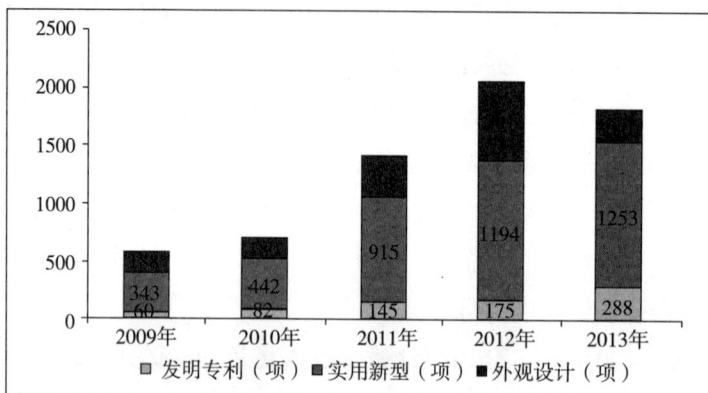

图12-3　东风近年申请专利情况

资料来源：赛迪智库整理，2016年1月。

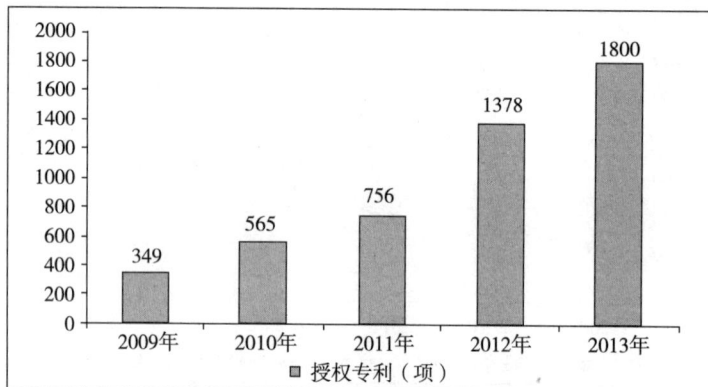

图12-4　东风近年授权专利情况

资料来源：赛迪智库整理，2016年1月。

第二节　生产经营情况

一、主营业务

东风集团乘用车中国品牌目前已形成风神、风行、风度、风光等子品牌。通过各自的差异化布局，覆盖中级车各细分市场。同时，以东风裕隆为主体，发展大中华品牌乘用车，纳智捷2015年一季度销量同比增长1.5倍。东风旗下各合资公司东风日产、神龙公司、东风本田、东风雷诺等都安排了中国品牌发展规划。2014年，启辰品牌销售11.4万辆，为公司自主事业作出重要贡献。2015年，随着首款SUV启辰T70的上市，产品品系进一步丰富。基本型乘用车有：东风风神S30、H30、H30 CROSS、A60、A30、L60，东风风行景逸S50，东风日产启辰R50、R30、D50，东风本田思铭等。运动型多用途车（SUV）有：东风风神AX7，东风风行景逸X3、X5，东风风度MX6，东风裕隆纳智捷优6、大7，东风日产启辰T70等。多功能车（MPV）有：东风风行菱智，东风小康风光，东风郑州日产帅客等。交叉型乘用车有：东风小康K、V、C系列。

东风集团商用车主要产品，以东风商用车、东风柳汽为主体的中重型商用车，包括天龙、天锦及霸龙、乘龙等。东风中重型商用车连续11年位居行业第一。以东风股份为主体的轻型商用车，包括东风多利卡、福瑞卡等。东风股份走出三年调整期，完成国四产品切换。以东风特种商用车为主体的特种车、专用车，旗下包括东风神宇车辆有限公司、东风（十堰）特种商用车有限公司、东风云南汽车有限公司、深圳东风汽车有限公司等13家子公司。

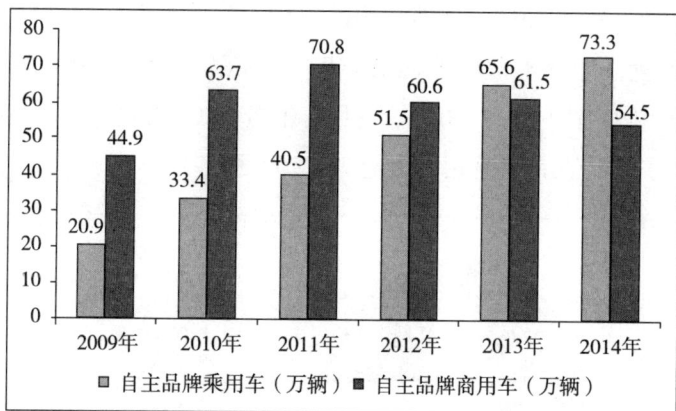

图12-5　东风近年中国品牌销量情况

资料来源：赛迪智库整理，2016年1月。

公司坚持坚持战略性推进海外事业发展。2014年，在行业出口连续下降的情况下，东风海外出口同比增长。

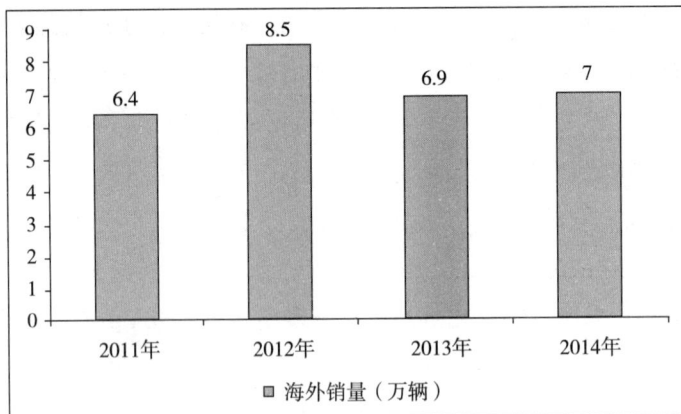

图12-6 东风2011—2014年出口情况

资料来源：赛迪智库整理，2016年1月。

二、生产运行

2015年1—11月，东风汽车累计实现销售汽车339.85万辆，其中销售乘用车299万辆，销售商用车40.85万辆。1—11月，东风中国品牌汽车销量达108.42万辆，其中中国品牌乘用车销售68.75万辆，同比增长5.2%;中国商用车销售39.67万辆。根据2015年1月提出的规划，东风汽车公司2015年销量目标为实现410万辆，冲刺430万辆。2014年，东风汽车公司全年销售汽车380.25万辆，其中乘用车销量324.23万辆，商用车销量56.02万辆。中国品牌汽车销量127.78万辆，其中中国品牌乘用车销量73.32万辆。

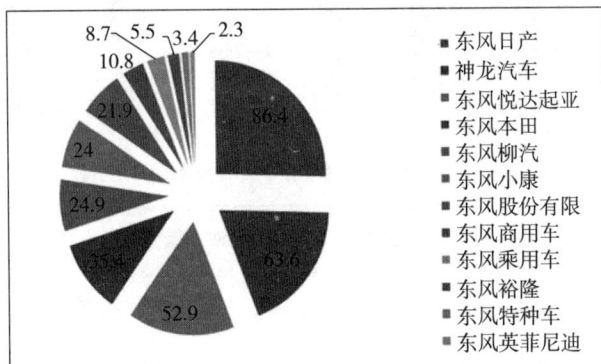

图12-7 东风各子公司2015年1—11月份销量（万辆）

资料来源：赛迪智库整理，2016年1月。

第三节　经营发展战略

一、战略目标

近年来东风集团推出"大协同战略、大自主战略、国际化战略"。到 2019 年，中国品牌销量达到 300 万辆；商用车国内第一、世界前三；中国品牌乘用车稳居第一阵营。东风公司成为行业出口前 3 强，东风海外出口汽车达到 30 万辆；出口量占中国品牌总销量的 10%，努力建成 10 个区域性海外战略市场。

其中，东风风神品牌 5 年累计销售 100 万辆，为顺利实现这一目标，东风风神将在未来 5 年内陆续推出丰富的产品，包括 3 个平台的 9 款新车，逐步形成极富竞争力的商品阵容。东风小康品牌在未来五年内，销量年均增幅将在 20% 以上，2016 年争取在微车市场的占有率达到 20%，确保微车行业前三的地位，东风小康产能将达到 80 万辆 / 年。目前，东风小康湖北十堰、重庆两大基地现有产能是 50 万辆 / 年。

在节能与新能源汽车方面，东风集团的发展战略是以纯电动轿车作为中长期重点战略目标；以 HEV（PHEV）作为阶段性重点目标和当前的产业化重点并与传统汽车节能结合；立足整车集成与整车控制，整合核心资源（电池 / 电机），建立共性技术优势；探索纯电动汽车的商业应用模式。

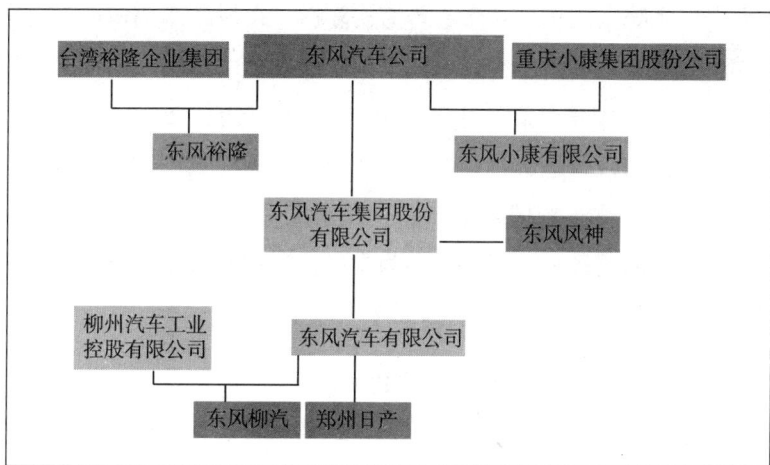

图12-8　东风中国品牌战略路径

资料来源：赛迪智库整理，2016 年 1 月。

二、战略实施

（一）大力推进自主乘用车快速发展

促进东风汽车乘用车品牌的快速发展。东风汽车集团按照规划，未来将"布局 2 +2"的事业规划，即东风乘用车公司，东风小康汽车公司，与东风柳州汽车有限公司和郑州日产汽车公司。在具体大众的中国品牌过程中，2015 年计划实现中国品牌销售 120 万辆汽车。东风风神是这一战略中最重要的环节。在东风汽车的乘用车的计划中，东风风神将占据 15%，计划售出 30 万辆东风风神品牌的汽车。

继续加强合资公司的中国品牌建设。东风汽车集团是国内拥有最多汽车合资企业的大型汽车集团。三个合资企业——东风汽车股份有限公司（东风日产的母公司），神龙汽车，东风本田将全力推进合资汽车企业中的中国品牌汽车建设，共计划实现 40 万的年销售目标。其中，最引人关注的是东风有限推出的合资中国品牌启辰。东风有限是东风汽车集团最重要的资产，产能、销量均占据东风汽车集团的一半，其利润贡献更超过一半以上。作为东风汽车集团和日产在中国的合资企业，东风有限的表现在很大程度上影响东风汽车集团的业绩。在东风有限日前公布的新中期计划上，我们看到合资中国品牌的推进。这不仅体现在销量上，也体现在产品上。日产表示，启辰中国品牌年计划销售 30 万辆；此外，还将在中国推出启辰纯电动汽车。

推出大中华品牌乘用车。在牵手台湾裕隆后，东风汽车集团成为首个拥有大中华品牌乘用车的汽车集团。在东风汽车集团的规划中提出，要以东风裕隆为主体发展"纳智捷"大中华品牌乘用车，计划 2015 年销售 20 万辆。这也是合资，只不过是中国内地和台湾地区企业的合资，但这个品牌属于中国。因为裕隆的强势在于电子、IT，在汽车领域并不知名。在东风裕隆首款 SUV 纳智捷身上，我们看到了一个不同的路径——以科技性为主打，科技配置是豪华车级别；以低价格占领市场——售价在 20 万元左右，属于中级车的价格。

（二）加快新能源汽车研发及产业化

东风公司紧紧抓住国家推广新能源汽车的契机，加快新能源汽车研发及产业化。混合动力节能技术居国内领先，纯电动汽车整车控制技术居行业前列，建成了国内首家电动汽车工程研究中心及国家级电动汽车专利产业化试点基地。东风乘用车新能源工厂一期建设基本完成。公司首款纯电动轿车东风风神 E30 投放市场开始试运营。东风日产启辰晨风上市。东风御风 A08 纯电动商务车在杭州批量交付，投入规模化运营。东风公司、中国国航、国药控股和中国普天等四家央企发挥各自优势，在机场用车、药品物流等领域，开展电动汽车示范推广。截至 2014 年 12 月，东风公司累计有 61 个车型进入《节能与新能源汽车示范推广应用工程推荐车型目录》，其中：（1）纯电动乘用车公告 12 个、纯电动商用车公告 37 个、插电式混合动力客车公告 6 个；（2）混合动力乘用车公告 2 个、混合动力客车公告 4 个。

建成整车及关键零部件产业化主要基地。一是东风新能源乘用车产业化基地。2012 年 7 月，启动东风风神新能源工厂建设工作。规划一期产能 6 万台 / 年，二期产能 10 万台 / 年；采用电动车与传统车混流生产的方式。二是东风新能源客车产业化基地。2010 年 8 月，启动股份公司新能源客车基地的建设。规划用地 980 亩，分两期建设；目前一期建设已完成，建成制件车间、焊装车间、涂装车间、总装车间、调整检测车间等 5 大工艺车间，已经具备 2000 辆整车产能。三是东风关键零部件产业化基地。东风已建成电子控制器生产线，可满足整车控制器、电机控制器、电池管理系统等不同种类新能源控制器的生产。以整车控制器为例，具备产能 4.8 万套 / 年，适当增加工艺投资可形成 20 万套 / 年的产能。截至 2015 年 2 月，东风公司已累计销售新能源汽车 2692 台，其中 2014 年销售 1494 台。装有自主开发的起停系统的节能汽车已累计销售 12844 台，其中 2014 年销售 12294 台。

第十三章　中国长安汽车集团股份有限公司

第一节　企业基本情况

一、发展历程与现状

（一）发展历程

中国长安汽车集团股份有限公司（中国长安）是由中国兵器装备集团与中国

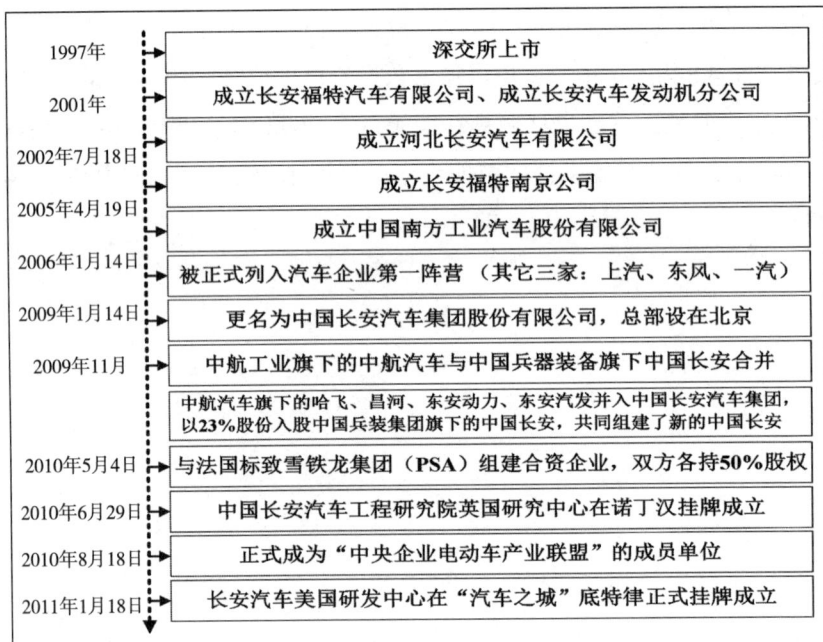

1997年	深交所上市
2001年	成立长安福特汽车有限公司、成立长安汽车发动机分公司
2002年7月18日	成立河北长安汽车有限公司
	成立长安福特南京公司
2005年4月19日	成立中国南方工业汽车股份有限公司
2006年1月14日	被正式列入汽车企业第一阵营（其它三家：上汽、东风、一汽）
2009年1月14日	更名为中国长安汽车集团股份有限公司，总部设在北京
2009年11月	中航工业旗下的中航汽车与中国兵器装备旗下中国长安合并
	中航汽车旗下的哈飞、昌河、东安动力、东安汽发并入中国长安汽车集团，以23%股份入股中国兵装集团旗下的中国长安，共同组建了新的中国长安
2010年5月4日	与法国标致雪铁龙集团（PSA）组建合资企业，双方各持50%股权
2010年6月29日	中国长安汽车工程研究院英国研究中心在诺丁汉挂牌成立
2010年8月18日	正式成为"中央企业电动车产业联盟"的成员单位
2011年1月18日	长安汽车美国研发中心在"汽车之城"底特律正式挂牌成立

图13-1　长安汽车发展历程图

资料来源：赛迪智库整理，2016年1月。

航空工业集团于 2005 年通过战略重组成立的一家汽车企业集团。该企业诞生于 1862 年，是中国最早的兵工厂。1938 年更名为第 21 兵工厂，为中国军队提供了 60% 以上的武器装备。20 世纪 80 年代初，正式进军汽车领域。1984 年，制造出第一辆微型汽车。1996 年，以募集方式向境外发行 B 股。1997 年在深交所上市，从事汽车开发、制造、销售工作。

长安汽车进军汽车领域以来，通过技术引进探索产品结构转型，转变原有以军为主、以民为辅的产品开发模式，推行军民产品融合发展，加大在整车、工业设备改造方面研发投入，推行自主创新的发展模式。经过 10 多年发展，目前已经拥有了国际化的汽车自主开发体系，连续多年获得中国汽车第一中国品牌称号。

（二）发展现状

目前，长安汽车拥有强大的整车制造和零部件供应能力，是中国四大汽车集团之一，也是中国最大的中国品牌汽车企业。目前，拥有广东、浙江、安徽、黑龙江、重庆、河北、江西、江苏等 9 大整车生产基地，33 个整车（发动机）工厂和 18 家直属企业。在北京、上海、重庆、江西、美国底特律、日本横滨、英国诺丁汉、意大利都灵等多地设立了汽车研发中心，建立了 24 小时不间断的"五国九地"全球化研发体系。2015 年 1—11 月，长安汽车销售 253.2 万辆，同比增长达 8.4%；其中，中国品牌汽车销售 142.7 万辆，同比增长达 11.5%，并实现连续 8 年排名中国中国品牌汽车销量第一。中国品牌乘用车销售达 93 万辆，同比增长 30.3%，高于行业 8 个百分点。截至 2015 年 12 月，长安汽车中国品牌乘用车年产销量都突破 100 万辆，实现了中国汽车史上首个"双百万"。

二、企业组织结构

长安汽车集团由中国兵器装备集团与中航工业集团联合控股，其中中国兵装集团持股 77%，中航工业持股 23%。目前，长安汽车拥有 9 大整车生产基地，21 个整车工厂，27 家直属企业。企业组织结构图如下。

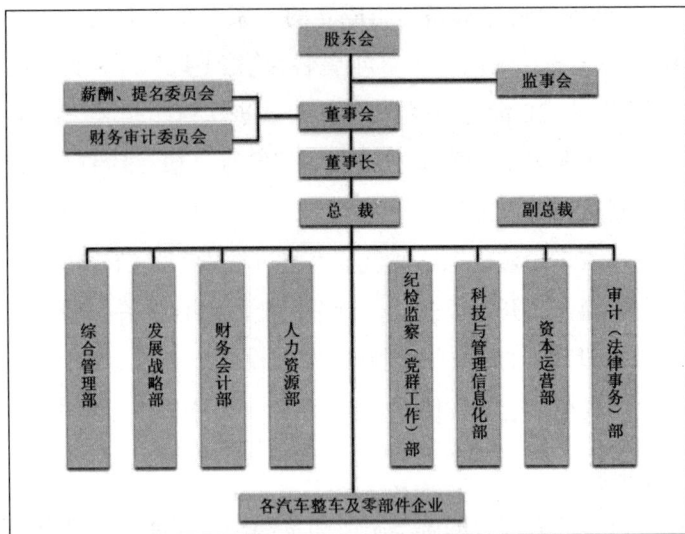

图13-2　长安汽车集团企业组织结构

资料来源：赛迪智库整理，2016年1月。

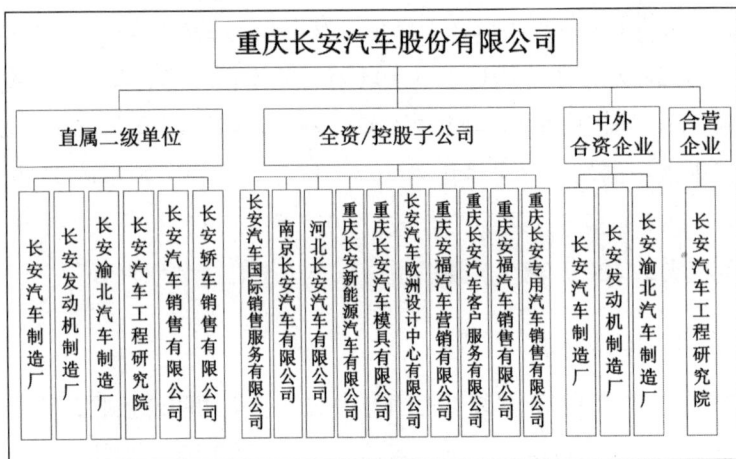

图13-3　重庆长安汽车股份有限公司企业结构

资料来源：赛迪智库整理，2016年1月。

三、企业技术状况

在研发实力方面，长安集团国内的核心研发人员达到6500余人，在北京、上海、重庆、江西、美国底特律、日本横滨、英国诺丁汉、意大利都灵等多地设立了汽车研发中心，建立了 24 小时不间断的"五国九地"全球化研发体系。

图13-4 中国长安集团海外生产基地分布示意图

资料来源：赛迪智库整理，2016 年 1 月。

图13-5 中国长安集团"五国九地"全球研发体系

资料来源：赛迪智库整理，2016 年 1 月。

在品牌与产品方面，长安集团与福特、铃木、马自达、标致雪铁龙等企业合作成立了合资企业，同时与美国天合（TRW）、英国吉凯恩（GKN）、日本三菱、日本昭和、澳大利亚空调国际等企业在零部件领域展开合作，成功推出了星光

4500、奔奔、杰勋、志翔、悦翔、睿驰、逸动、悦翔、欧诺、欧力威、欧尚等一系列自主产品，形成了以微车、轿车为主的产品谱系。

在新能源汽车领域，长安汽车已掌握了"锂离子动力电池集成及管理"核心技术，在重度混合动力、PLUG-IN、纯电动等领域均已取得突破性进展，并计划在未来十年向市场推出 34 款全新新能源产品。

在智能汽车方面，长安汽车已制定了面向 2025 的智能汽车技术发展规划，计划搭建电子电器、软件、测试环境、标准法规、中央决策、环境感知及执行等6 大平台，掌握自动泊车、自适应巡航、智能互联、V2X 技术和 HMI 交互等 5 大核心应用技术，分 4 个阶段实现智能化技术的产业化。目前，长安正在与华为、360、高德导航、科大讯飞等公司展开合作，积极构建基于"互联网 +"的智能汽车生态圈。

第二节　生产经营情况

一、主营业务

长安集团主要经营整车、零部件、动力总成、商贸服务四大业务版块。2015年半年度实现主营业务收入 330.53 亿元，比 2014 年增长 36.54%。

整车企业主要有长安汽车、长安商用、哈飞、南方迪马、陆风、长安福特、长安马自达、长安铃木、长安标致雪铁龙等企业，主要从事乘用车、商用车的研发、生产与销售。2015 年，集团整车销量达到 275 万辆，同比增长 7.94%，销量增速位居前五大汽车集团之首。

零部件企业主要有江滨活塞、建安车桥、宁江山川、天雁、华川电装、南方天合、宁江昭和、南方英特、纳铁福传动轴、南方弗吉亚等企业。主要从事发动机、减震器、涡轮增压、车桥、变速器、活塞内高压充液成形管、防撞梁、气弹簧的研发、生产与销售，建立了汽车零部件产业园，与美国天合、日本昭和、日本三菱、澳大利亚空调国际、英国吉凯恩建立广泛的资本合作关系，提升了企业零部件配套水平，形成了多元化的汽车零部件配套体系。

动力总成企业主要包括青山变速器、东安动力、东安三菱等企业。长安汽车运用自主研发的 TEi、GDi、D-VVT、TC、新能源等技术，DCT 、AT、MT 等变速箱领先技术，成功研发了 BLUECORE 动力品牌，并在此基础上成功推出集成汽油缸内直喷、涡轮增压、稀薄燃烧、双离合变速器和轻量化等高效节能技术的一系列发动机和汽车产品。2015 年，制定了单车油耗降低 30% 以上，碳排放降低 40% 以上的节能减排战略，并计划打造年产动力总成 400 万台以上的生产能力。

商贸服务主要包括西南兵器工业公司、万友汽车投资有限公司等企业，主要负责汽车销售、汽车类信息咨询及反馈、（新车与二手车）汽车零部件销售、汽车维修、装潢美容装饰销售、车载 GPS 系统定位销售代理销售保险及保险咨询、定损赔付等业务。

◆ 整车企业
  ➤ 重庆长安汽车股份有限公司（长安汽车）
  ➤ 哈尔滨哈飞汽车有限公司（哈飞汽车)
◆ 动力总成企业
  ➤ 重庆青山变速器分公司（青山变速器）
  ➤ 哈尔滨东安汽车动力股份有限公司（东安动力）
  ➤ 哈尔滨东安汽车发动机制造有限公司（东安汽发）
◆ 商贸企业
  ➤ 西南兵器工业公司（西南公司）
  ➤ 万友汽车投资有限公司（万友汽车）

◆ 零部件企业
  ➤ 四川建安车桥分公司（建安车桥）
  ➤ 湖南江滨活塞分公司（江滨活塞）
  ➤ 四川宁江山川机械有限责任公司（宁江山川）
  ➤ 湖南天雁机械有限责任公司（湖南天雁）
  ➤ 成都华川电装有限责任公司（华川电装）
  ➤ 南方英特空调有限公司（南方英特）
  ➤ 南方天合底盘系统有限公司（南方天合）
  ➤ 成都宁江昭和汽车零部件有限公司（宁江昭和）
  ➤ 纳铁福（重庆）传动轴有限公司（重庆纳铁福）
  ➤ 南方佛吉亚汽车部件有限公司（南方佛吉亚）

图13-6　长安集团整车、零部件、动力总成、商贸服务等板块成员企业

资料来源：赛迪智库整理，2016 年 1 月。

二、生产运行

2014 年，长安汽车集团生产汽车 262.74 万辆，同比增长 24.33%；销售 254.41 万辆，同比增长 19.86%。汽车市场占有率 10.83%。在中国品牌方面，2014 年，长安中国品牌狭义乘用车业务实现销售 76.9 万辆，同比增长 39.4%，位居中国品牌第一。

2014 年，长安汽车营业收入为 529.13 亿元，同比增长 35.18%，归属于上市公司股东的净利润 75.61 亿元，同比增长 124.46%。长安汽车与合资公司长安福特的盈利能力仍存在较大差距，长安福特 2013 年净利润为 144 亿元，长安汽车从中投资收益为 72 亿元。2015 年第一季度，长安汽车保持快速增长，销售汽车为 80.77 万辆，进入国内汽车集团前三甲。

2015 年，长安汽车全年实现销量 275 万辆，同比增长 7.94%，销量增速位于五大汽车集团之首。中国品牌乘用车逆势增长，销量排名行业第一，并实现产销量均突破 100 万辆的"双百业绩"。重点产品逸动、CS 系列销量增长迅猛，零部件企业自主创新能力快速提升。大力推进汽车综合体建设，商贸业务板块获得快速增长。2015年10月长安集团汽车（分车型）产量如下表所示。

表 13-1 2015年10月长安集团汽车（分车型）产量统计表（辆）

企业名称	累计完成	基本型乘用车(轿车)	多功能乘用车	两驱运动型多用途车	四驱运动型多用途车	交叉型乘用车	客车	货车
中国长安合计	2203429	974402	156118	588472	13642	138725	64995	267075
重庆长安汽车股份有限公司	991667	306739	156095	278155	0	138725	0	111953
长安福特汽车有限公司	688984	494849	0	188422	5713	0	0	0
江铃控股有限公司	232969	3225	23	39245	7929	0	48384	134163
长安马自达汽车有限公司	122565	81585	0	40980	0	0	0	0
重庆长安铃木汽车有限公司	95367	66699	0	28668	0	0	0	0
保定长安客车制造有限公司	37570	0	0	0	0	0	16611	20959
长安标致雪铁龙汽车有限公司	19064	6062	0	13002	0	0	0	0
哈飞汽车股份有限公司	15243	15243	0	0	0	0	0	0

资料来源：中国产业信息网，2016年1月。

三、经济效益

2014年中国长安全年销售汽车254.78万辆，同比增长18.83%；营业收入2700亿元，同比增长近32%。整车销量增速位居前五大集团之首，行业地位不断稳固。其中，长安中国品牌汽车销售138万辆，同比增长20%，增速高于行业22%；中国品牌乘用车逆市增长，销售汽车77万辆，同比增长39%，高于行业33个百分点。旗下合资企业也取得了较大进步，长安福特产销量达80.56万辆，同比增长18%，并首次跻身合资品牌销量前六名行列；长安马自达累计销量超10万辆，同比增长61%。

2015年上半年，长安汽车实现营业收入330.53亿元，同比增长36.54%；归属于上市公司股东净利润 50.85 亿元，同比增长 40.16%；每股收益为 1.09 元，同比增长 39.74%。长安汽车在国内汽车市场取得了约 12.4% 的市场份额，比上年提升了 1.1%，销量赶超一汽集团，成为继上汽集团、东风汽车企业集团之后的第 3 名。2015 年上半年，汽车销量 146.6 万辆，同比增长 11%，高于汽车行业 9.6%。其中，长安中国品牌乘用车 (含新微客，不含合资自主) 销量达 54.9 万辆，同比增长 40%。随着 CS75、CS35、逸动等车型快速增长，长安汽车中国品牌实现了扭亏为盈，改变了多年来主要靠合资品牌盈利的局面。2015 年 12 月 12 日，长安汽车以 353.93 亿元品牌价值成功蝉联 "2015 年中国品牌价值评价信息发布" 的汽车制造类的第一名。

第三节 经营发展战略

一、战略目标

十二五期间，长安汽车集团提出了自主创新、合作共赢、国际发展、品牌提升的产业发展战略，致力于核心业务的发展，巩固提高微车业务，加快发展乘用车，重点推进中国品牌汽车发展。同时加速核心零部件产业发展，积极推进汽车服务业。

——2012 年，整车销售超过 260 万辆，初步具备参与国际主流汽车市场竞争能力；

——2015 年，整车销售达 500 万辆，具备参与国际主流汽车市场竞争能力；

——2020 年，形成完整产品系列，中国品牌进入高端市场，向世界一流汽车企业迈进。

2014 年，长安汽车集团宣布了企业 2015 年发展目标。

——2015 年销量整车 290 万—300 万辆，比 2014 年增长 14%—18 %；

——中国品牌乘用车销量达到 80 万辆，比 2014 年提升 45%；微车销量 50~55 万辆；

——在合资汽车方面，长安福特销售达到 110 万辆，长安马自达销售达到 15 万辆，长安铃木销售达到 20 万辆。

——在销售额方面，力争 2015 年销售额达到 2600 亿—2700 亿元，比 2014 年提升 14%—19%。

——未来5—10年：到2020年实现年销量600万台，到2025年实现年销量800万—900万台，中国品牌业务销量贡献率达到60%。

二、战略实施

（一）立足自主创新，打造中国品牌

长安汽车立足自主创新，开始了中国品牌的研发之路。通过以国家产业政策支持为依托，以企业为创新主体，长安汽车逐渐形成了具有自主研发实力的核心竞争力，成立了自己的汽车研究所，投入120亿元建造具有国际先进水平的实验室，在汽车碰撞安全、振动与噪声、驱动系统、制动性能、底盘试验等关键技术上取得突破，推出了具有完全自主知识产权的汽车与发动机产品。此外，长安汽车建立了贯通欧亚大陆的全球数字设计协同网络，构建了覆盖亚欧美三大洲的"五国九地"全球研发体系。同时，长安汽车把中国品牌放到战略高度，将资金、技术、人才、管理等资源向中国品牌倾斜，通过技术创新的渐进式升级形成了集技术研发、管理、品牌推广于一体的创新发展模式，开发出了一系列具有自主知识产权的品牌产品（逸动、CS、悦翔等系列车型）。2015年，在全国整体汽车市场低迷的背景下，长安汽车集团旗下中国品牌产品实现逆势增长，2015年前7个月实现中国品牌汽车产品销量140万辆。

（二）展开合资合作，服务自主创新

长安汽车自主创新的同时，坚持"两条腿"走路，继续与国际先进汽车企业集团展开合资合作，通过合资合作掌握国际先进技术，服务于中国品牌创新。长安汽车与国外大型汽车企业的合作道路始于1993年，第一次合作是与日本铃木公司共同合资成立了长安铃木公司，新成立的公司由重庆长安汽车股份有限公司、日本铃木株式会社、铃木（中国）投资有限公司三方共同持股，持股比例为50%：40%：10%。公司通过推行精益生产方式及"小而轻短美"的企业价值观念，极大提高企业的生产效率。2001年，长安汽车与福特公司展开合作，通过在产品研发流程、生产管理、售后服务等方面复制福特公司优秀的管理体系，依靠合资公司在技术研发与品质管理方面的优势改善中国品牌产品的品质。2005年，与马自达、福特展开三方合资合作。2010年，长安汽车与法国标致雪铁龙展开合资合作，此次合作彻底打破了传统的"中方出市场、外放出技术"的合作模式，而是以双方各持股50%为基础，共同成立研发中心，建立研发平台，合作开发

新品牌。通过与国外知名车企展开合资合作，长安汽车不但在整车开发、汽车制造、流程管理等方面积累了宝贵的经验，而且通过将学来的经验、知识进行消化吸收，服务于自主产品研发与品质的提升，打造中国品牌，通过"合资合作 + 自主创新"的方式，真正实现合资合作与中国品牌开发的双赢。

（三）以微型车为基础，建立完善的产品谱系

长安汽车从微车起家，曾连续多年称霸中国微车行业，是中国微车行业的龙头。自 2005 年开始，长安汽车提出了"以微为本，以轿为主"的发展战略，将乘用车研发成功引入企业产品研发计划，弥补了原有产品单一的市场短板。通过对汽车装载能力、效率、油耗、安全、造型等方面的技术研发，长安汽车成功研制了"长安之星 II 代"汽车，在确保质量的前提下，降低了 10% 的成本。目前，长安汽车以微型车为基础车型，凭借其先进的自主研发技术，成功打造了涵盖乘用车、客车、卡车、SUV 等完善的产品谱系，实现了产品从中低端到高端市场的全面覆盖。

（四）严抓产品质量，提升产品品质

在自主产品开发上面，长安汽车视产品品质为企业生存发展生命线，将"以客户为尊"作为核心宗旨，以顾客需求作为导向，严抓产品质量，努力打造符合市场和用户需求的汽车产品。在提升产品竞争力方面，长安汽车将产品品质作为核心竞争力，通过品质的持续稳定提升与市场口碑的逐步积累提高中国品牌溢价能力，从而推进中国品牌品质的二次提升，并使企业获得可持续发展的能力。通过提升产品品质与核心竞争力，长安汽车充分发挥了自己在中端、中低端市场的资源优势与价格优势，其近几年推出的逸动、CS 系列和 CS 商务等产品，在市场上受到用户的青睐，其中 CS75 从 2014 年 5 月上市三个月销量接近 10000 台，供不应求。

（五）以"互联网 +"为契机，在智能汽车领域展开积极布局

随着互联网技术的快速发展，长安汽车以"互联网 +"为契机，在智能汽车领域展开了积极布局。在互联网平台方面，长安汽车投入上亿元来打造车联网产品系统，包括车互联、生活服务、娱乐咨询、安全防护等。在智能化汽车方面，长安汽车已制定了面向 2025 年的智能汽车技术发展规划，通过搭建 6 大平台，掌握 5 大核心应用技术，分 4 个阶段实现智能化技术的产业化。在合作方面，

2014年，长安汽车和源讯公司签署合作协议，将以车联网为核心，致力于汽车移动智能终端的开发以及软件平台的建立。同年11月，长安汽车与华为签署合作关系，双方将在车联网、智能汽车、国际化业务拓展、流程信息化、信息化建设等领域展开跨界合作。此外，近半年来，长安汽车也在加速与汽车之家、360、高德导航、科大讯飞等互联网公司公司展开合作，构建基于"互联网+"的智能汽车生态圈。

第十四章 中国长城汽车股份有限公司

第一节 企业基本情况

一、发展历程与现状

长城汽车股份有限公司（长城汽车）由 1984 年成立的长城汽车制造厂发展而来，是国内规模最大的集体所有制汽车整车制造企业，也是国内首家在香港上市的整车企业，公司拥有国内规模最大的皮卡 SUV 专业厂及 6 个整车生产基地（重庆、江西、江苏、河北、北京、云南），15 个整车和发动机工厂，主要生产皮卡、SUV 和 CUV 轿车，是国内最大的 SUV 制造企业。2004 年，长城汽车成功入选中国企业 500 强。自 1998 年以来，长城皮卡在产品品种、出口数量、市场占有率、市场保有量等方面连续 9 年在同行业中位居第一。在国际市场，长城汽车成为中国汽车企业出口金额和出口量最大的品牌。其自主开发的哈弗 CUV 汽车在中高档民族汽车品牌中销售量排名第一，市场表现良好。2003 年，长城汽车在香港 H 股上市；2011 年，长城汽车在上交所挂牌交易，在国内 A 股上市。2012 年，长城汽车首次入围《2012 胡润品牌榜》，排名第 27，居民营车企之首。2013 年 8 月选为 2013 福布斯亚太地区最佳上市公司。经过多年优质经营，长城汽车逐渐拥有了国际一流的研发设备和体系，具备了 SUV、轿车、皮卡三大系列以及动力总成的开发设计能力，在发动机、前桥、后桥、变速器等核心零部件具备自主配套能力，已形成轿车、客车、微车、卡车、SUV、MPV 等低中高档、多品种的产品谱系，旗下拥有哈弗、长城两个品牌，下属控股子公司 40 余家，员工 7 万余人。此外，长城汽车拥有排量从 0.8L 到 2.5L 的发动机平台，同时是国内经济型 SUV 和皮卡行业中保有量最大的品牌。在 SUV 系列中，搭建了赛骏 SUV、赛弗 SUV、哈弗 CUV、赛影 RUV 四大平台，包括两驱、四驱多个品种。2015 年，长

127

城汽车实现产能 180 万辆。长城汽车发展历程如下图所示。

1984年	长城汽车制造厂成立
1991—1994年	开始生产长城（Great Wall）轻型客货汽车
1996年	第1辆长城迪尔（Deer）皮卡下线
1997年	建设200家营销服务网络，在国内率先实行经销商代理模式
1998年	改制为长城汽车有限责任公司，长城皮卡首次位居全国皮卡市场销量第一
2000年	成立长城内燃机制造有限公司，成为自主品牌中最早拥有核心动力企业
2001年	改制成立长城汽车股份有限公司，长城赛铃（Sailor）皮卡投产
2002—2003年	成立长城汽车技术研究院，成为国内首家在香港H股上市的民营汽车企业
2004年	入选中国企业500强，皮卡连续7年在中国市场销量第一，SUV连续2年在SUV市场销量第一
2005年	长城汽车工业园三期20万辆轿车基地奠基，10万辆生产基地竣工，哈弗投产
2006年	被授予国家出口整车基地，创造中国自主品牌批量出口欧盟记录
2007年	20万辆轿车生产基地竣工；长城新LOGO全球发布；长城轿车资质获得批准
2008—2010年	自主研发变速器试制成功，第70万辆长城汽车下线，高端皮卡风骏5上市，入选中国机械500强
2011年	在上交所挂牌交易，顺利回归A股，成为在香港和内地同时上市的民营汽车企业
2013年	哈弗品牌正式独立，进入哈弗与长城双品牌时代；入围《财富》中国500强企业，排名118位
2015年	中国首款Coupe SUV——哈弗H6 Coupe在上海车展上市；哈弗H8同时于车展上市

图14-1　长城汽车发展历程

资料来源：赛迪智库整理，2016 年 1 月。

二、企业组织结构

长城汽车组织结构图如下图所示。

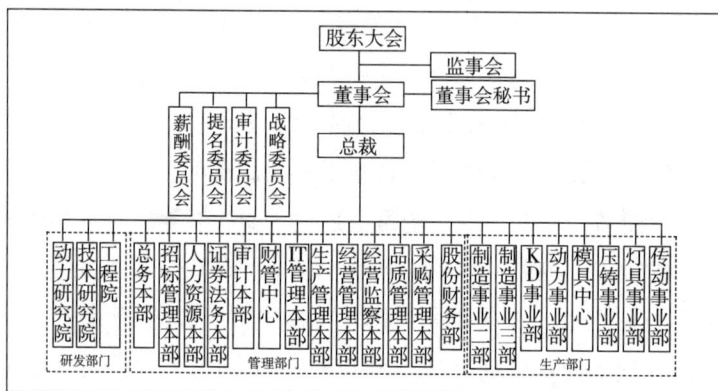

图14-2　长城汽车组织结构图

资料来源：赛迪智库整理，2016 年 1 月。

　　长城汽车构建了完善的公司治理体系。公司董事会成员包括 11 名董事成员，其中执行董事 5 人；非执行董事 2 人，独立非执行董事 4 人。董事会下设四个委员会：薪酬委员会、提名委员会、审计委员会、战略委员会，成员由 4 名非执行董事组成，独立非执行董事占多数。其中审计委员会由董事长、二分之一以上独立董事或全体董事的三分之一提名，由董事会选举选产生，并设主任委员、副主任委员各一名,主任委员由独立董事委员担任。薪酬委员会成员由三名董事组成，独立董事应占多数；委员由董事长、二分之一以上独立董事或者全体董事的三分之一提名，并由董事会选举产生；下设主任委员一名，由独立董事委员担任。对于长城汽车股权结构，长城汽车董事长魏建军家族占股 35.28%、保定市（经济管理中心）占股 20.72%、港股（外资）占股 33%、A 股（内资）占股 11%。长城汽车股权结构示意图如下图所示。

图14-3　长城汽车股权结构示意图

资料来源：赛迪智库整理，2016 年 1 月。

三、企业技术状况

　　长城汽车在自身发展过程中，进行了大量的技术与研发投入。2000 年 6 月 18 日，成立了长城内燃机制造有限公司，成为国内最早拥有核心动力的中国品牌企业。2002 年，成立了长城汽车技术研究院，之后相继成立了长城汽车技术中心、长城汽车工程院、精工汽车模具技术有限公司。

长城汽车技术中心在动力总成及 SUV、轿车、皮卡研发中具有自身的设计能力，通过自主研发逐步具备了对整车、试制、发动机、变速器等自主研发技术，并在车辆设计、造型设计、性能集成开发、材料性能开发、高环性能试验场等研究方面取得了显著成效。在车辆设计方面，构建了基于性能开发为主线的 V 字型开发模式，建立了性能集成开发体系；在造型设计方面，具有先进的五轴加工设备、双悬臂模型铣削设备和全仿真虚拟评审系统；在高环性能试验场方面，长城汽车投资 10 亿元，在长城汽车保定工业新区成立了长城汽车新试验场，总面积 114 万平方米，可实现对智能交通系统（ITS）和高级驾驶辅助系统（ADAS）的测试。长城汽车工程院主要承担长城汽车集团新产品的研发与基础设施建设工作，在汽车生产线设计自动化集成、综合检具应用、质量检测、工艺并行等核心技术方面形成了完善的自主研发体系。精工汽车模具技术有限公司主要负责整车模具研发工作，在汽车覆盖件冲压、塑胶、灯具、高强度板、压铸等模具开发与设计制造方面都取得了一定成就。

长城汽车集团还投资 50 亿元成立了哈弗技术中心，是国内最大的整车研发技术中心，主要从事产品企划、造型规划、工程设计、产品试验等整车产品开发工作。

纵观长城汽车成功的发展史，其核心竞争力主要表现在：一是加大科技研发投入，增强自主研发与创新能力。成立专业人才培养资金，吸引并培养零部件制造方面专业人才。二是加强中国品牌核心竞争力研究，提高中国品牌国内外影响力。以互联网产业快速发展为契机，以"互联网+"为平台，拓展中国品牌创新研发与营销渠道。三是积极完善汽车产品服务水平，构建合理的产业链配套，延伸产品销售渠道。四是合理的国内、国际市场定位。掌控消费者对产品消费偏好与价格承受区间，提高哈弗 H6 产品在国内影响力，根据消费者需求提升 SUV 车型的顾客体验，提高二、三线城市汽车产品销售能力。

第二节　生产经营情况

一、主营业务

1984 年成立之初，长城汽车主要从事改装汽车业务。成功上市之后，长城汽车积极拓展自身业务，主要从事汽车零部件与汽车整车的研发、生产与销售，在发动机、变速器、车桥等核心零部件领域逐步形成自主配套能力，并掌握了轿车、SUV、皮卡的整车生产能力，可实现年产量 40 万辆。2015 年第三季度，长城汽车实现主营业务收入 526.04 亿元，比上年增长 23.52%。其中，国内主营业务收入 3640336.77 万元，国外主营业务收入 74140.85 万元。实现净利润 62.09 亿元，同比增长 11.1%。第三季度，长城汽车整体上呈下滑态势。长城汽车 2015 年第三季度按产品分类主营业务收入如下表所示。

表 14-1　2015 年第三季度按产品分类主营业务收入

	主营收入 (万元)	收入比例	主营成本 (万元)	成本比例	利润比例	毛利率
销售汽车	3554187.1	95.8%	2597979.2	95.8%	95.8%	26.9%
销售零配件	118556.4	3.2%	86189.6	3.2%	3.2%	27.3%
模具及其他	23968.4	0.7%	18086.0	0.7%	0.6%	24.5%
提供劳务	6241.3	0.2%	4929.7	0.2%	0.1%	21.0%

资料来源：赛迪智库整理，2016 年 1 月。

二、生产运行

2015 年上半年，在我国汽车行业整体增速放缓的背景下，长城汽车依旧保持较好的发展态势，销量持续攀升。2015 年 1—6 月，长城汽车实现新车销售 41.53 万辆，比上年同比增长 19.56%；其中，哈弗 SUV 累计销售 33.49 万辆，比上年同比增长 48.66%，增长态势稳定，占比达 80.6%；轿车销售 2.77 万辆，占比达 6.7%；皮卡销售 5.27 万辆，占比达 12.7。此外，2015 年 1 季度，中国品牌乘用车销量排名全国第三；中国品牌 SUV 销量排名全国第一。2015 年上半年长城汽车分类销量及占比如下图所示。

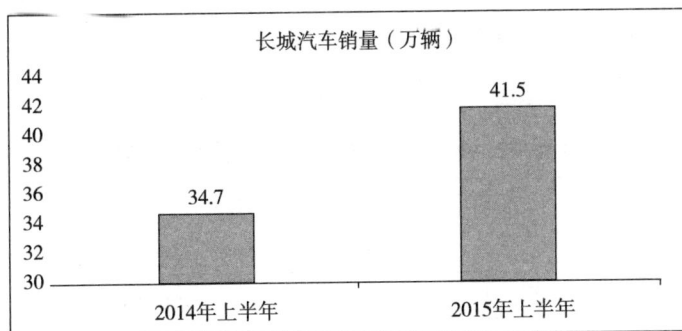

图14-4　2015年上半年长城汽车分类销量

资料来源：赛迪智库整理，2016 年 1 月。

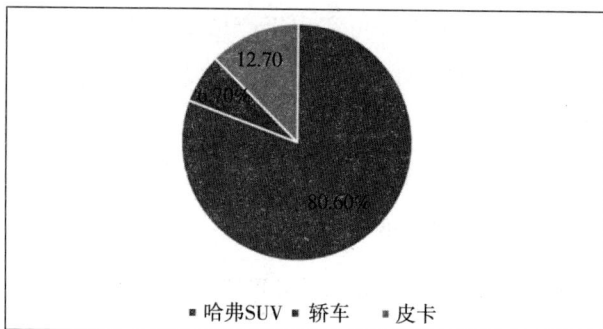

图14-5　2015年上半年长城汽车分类销量

资料来源：赛迪智库整理，2016年1月。

2015年下半年，长城汽车产销增速下降并逐渐放缓。1—9月，长城汽车累计实现产量59.52万辆，较2014年同比增长17.91%；累计实现销量58.67万辆，较2014年同比增长15.37%，增速比前半年有所降低。随着2015年的顺利收官，长城汽车累计实现汽车产量86.96万辆，比2014年同比增长19.03%；累计销量实现85.27万辆，比2014年同比增长16.68%。根据2015年长城汽车前三季度业务分析，长城汽车前三季度营业利润整体同比提升11.1%，但第三季度利润与上年同期相比下降8.6个百分点。可见，2015年长城汽车整体上增速呈逐渐放缓态势，汽车终端销售开始承受压力。

第四季度，长城汽车继续延续三季度下跌走势。但依靠哈弗H6车型继续发力，在10月份突破3万辆销量，并持续攀升至12月份3.14万辆，全年实现销量31.59万辆，同比提高45%，有力助推了乘用车市场整体增长。

2015年全年，长城汽车实现产量869592辆，同比增长19.03%；销量852693辆，同比增长16.68%，完成3年初制定的85万辆销量目标。

2015年长城汽车分车型产销量如下表所示。

表14-2　2015年长城汽车分车型产量统计表

车型		2014年累计（万辆）	2015年累计（万辆）	累计同比增长
轿车	长城C30	49734	35608	−28.4%
	长城C50	37323	20668	−44.6%
	其他轿车	1824	92	−95.0%
	小计	88881	55368	−36.6%

（续表）

车型		2014年累计（万辆）	2015年累计（万辆）	累计同比增长
皮卡	风骏	120547	102765	−14.8%
SUV	哈弗H1	13168	75490	473.3%
	哈弗H2	51194	172184	236.3%
	哈弗H5	45738	23474	−48.7%
	哈弗H6	315794	379901	20.3%
	哈弗H8	—	9316	—
	哈弗H9	5476	14100	157.5%
	长城M系列	89745	35990	−59.9%
	小计	521115	710455	36.3%
其他		27	4	−85.19%
总计		730570	869592	19.03%

资料来源：赛迪智库整理，2016年1月。

表14-3　2015年长城汽车分车型销量统计表

车型		2014年累计（万辆）	2015年累计（万辆）	累计同比增长
轿车	长城C30	52463	34005	−35.2%
	长城C50	38611	20081	−48.0%
	其他轿车	1967	92	−95.3%
	小计	93041	54178	−41.8%
皮卡	风骏	118286	99463	−15.9%
SUV	哈弗H1	13049	74571	471.5%
	哈弗H2	49351	168467	241.4%
	哈弗H5	45945	23208	−49.5%
	哈弗H6	315854	373229	18.2%
	哈弗H8	—	8985	—
	哈弗H9	5102	14011	174.6%
	长城M系列	90117	36577	−59.4%
	小计	519418	699408	34.6%
其他		27	4	−85.2%

（续表）

车型	2014年累计（万辆）	2015年累计（万辆）	累计同比增长
总计	730772	852693	16.7%
其中:出口	48292	23007	−52.4%

资料来源：赛迪智库整理，2016年1月。

三、经济效益

2014长城汽车营业外净收入高达4亿，比2013年同比增高1.44亿。实现营业总收入626亿元，同比增长10.24%；实现净利润80.52亿元，同比减少2.09%。

2015年上半年，长城汽车实现净利润49.01亿元，同比增长23.96%；营业总收入371.45亿元，同比增长30.21%；利润总额59.46亿元，同比增长24.74%；整车销售收入355.42亿，同比增长31.35%；整车成本259.8亿，同比增长34.93%。每股收益1.61元。截至6月底资产总计达615.53亿元。

2015年前三季度，在上半年发展态势良好，营业业绩优秀的带动下，长城汽车实现营业收入526.04亿元，同比增长23.5%；实现净利润62.09亿元，同比增长11.1%。第三季度，长城汽车实现营业收入154.89亿元，同比增长10.2%；净利润14.92亿元，同比下降8.6%；上市公司股东净利润55.68亿元，同比下滑9.49%。从第三季度开始，长城汽车利润呈现下滑趋势。

第三节　经营发展战略

一、战略目标

十二五期间，长城汽车制定自身发展战略目标如下：

——产销目标：2010到2015年，在保定、天津区域新增150万辆产能，年产量由50万辆提升至200万辆；销量由2009年的22.5万辆增长至180万辆；营业额达到千亿以上，利润达到百亿以上。

——研发投入：计划在产品研发中投入30亿元，加大哈弗SUV和腾翼轿车系列的研发投入，推出30款以上新车型，包括13款哈弗SUV、3款风骏皮卡、8款腾翼轿车、7款新能源车，

——海外战略：到2015年，长城在海外KD组装厂将达到20多家，推出30

多款全新车型以及 8 款小排量高性能汽、柴油引擎。

——品牌战略：实现从中国制造到中国品牌的提升。

——核心零部件发展战略：投入研发小排量高性能汽油发动机（共 5 款，涵盖 1.3L、1.5L、2.0L 三种排量）、柴油发动机（共 3 款，2.0L 排量，并采用 VGT 增压技术）及变速箱（5 款，5MT/AMT、6MT、4AT、6AT 变速器）。

2015 年，长城汽车实现销量 85.27 万辆，同比增长 16.68%，完成年初制定的 85 万辆销量目标。在此基础上制定 2016 年销售目标如下：

——销售目标：实现销量 95 万辆，比 2015 年实际销量增长约 11.4%。

——产品目标：将于 2016 年陆续推出 7 款新车，以 SUV 为主打车型，包括中型 SUV "哈弗 H7"、"哈弗 H7L"、"哈弗 H2"、"哈弗 H6"。在新能源汽车方面，推出 "长城 C30EV" 及换搭 3.0T 动力的 "哈弗 H9"，其中，"长城 C30EV" 分别面向出租车和个人市场销售；实现哈弗 H6 的升级换代。

——红蓝标双线产品战略：长城旗下哈弗品牌继续采用红蓝标双线产品战略，红标哈弗以豪华、经典为主题，主要面向家用市场；蓝标哈弗以炫酷、时尚为主题，主要面向年轻群体。同时，销售渠道也将针对红标网络和蓝标网络进行划分。

2020 年 "五个第一" 战略目标：

——到 2020 年，长城汽车做到经济型 SUV 全球第一、经济型皮卡全球第一、中国 SUV 销量第一、中国轿车品质第一、中国皮卡销量第一，使 "中国造" 叫响全球。

二、战略实施

在近年来国内外汽车市场整体低迷、销量增速放缓的大背景下，长城汽车逆势而上，重点突破，取得了累累硕果。

（一）重视海外市场，开辟国际渠道

在国内汽车市场低迷，合资、中国品牌两极分化，中国品牌市场逐步缩减的背景下，为了实现自身产业延伸，长城汽车将视野拓展向国际市场，以打造世界经济型 SUV 第一品牌为目标，把中国品牌当作国际品牌经营，按照全球市场需求和质量要求，全面提升质量体验，实现国内市场与国际市场同步上市，成功将中国市场的成功模式转向国际。

（二）进行市场细分，实现差异化销售

对皮卡 SUV 进行市场细分，避开竞争激烈板块，在保证较高利润基础上提升自身价格优势。延伸汽车产业链条，掌控产业链资源，实现制造垂直化。通过技术、产品、配套体系、研发思维及产业链共享，实现产业链条上每一过程的增值，提高专业化程度与产品市场认同度，提高产品商业价值。在此过程中，长城汽车形成了一套成熟的体系，从皮卡切入，在成熟的 SUV 产品中寻求突破，从比较细分的市场进入，逐步建立网络与口碑，在此基础上拓宽轿车销售渠道并获取利润。

（三）注重研发投入，突破技术瓶颈

长城汽车非常注重技术研发，不断加大技术研发投入，提升产品品质，陆续向市场推出哈弗 H7、哈弗 H2、哈弗 H6 等更具有竞争力的产品。从贸易导向型出口转为市场品牌导向，实现产品研发的本土化管理，提高产品附加值，完善自身产品结构，追求品质行业领先，逐步具备国际领先的核心技术研发水平。

（四）变革营销模式，提升客户体验

在基于企业战略的营销策略上，长城汽车制定了"市场领先"的目标。在激烈的市场竞争背景下，长城汽车把注意力从市场前端转向售后后端服务，变革传统的营销模式，在"市场领先"的基础上，希望在客户体验上获得更大提升。

（五）推行红蓝标战略，实现分网销售

针对消费者和品牌的需求在设计风格上进行区分，发布红蓝标战略，将红标及蓝标两个系列产品线进行车型划分，并在销售网络上进行区分，实现对终端有针对性的推广。

（六）积极布局轿车市场，打造多品牌战略

自 1990 年进入汽车领域以来，长城汽车虽然在 SUV 和皮卡行业占据了龙头地位，并在上游产品方面具备了发动机等核心零部件自主配套能力，但整车产品结构仍略显单一，但在轿车、MPV，尤其是在小排量的乘用车方面仍是空白。为结束当前"单兵团"作战的局面，长城汽车积极布局轿车市场，根据汽车产业发展方向，积极打造多品牌战略，将长城汽车产品拆分成长城和哈弗两个品牌，坚持哈弗 SUV、腾翼轿车、风骏皮卡三大品类齐头并进，实现产品的个性化、多样化发展，迎来了企业的高速增长，并在国内外市场保持了领先优势。

第十五章　比亚迪股份有限公司

第一节　企业基本情况

一、发展历程与现状

比亚迪股份有限公司创立于 1995 年，是全球领先的拥有 IT 及电子零部件业务的公司，也成为收购了国内汽车制造商的第一家独立私营公司。公司于 1998 年开始生产锂离子电池，也是中国第一家生产锂电池公司，打破了日本企业的垄断地位，是第一家给摩托罗拉供货的中国锂电池供应商之一，并已成为如诺基亚和三星等国际知名品牌的供应商。2000 年，第一个工业园区葵涌工业园区已投入使用，现在它已拥有超过 11 个自有的工业园。2003 年，正式通过对陕西秦川汽车的收购，获得了汽车生产资质，并成立了比亚迪汽车有限公司，比亚迪开启了汽车制造与销售领域。2005 年，第一款自主研发轿车 F3 进入市场，并逐步形成了 F3R，F6，F0 等热门车型；2008 年，美国著名投资者巴菲特认购了约 10% 的比亚迪股份，同年，全球首款不用专业充电桩充电的双模电动汽车 F3DM 推出，宣布比亚迪正式进入新能源汽车领域，并逐步建立电动汽车、储能电站和太阳能产业；2010 年纯电动汽车 e6 以出租车的形式正是在深圳运营。

目前，比亚迪已建成北京、西安、上海、深圳四大产业基地，在整车制造、模具开发、汽车研发等方面都达到了国际先进水平，行业结构逐步改善。把北京打造成模具制造中心，已形成了专业化，规模化的结构，曾为世界知名汽车品牌制造整车模具。建设了西安汽车生产线，拥有了 20 万辆的总生产能力，生产能力达到国际先进水平。比亚迪汽车在上海建设一流的研发中心，拥有 3000 多名汽车研发人员，每年获取研发专利超过 500 个。深圳市建有比亚迪现代化的汽车城，总产能已突破 30 万辆，并建成第二研发中心，将成为中高级车型的生产基地。

早在比亚迪进入电池市场开始，就树立了要成为二次充电电池领域里中国的一流企业，继而赶超世界顶尖水平，成为该领域内的世界一流企业的目标。而这一目标得以实现的原因我们可以从比亚迪公司的发展历史可以看出。比亚迪所取得的成就，归功于一进入汽车领域就有了"三三三"战略。第一个三年比亚迪建立了西安、深圳、上海、北京四大基地，并且收购了北京模具厂完成了整个的产业布局。第二个三年，F3、F6、F0、F3R 上市，目前这几款车型都是在所在的细分车型里面排行在最前面的。后面三年是做主导的时候，是比亚迪塑品牌的时候。

二、企业组织结构

为了适应战略的需要，也同时为了配合企业对各项业务职能和资源的分配，比亚迪在收购秦川公司后，搭建了汽车业务的组织架构。企业采用事业部制推行业务，各个事业部既作为成本发生的中心，也作为利润中心。事业部制最早是由美国通用汽车公司总裁斯隆于 1924 年提出的，故有"斯隆模型"之称，也叫"联邦分权化"，是一种高度（层）集权下的分权管理体制。比亚迪汽车业务各事业部采用总经理负责制，按产品类别分成若干个事业部，从产品的设计，成本核算，产品制造，均由事业部及所属工厂负责，实行单独核算，独立经营，公司总部只保留人事决策，预算控制和监督大权，并通过利润等指标对事业部进行控制。汽车产业群包括第十一至第十七事业部，6 个事业部负责整车生产和零部件生产。除此，企业建立多个职能部门，包括：汽车工程研究院和电动汽车研究所，负责对汽车和电动汽车产品的研究和开发；采购处，整合供应链和统一采购以降低采购成本；品质处，负责产业群所有事业部的品质管理工作；汽车生产计划经营部，负责对汽车产业群第十一至第十七事业部的生产安排；汽车销售公司，负责汽车营销管理。

由于企业对事业部进行放权，因此，对各个事业部如何控制成为关键。其中财经处统一负责在各个事业部的成本和财务科室，并将现金管理和融资筹资统一在财经处管理。人力资源部负责各个事业部人力资源的统一管理。知识产权和法律部，电脑中心，后勤部，行政部为各个事业部提供公共服务。

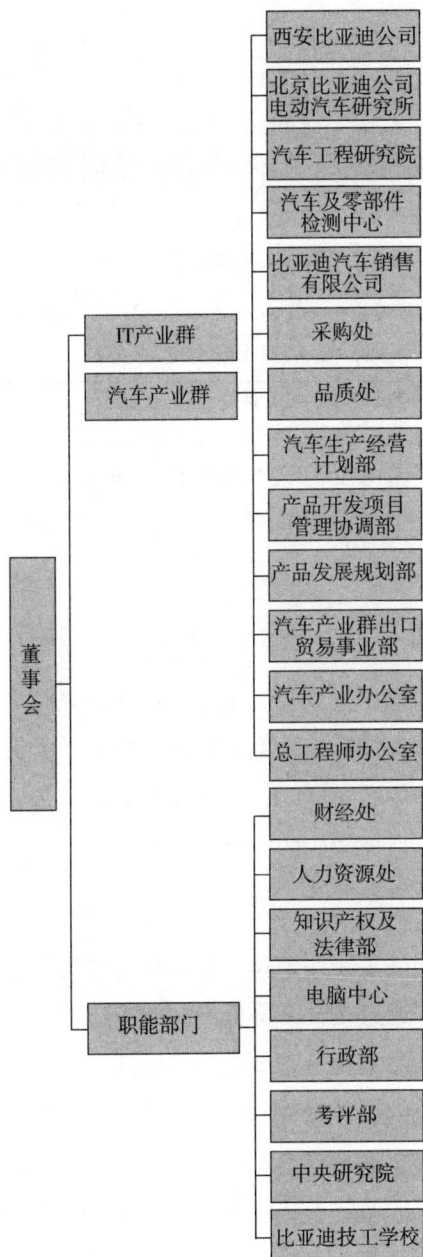

图15-1 比亚迪组织结构图

资料来源：赛迪智库整理，2016 年 1 月。

比亚迪汽车事业部	第十一事业部：汽车总装部门
	第十二事业部：汽车覆盖件生产部门
	第十三事业部：汽车内饰件生产部门
	第十四事业部：暨电力科学研究院，电机、电动车及电力网络研发部门
	第十五事业部：汽车电子部门
	第十六事业部：车身结构件、底盘悬挂、汽车产业群产线制造等的部门
	第十七事业部：发动机研发、制造中心及机床研制部门
	第十八事业部：化工产品研制，油漆、橡胶等
	第十九事业部：客车生产部门

图15-2　比亚迪汽车事业部结构图

资料来源：赛迪智库整理，2016 年 1 月。

三、企业技术状况

比亚迪拥有一万多人的研发人员，组建了汽车研究院；有整车碰撞、整车综合实验、整车淋浴等十多种国际实验室，包括一百多个大大小小的实验室；有全国先进的检测中心与碰撞中心；同时，比亚迪在生产工艺方面也是引进了大量的技术，北京的模具厂具有世界领先的模具制造水准。

（一）研发战略

产品设计上，比亚迪除了采用模仿和创新相结合的策略以降低产品设计过程的成本外，还更多考虑了通过设计来降低产品的制造成本。产品实际成本最终由产品实现过程来决定，产品实现过程即从产品设计到产品交付为止。由于产品设计决定了产品的生产系统的设计和对原材料的要求，因此，可以说产品设计也决定了产品的成本。比亚迪在推行成本领先战略中，在产品设计严格要求稳健设计策略。稳健设计的策略，即便若设计能在各种因素的干扰下也能保证产品质量的稳定性，或者用廉价的零部件能组装出性能稳定与可靠的质量上乘的产品，则认为该产品的设计是稳健的。稳健设计出来的产品允许生产过程的精度要求更低些的同时，产品依然能满足顾客的要求。这样，产品在生产过程中，减少了对高精度设备的需求，降低了固定成本的投入，同时降低对零部件质量的过高要求以节约采购成本。

（二）研发组织

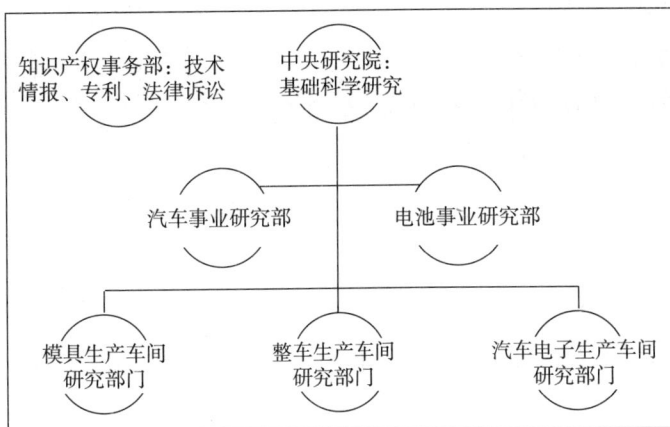

图15-3　比亚迪研发组织结构图

资料来源：赛迪智库整理，2016年1月。

目前，比亚迪集团内部将研发体系划分3个层级。在深圳总部，比亚迪有一个中央研究院，是凌驾于电池研发和汽车研发之上、研究基础学科的综合研究院。电池和汽车两大业务，都拥有各自的二级研发体系。与中央研究院相比，汽车研究院更侧重于量产化、产业化的产品研发。第三级研发机构则更是细化到一线的生产部门。比亚迪为每个生产车间都配备了一个研发事业部，专门解决生产线上的一些具体问题。这种基层研究院对中央研究院汇报，同时也归属于所在的车间。

比亚迪汽车研发中心2003年8月成立于上海。研发中心拥有造型、车身、底盘、内外饰、电器、整车集成等一系列关键技术和整车研发能力，已成功研发比亚迪F3、F6、F0、F8等车型。2008年2月，随着比亚迪汽车深圳研发中心的落成，上海研发中心的人员与职能开始逐步向深圳转移，目前为止转移已基本结束。比亚迪舍弃研发人才聚集的上海而选择深圳，应是出于方便管理控制和降低研发费用的考虑。

比亚迪深圳研发中心包括"汽车工程研究院""汽车及零部件检测中心"和"电动汽车研究所"。该研发中心为比亚迪汽车生产提供全方位的汽车设计、汽车工程和汽车测试服务，主要包括：新一代汽车和汽车部件的研发；整车及相关部件的测试；对汽车提供完整的工程设计服务；对汽车的外观和内饰进行工程服务。研发中心建立了道路模拟、EMC、综合环境、发动机、变速箱等近40个技术实验室。

作为一家技术追赶型公司，比亚迪一开始就从学习专利起步进行了大量的技术搜索和技术学习的工作。为了处理公司在全世界范围内的涉及知识产权的法律事务，1997年，比亚迪就在公司内部设立了一个叫作知识产权办公室的部门，随后又更名升级为知识产权及法律部，该部门又包括汽车专利、涉外专利的不同的办公室，其主要工作内容包括相关领域的专利开发、专利申请及专利布局，技术情报调查与分析专利，非专利文献信息数据库系统建设与管理，知识产权培训和咨询等。

比亚迪知识产权保护体系的建设从一个小型办公室，不断升级为主要部门，其规模和工作范围也随之扩大，这也可以看出，比亚迪对技术学习和知识产权保护工作的重视程度在升级。

同时，随着公司规模和主营业务的不断扩大，比亚迪在各个事业部设立了专利工程师，以加强各个产品事业部之间的技术沟通，这些专利工程师负责跟进研发项目，同时配合知识产权部门在各个事业部开展专利的相关工作，同时也协助产品开发人员提供专利分析和专利咨询等。

比亚迪的研发体系可以称之为矩阵式结构，不仅有中央研究院、事业部研究部门和生产车间的研究部门三级纵向的研发组织，更为独特的是具有一个横向的知识产权部门，此部门的设立，可以为研发人员提供更专业的专利分析等，也能避免相关的法律问题。

（三）研发投入及产出

比亚迪在汽车技术研发创新方面的投入较大，并保证每年销售收入有相应的比例投入到研发和培训上。公司历年来重视新产品和新技术的开发和创新工作，将新产品研发作为公司保持核心竞争力的重要保证，2012至2014年度公司研发投入占当期营业收入的比例均保持在5%以上。

表15-1　比亚迪历年研发投入情况

	2014年	2013年	2012年
研发投入金额（亿元）	36.8	28.7	25.8
研发投入占营业收入比列	6.32%	5.43%	5.50%

资料来源：赛迪智库整理，2016年1月。

第二节　生产经营情况

一、主营业务

比亚迪的主营业务主要包括三大领域，一是汽车领域，既包含传统能源汽车，也包含新能源汽车，二是二次充电电池及光伏产业，三是手机部件及代工组装业务。根据比亚迪公司年报，2014年集团实现营业收入约为582亿元，同比增长10.09%，其中汽车及相关产品业务的营业收入约为278亿元，同比上升3.03%；手机部件及组装业务的营业收入约为245亿元，同比增长23.21%；二次充电电池及光伏业务的营业收入约为53亿元，同比增长0.29%。根据比亚迪公司的业绩公告，预计2015年全公司实现净利润将达到28.5亿元，同比增长近558%。其中，2015年第四季度，国内新能源汽车的爆发式增长，也推动了公司新能源汽车产品的快速增长。

传统燃油汽车方面，受到政策变化及激烈的市场竞争影响，2014年汽车销量同比下降约21.33%至约37万辆。但借助于消费者对SUV细分市场的热度上涨，中国品牌汽车市场占有率在该细分领域也得到了快速增长在。同样比亚迪也快速开发布局了SUV产品，在2014年下半年，推出了全新高端SUV车型S7，并受到了市场欢迎，销售持续快速增长。加上原有备受欢迎的S6车型，整体SUV车型销量同比持续提升，部分抵消了其他传统车型销售的下滑。除S7外，集团于2014年下半年推出全球领先的搭载智能平台的A+级轿车G5，通过在wifi环境下接入互联网，全面提升了汽车的智能化程度，推动了传统汽车向智能网联汽车的演变。

新能源汽车方面，随着产品的不断丰富和性能的持续提升，以及政策支持力度的不断加大，新能源汽车行业于2014年获得突破性进展。比亚迪作为行业技术研发和商业推广的先行者，凭借领先的技术优势和性能优越的产品，继续巩固于新能源汽车行业的领导地位。但受制于电池产能，比亚迪也积压了大量尚未交付的新能源汽车订单。因此，比亚迪于近两年内积极扩建电池产能，以满足市场需求。新产能已于2015年一季度开始逐步投产，全部达产后预计将为比亚迪提供充足的铁电池产能，可满足未来新能源汽车的电池需求。

2014年比亚迪新能源汽车业务收入约人民币73亿元，同比增长约6倍，占集团汽车业务收入的27.05%。新能源汽车销量同比增长9倍，其中插电式混合动力车型"秦"的销量同比大幅增长，迅速成为中国新能源汽车销售冠军，主导新能源汽车和私家车市场；K9纯电动巴士和e6纯电动出租车销量同比持续攀升，继续引领全球公交电动化发展方向。根据中国汽车工业协会公布的数据，比亚迪2014年在新能源汽车领域的市场份额达27.9%，在插电式混合动力市场份额更高达49.6%，于业内遥遥领先，稳占市场领导者地位。2015年比亚迪又陆续推出了秦、唐等新能源车型。

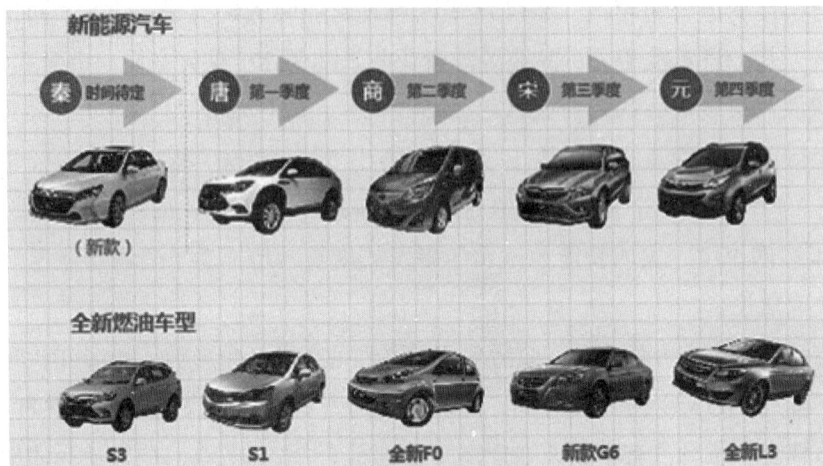

图15-4　2015年比亚迪推出的新车型情况

资料来源：赛迪智库整理，2016年1月。

在乘用车市场，比亚迪继续重点推广插电式混合动力汽车，在功能上能够满足短途使用电力、长途使用汽油的需求。由于我国在充电基础设施的建设方面还远远不能满足纯电动汽车的充电需要，因此，比亚迪推出的此类车型正是当前比较适合我国国情的产品，因此公司也将其作为重点发展方向，并在未来的战略中布局了多款插电式混合动力车型产品。例如，近年来比亚迪销量最好的插电式混合动力车型"秦"，可以达到百公里1.6L的油耗，但仍具有以其5.9秒百公里加速的动力性能，另外还配备了先进的智能操作系统以及时尚的外观设计，从上市以来就获得了消费者的认可，也迅速成为新能源汽车年度销量冠军，这也进一步提升了比亚迪的品牌认知度和美誉度。

此外，比亚迪与戴姆勒联手推出的纯电动车腾势DENZA已于2014年9月上市。腾势DENZA整合了戴姆勒公司在整车匹配方面的技术技术和比亚迪在电池方面的技术优势，自推出以来，销量也在快速增长。

在公共交通市场，比亚迪继续大力推广纯电动客车和纯电动出租车，不仅在国内各城市加大推广力度，在国外也率先进行了海外市场的布局。截至2014年年底，比亚迪已经有780辆纯电动客车K9和850辆纯电动出租车e6在深圳的大街小巷投入运营。其中K9的累计行驶里程已超过5700万公里，单车最高行驶里程超过25万公里；而e6的累计行驶里程更是突破了2.7亿公里，单车最高行驶里程超过64万公里，这也为比亚迪的新能源汽车技术积累了大量丰富的数据，从而促进了新能源汽车技术的进一步提升。此外，比亚迪也将K9和e6推广到南京、大连、杭州等国内十多个城市，特别是K9更是实现了在欧洲、亚洲、北美和南美等30多个国家和地区的商业化运营。

充电设施方面，北京、上海、合肥和武汉亦已明确提出新建小区和停车场新能源汽车充电设施比例的要求。此外，比亚迪开发出集约用地的循环式立体充电机，积极寻求与第三方的合作，加快充电设施的普及。

另外，比亚迪已获批与西安银行筹建合资公司比亚迪汽车金融有限公司，为经销商和消费者提供购车金融贷款等相关服务，预计在推动集团汽车销售的同时，也将为集团带来一定的收入和利润贡献。

二、生产运行

2015年1—11月，比亚迪集团累计销售汽车38.82万辆，累计同比增长0.87%。其中比亚迪秦1—11月累计销售2.82万辆，同比增幅达118%。新能源车型中，2015年1—11月比亚迪插电式混合动力乘用车累计销售43258辆，纯电动乘用车累计销售4899辆。比亚迪汽车近年推出的插电式混合动力汽车"秦"和"唐"于2015年第四季度因其优良的产品性能和产品竞争能力使其在同类产品中销量处于领先地位；比亚迪的电动大巴K9以及多用于出租车的纯电动汽车E6等公共交通领域的电动汽车产品订单火爆，推动了公司新能源汽车业务于第四季度取得高速增长。

表15-2　比亚迪主要车型销售情况

车型	2014年（万辆）	1—11月累计（万辆）	同比增长（%）
F3	11.0	12.5	32.8
S7	0.7	9.4	9304.9
速锐	7.3	5.3	−19.2

（续表）

车型	2014年（万辆）	1—11月累计（万辆）	同比增长（%）
秦	1.5	2.8	118.1
S6	9.9	1.7	−81.4
G5	1.3	1.6	90.9
F0	3.8	1.5	−57.8
唐	——	1.3	——
宋	——	0.7	——
E6	0.4	0.6	141.4
总销量	43.8	38.8	0.9

资料来源：赛迪智库整理，2016年1月。

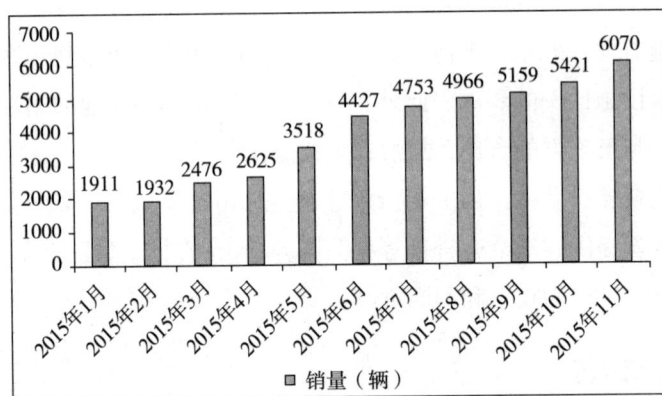

图15-5 2015年1—11月比亚迪插电式混合动力乘用车销量

资料来源：赛迪智库整理，2016年1月。

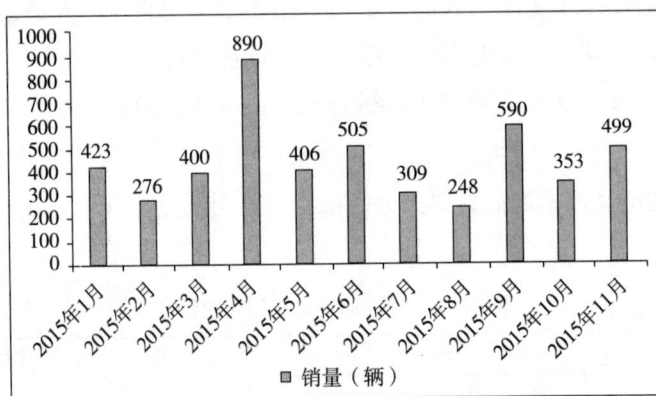

图15-6 2015年1—11月比亚迪纯电动乘用车销量

资料来源：赛迪智库整理，2016年1月。

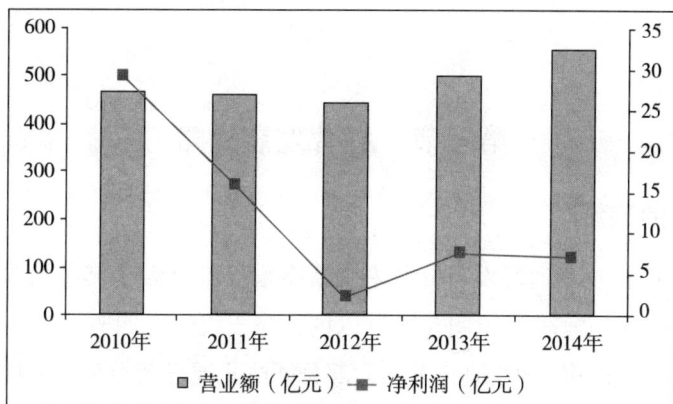

图15-7　比亚迪历年营业收入及利润情况

资料来源：赛迪智库整理，2016 年 1 月。

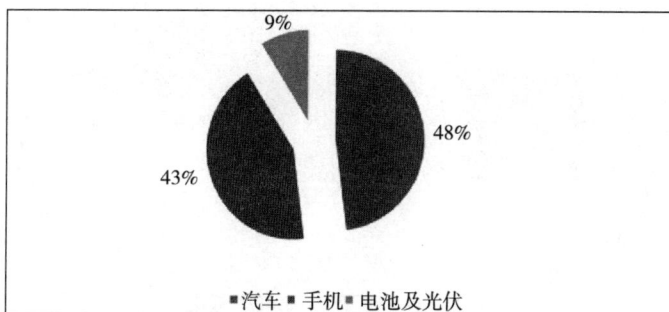

图15-8　2014年比亚迪主营业务占比情况（按产品划分）

资料来源：赛迪智库整理，2016 年 1 月。

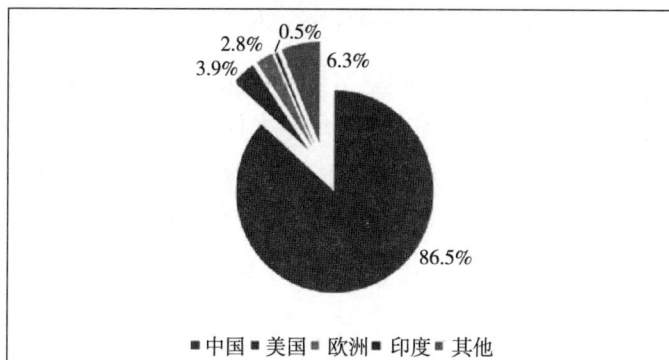

图15-9　2014年比亚迪主营业务占比情况（按地区划分）

资料来源：赛迪智库整理，2016 年 1 月。

第三节　经营发展战略

一、战略目标

2014 年 4 月，比亚迪曾发布针对未来新能源汽车产品的"542"战略，其中"5"代表 0—100km/h 加速时间控制在 5 秒以内，"4"代表电四驱，"2"代表百公里油耗 2 升以内，在未来，比亚迪旗下的大部分插电式混合动力车型都将按照"542"这一标准去打造。已经上市的唐，还有宋与元双模版均是"542"战略下的全新产品，各项性能指标均将达到这三项性能标准。

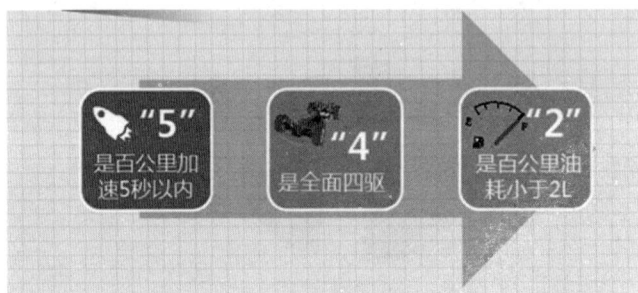

图15-10　比亚迪"542"战略

资料来源：比亚迪官网，2016 年 1 月。

"542"战略代表了比亚迪对新能源车的一些理解，并以产品性能和数字来规划未来的产品。因为本身双模车是由电动机 + 燃油发动机组成，所以在性能方面具有一定优势，因此比亚迪要做的是超级性能车，性能相比传统车实现 100% 以上，甚至 300% 的提升。通过插电式混合动力的技术优势，比亚迪未来的双模电动车将在加速性能和油耗方面超越不少同级别合资品牌对手，同时这类车型还能够享受国家的相关补贴政策，通过这一战略逐步实现"弯道超车"的发展目标。

在发布"542"战略的第二年，比亚迪发布了新能源车"7+4"全市场战略布局，对外宣告全面进军新能源汽车市场。其中"7"代表 7 大常规领域，即城市公交、出租车、道路客运、城市商品物流、城市建筑物流、环卫车、私家车；"4"代表 4 大特殊领域，即仓储、矿山、机场、港口。比亚迪的目标是把中国道路交通领域所有用油的地方全部用电来替代，逐步实现全市场电动化布局。7+4 战略是比亚迪向实现全市场电动化迈出的重要一步。

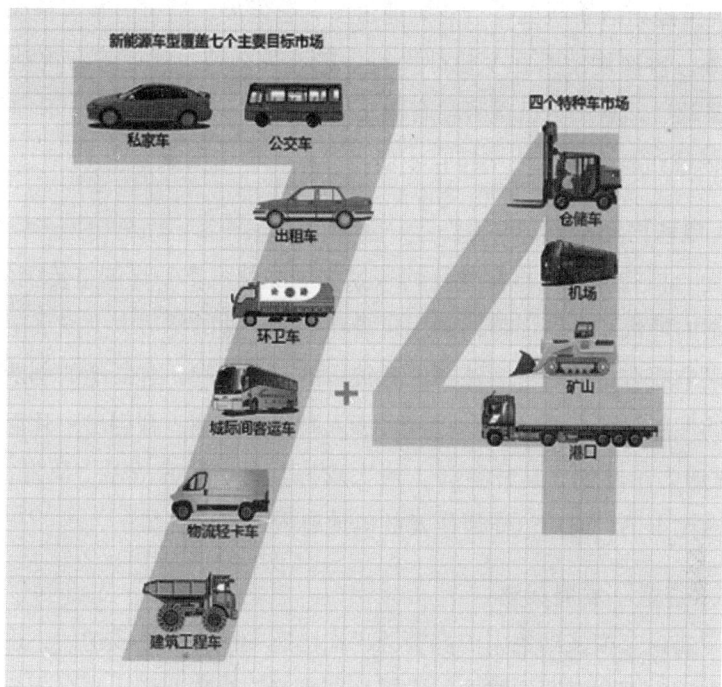

图15-11 比亚迪"7+4"战略

资料来源：比亚迪官网，2016年1月。

针对不同的车型种类，比亚迪也制定出不同的电动化解决方案，比如像大巴、出租车基本上以纯电动为主，因为它们基本在城市里使用，固定路线、固定区县，不需要跑长途，纯电动的解决方案更佳。私家车考虑到中国市场现在充电站的基础设施问题等，采用双模动力系统（即插电式混合动力），城市用电，短途用电、长途用油。而像物流车、环卫车已经开始进入开发阶段，有的已经进入验车阶段，很快进入市场销售。

二、战略实施

（一）自主研发战略

比亚迪从1995年成立做镍镉电池开始就实施这一战略并长期运用于公司的各领域当中。比亚迪公司决定进军电池行业时就已经决定要从核心技术做起，并自主确定自己的核心竞争力——成本。比亚迪公司遵循这一核心竞争力，自主设计生产线，以手工替代机械，从本质上减低了成本，并且使得生产线具有很强的灵活性。比亚迪进入手机配件行业则通过多元化发展，通过向顾客提供一站式部件供应服务，再次确定其在手机部件行业的领先地位。比亚迪在电池、IT行业取得一定成就后，利用自己优势培育出另一产业——汽车制造业。比亚迪公司在F3汽车的研发过程中，始终坚持自主研发战略，申请国家专利1000多项。

（二）电动汽车战略

比亚迪公司并非像中国其他任何一家中国品牌汽车一样制造传统的汽油车，而是看准国内外汽车发展形势，利用自身在电池产业的优势大力发展电动力汽车战略。如果电池有足够的电力储蓄，有较短的充电时间，有低廉的制造成本，有安全稳定的性能，那么电动汽车行业将步入高速成长期，开创出一片巨大的"蓝海"。比亚迪为了开创出这片蓝海，再次发挥其自主研发战略，研发出铁电池。这块铁电池比丰田、通用汽车所研发的电池有着明显的优势。

（三）"袋鼠"发展战略

所谓"袋鼠"模式即集中内部资源，在已有的商业领域成功后，迅速进行战略转移。利用内部的资源像袋鼠一样繁衍一个又一个新业务，汽车业务即是比亚迪培育出的一只"袋鼠"。

比亚迪公司经过十几年时间得到迅速发展，可以说成为中国品牌汽车新贵而且也形成了自己特有的发展模式。虽说比亚迪公司正处于茁壮成长阶段，看似成功的道路却布满了荆棘，为了能继续成长下去，比亚迪公司必须铲除荆棘，克服成长道路中的各种困难。

（四）"品质与成本"理念

品质方面，集团拥有先进的生产工艺和雄厚的经验积累以及严格的品质控制流程，实现了集团于各业务领域的品质领先。在汽车领域，集团全车系新车质量调研（IQS）数据指标已处于业内领先水平，并承诺4年10万公里的超长保修期，保修范围不仅涵盖了比亚迪全系车型，更延伸到全车绝大部分零部件，进一步显示集团对旗下产品质量的信心和对用户的责任。在手机部件及二次充电电池领域，集团的品质管控能力已获得了三星、华为、步步高、HTC、苹果、诺基亚、惠普等全球及国内领导厂商的认证及赞誉并与之维持着长期的客户关系。

成本方面，比亚迪采用高度垂直整合的经营模式，通过实现对上游原材料成本的控制和各工序的协同效应，最大限度地降低了生产成本并提高效率，打造出低成本运作的经营能力。此外，集团各项业务的交叉也产生积极的协同效应，可以降低综合研发成本和运营费用，使得集团在市场竞争中更具成本和效率优势。

管理方面，集团采用扁平化的管理架构，有效提升了管理效率和执行能力，保证了集团各项优势的充分发挥。此外，集团倡导以人为本的企业文化，致力于推行"平等、务实、激情、创新"的企业精神，为员工营造以公司为家的工作氛围，有效激发了员工的创造力和工作热情，保证了集团的长期持续发展。

政 策 篇

第十六章 2015年中国汽车产业政策环境分析

第一节 税收减免促进消费

随着全球对环境的逐渐重视，国家倡导节能减排，对部分车辆的税费进行进一步的调整。国外许多国家都出台了力度较大的鼓励小排量汽车消费政策，而我国小排量汽车需求增长乏力，急需政策助推。随着近几年全球节能环保热潮的兴起，小排量汽车环保节能优势引起广泛关注。由于汽车购置税在汽车消费中所占比例较大，所以大部分群体会在各型号汽车的不同消费税上进行抉择。为了体现税收对汽车消费的导向作用和对经济的调节作用，国家推出了对小排量汽车的减税鼓励，这同时也起到了抑制SUV等大排量乘用车消费的目的，从而促进能源节约化消费和汽车厂商节能减排方面的技术创新。2015年以来，我国汽车产业进入微增长态势，为促进汽车消费，2014年7月国务院常务会议决定，自2014年9月1日至2017年底免征新能源汽车车辆购置税。2014年8月财政部、国家税务总局、工信部印发《关于免征新能源汽车车辆购置税的公告》，已引发了五批《免征车辆购置税的新能源汽车车型目录》，共有超过98家企业的1150多款车型列入目录。2015年5月，财政部联合国家税务总局和工信部下发了《关于节约能源、使用新能源车船车船税优惠政策的通知》，通知明确指出对节约能源的车船，减半征收车船税，对使用新能源车船，免征车船税。进入下半年，随着汽车市场的持续低迷，财政部又于2015年9月29日发出通知，自2015年10月1日起至2016年12月31日止，对购置1.6升及以下排量乘用车减免5%的税率征收车辆购置税。

根据相关资料统计，2014 年与汽车产业相关的税收已超过 6000 亿元，其中汽车生产和销售环节所占的比例最高，达到近三分之一，数额约 2000 亿元。因此，关于汽车税收类似消费税等方面的改革，也将对汽车消费和生产产生重要影响，尤其在消费方面起到重要的引导的作用。从 2009 年到 2010 年，国家推出的购置税减免政策就促进当年的汽车消费增长了 40%，可见税收减免对汽车消费的重要调节作用。根据工信部统计，从 2014 年 9 月到 2015 年 8 月，全国共计办理了新能源汽车免征车购税总计 9.97 万辆，免税金额达 16 亿元，其中 2015 年 1 月到 8 月，全国就办理了 6 万辆免税的新能源汽车。

第二节　新能源汽车推广力度继续加大

2014 年 7 月国务院办公厅印发了《关于加快系新能源汽车推广应用的指导意见》，随后工信部又印发了关于此《指导意见》的重点任务和具体分工，并明确了中央和各地方政府要按时间进度安排，陆续出台相关政策措施。截至 2015 年 6 月，中央政府及部门共颁布新能源汽车专项政策 52 项，2015 年发布 9 项。

在补贴方面，继 2009 年发布的《节能与新能源汽车示范推广财政补助资金管理暂行办法》规定了公共服务乘用车和轻型商用车推广补助标准，2013 年发布的《关于继续开展新能源汽车推广应用工作的通知》中再次明确了对消费者购买新能源汽车给予补贴，2015 年 4 月财政部再次发布的《关于 2016 年—2020 年新能源汽车推广应用财政支持政策的通知》，明确了"十三五"新能源汽车补贴标准、退坡政策以及新能源汽车推广全国普惠政策。

在生产准入方面，2015 年 6 月，国家发改委和工信部联合发布了《新建纯电动乘用车企业管理规定》，指出新建企业投资项目的投资总额和生产规模将不受《汽车产业发展政策》有关最低要求限制，可由投资主体自行决定。原规定"投资总额不得低于 20 亿元人民币，其中自有资金不得低于 8 亿元人民币"。但由于我国新能源汽车产业还处于发展初期，有些关键技术还处于探索阶段，追求规模经济效益和生产规模不是现阶段需要考虑的重点。这也表明我国汽车产业政策正在从原来的"严格准入"模式逐渐转型到"宽进严管"模式，这也为互联网等跨界企业积极进入新能源汽车领域打开了大门，将吸引更多优质社会资源进入汽车产业，这也为我国新能源汽车产业营造了发展良机。

在新能源汽车充电基础设施使用及建设方面，为落实《国务院办公厅关于加快新能源汽车推广应用的指导意见》，国家发改委先于 2014 年 7 月发出了《关于电动汽车用电价格政策有关问题的通知》，为了促进新能源汽车的推广应用，通知中指出对新能源汽车充电和换电基础设施的用电价格实行扶持性电价的政策，也包括对允许运营单位收取充电和换电服务费，并对此服务费按照政府指导价进行管理，同时也提出对充电和换电设施的电网改造成本可以纳入电网公司的输配电价格中。随后工信部又于 2014 年 11 月底发布了《关于新能源汽车充电设施建设奖励的通知》，通知指出中央财政将安排资金对新能源汽车推广应用完成较好的示范城市或城市群，给予一定的充电设施建设奖励，并给出了具体的奖励标准。进入 2015 年，面对充电设施建设难度大、建设成本高、电费及充电服务费高低不均以及充电设施标准不统一等一系列制约我国充电基础设施建设工作快速推进的问题，2015 年 10 月和 11 月国家相继出台了的《国务院办公厅关于加快电动汽车充电基础设施建设的指导意见》以及《电动汽车充电基础设施发展指南（2015—2020 年）》等文件。文件中将目标设定为，到 2020 年，全国要按照"适度超前、车桩相随、智能高效"的要求，基本建成能够满足 500 万辆新能源汽车充电的基础设施体系，也要同步建立起更加完善和规范的技术标准和市场监管体系，打造一个标准统一、竞争有序、互联开放的充电服务市场，并最终建立起可持续发展的产业生态体系，在技术和商业模式上都取得创新突破，构建"互联网"+充电基础设施的体系，同时也争取培育出一批大型充电服务企业，并走向国际市场。针对土地供应不足的问题，该文件提出，要鼓励探索将大型充换电站与商业地产相结合的发展方式，鼓励商场、超市、电影院、便利店等商业场所为用户提供辅助充电服务。鼓励充电服务企业与整车企业在销售和售后服务方面创新商业合作模式。充分利用融资租赁、特许经营质押等融资模式，借鉴合同能源管理等业务模式，推进商业模式创新。在商业模式创新方面，该文件指出要积极引入众筹及线下线上形结合等创新的商业模式，鼓励充电服务企业积极拓展广告投放、电子商务、智能化充电网络等增值服务，充分利用"互联网+"快速发展的机遇，吸引更多社会资本参与充电基础设施的建设和运营，提高企业可持续发展的能力。

在充电基础设施的标准方面，为了打破充电标准不统一带来的建设和推广难度大等问题，2015 年 12 月国家质检总局、国家标准委又发布了新修订的新能源汽车充电接口和通信协议的 5 项国家标准，新标准于 2016 年 1 月 1 日起实施。

这 5 项标准分别是：《电动汽车传导充电系统 第 1 部分：一般要求》《电动汽车传导充电用连接装置 第 1 部分：通用要求》《电动汽车传导充电用连接装置 第 2 部分：交流充电接口》《电动汽车传导充电用连接装置 第 3 部分：直流充电接口》、《电动汽车非车载传导式充电机与电池管理系统之间的通信协议》。此次 5 项标准的修订内容重点提升了充电的安全性和兼容性，有望解决目前充电基础设施标准不统一、用户使用困难等问题，使得我国新能源汽车推广应用取得进一步的突破。

在推广应用方面，在 2015 年 9 月的国务院常务会议上，确定"各地不得对新能源汽车实行限行、限购，已实行的应当取消等促进新能源汽车消费的政策措施"。北京实行新能源汽车指标直接向所有通过资格审核的申请人配置，不用摇号，同时也不受尾号限行和单双号限行的限制。在上海，购买新能源汽车可以免费申请牌照，免去拍卖汽车牌照近 8 万人民币的费用。在同样实行汽车限行限购政策的广州，新能源汽车也可以同样免除这些限制。

下一步，国家也将从加强配套电网保障能力、加快标准完善与技术创新、探索可持续商业模式、开展相关示范工作等方面继续完善新能源汽车推广应用的政策，加大充电基础设施体系建设工作的推进力度。

第三节　节能减排要求日趋升级

在节能方面，2012 年国务院发布《节能与新能源汽车产业发展规划》中就明确提出，到 2015 年，当年生产的乘用车百公里平均燃料油耗降至 6.9 升，节能型乘用车百公里平均燃料消耗量降至 5.9 升以下。2016 到 2019 年当年生产乘用车百公里平均油耗目标分别是 6.9 升、6.7 升、6.4 升、6 升和 5.5 升。到 2020 年，当年全国生产的乘用车百公里燃料消耗量的均值要下降至 5.0 升，节能型乘用车百公里燃料消耗量的均值要降至 4.5 升以下；商用车新车燃料消耗量接近国际先进水平。2014 年 10 月，工信部、发改委等联合下发了《关于加强乘用车企业平均燃料消耗量管理的通知》（下称《通知》），明确指出对于不达标企业，将暂停其新产品的《车辆生产企业及产品公告》申报和增加产能的投资项目，并采取"公开通报、加强海关通关审核、进口检验、生产一致性核查"等管理措施。

为落实规划提出的 2020 年我国乘用车百公里平均油耗降到 5 升，研究基于汽车燃料消耗水平的奖惩政策等要求，工信部组织汽车行业制定了第四阶段（2016—2020年）油耗限值国家标准，建立了汽车企业平均油耗核算管理及公示制度。

在排放法规方面，近些年来我国先后制定了国Ⅰ至国Ⅳ排放标准，不断严格限制机动车尾气排放。2013年9月，环保部又联合国家质检总局共同发布了第五阶段《轻型汽车污染物排放限值及测量方法》（简称国Ⅴ标准）。该标准要求从2018年1月1日起，在我国境内销售的轻型汽车（3.5吨以下的）都要达到国Ⅴ的排放标准。从国Ⅴ排放标准的具体内容看，在上一标准的基础上又大幅度严格了汽车的排放限值，与国外现有的汽车排放标准法规相比来看，技术要求已经于欧5（欧洲第五阶段）排放法规的技术要求相类似，可以说已经达到发达国家标准要求。北京、上海、广州等地的排放要求更高，已经率先实行国Ⅴ标准，而且《北京市2013—2017年清洁空气行动计划》更明确提出北京2016年力争实施第六阶段机动车排放标准，俗称"京六"标准。2015年9月举行的国务院常务会议中，也提出要加快淘汰营运黄标车，开展清理整顿专项行动。确保完成到2017年全国基本淘汰黄标车任务。目前环保部也正组织专家制定我国第六阶段排放标准，未来5—10年，我国汽车排放标准会超越现在参考欧洲法规的做法，更多吸纳美国法规的优点，形成具有中国特色的、与美国同级别的汽车排放标准。

第十七章　2015年中国汽车产业重点政策解析

第一节　《国务院办公厅关于加快电动汽车充电基础设施建设的指导意见》

一、背景

随着我国经济社会发展水平不断提高，汽车保有量持续攀升。加快发展新能源汽车，能够解决燃油替代的问题，减少汽车尾气对环境的污染，从而解决由于我国汽车保有量不断攀升所带来的能源、污染等问题，同时更能推动我国从汽车大国走向汽车强国。充电基础设施是指为电动汽车提供电能补给的各类充换电设施，是新型的城市基础设施。新能源汽车一直面临充电难的问题，因此大力推进充电基础设施的建设，也是我国加速发展新能源汽车产业的重要支撑。充电基础设施既包括分散式充电桩，也包含各类集中式充换电站。面对加快新能源汽车推广应用这一紧迫任务，全社会应该继续大力推进充电基础设施的建设。

自 2010 年以来，我国在充电基础设施建设方面取得了一些进展，积累了一部分经验，已经为未来新能源汽车发展奠定了基础。一是充电设施建设稳步推进。到 2015 年年底，我国已经建成新能源汽车充换电站 3600 座，分散式充电桩约 4.9 万个，可以给近 20 万辆新能源汽车提供充电或换电服务。二是初步形成了新能源汽车充电网络。在上海、江苏和广东等地已经建立了大规模的新能源汽车的城市充电网络，也形成了沿着京港澳和京沪等高速公路的跨省际的新能源汽车充电服务网络。三是新能源汽车的充电技术水平有所提高。直流和交流充电桩、带有双向功能的充放电机以及能够快速更换电池的系统等充电装备已经可以部分实现国产化，另外在新能源汽车移动式充电以及无线充电等新型技术已在个别城市开展示范运营。四是标准体系逐步完善。目前，我国新能源汽车充电领域的相关基础设施的标准已基本建立起来，形成了体系，包括文件中所使用的术语、充电系统、换点设备、汽车上的充电接口以及附加设备等部分，一共近70项标准，并积极在国际标准的制定中加强话语权。

近年来，在国务院决策的引导下，各部委均积极落实有关政策，有序推进我国新能源汽车充电基础设施的建设步伐。但由于技术和市场因素的诸多不确定性，在实际落实过程中也遇到了许多瓶颈，出现了诸多问题，如与新能源汽车发展速度不相适应、建设过程的难度较大、还没有形成成熟的商业模式以及现有充电标准体系不能全国统一等。因此国务院办公厅于2015年9月正式下发了《关于加快电动汽车充电基础设施建设的指导意见》（以下简称《指导意见》）。

二、政策要点

（一）明确了总体要求和工作目标

《指导意见》强调：我国新能源汽车发展的主要战略取向是要坚持以纯电驱动为主，同时要把充电基础设施建设放在更加重要的位置，要秉持依托市场、创新机制，统一标准、通用开放，适度超前、有序建设，统筹规划、科学布局等原则推进相关工作。从而实现到2020年，我国要基本建成一个高效的、智能的、一定程度超前的新能源汽车充电设施体系，能够满足超过500万辆新能源汽车的充电需要；同时，还要建立更加完善的市场监管体系以及技术标准规范等，打造一个竞争有序、统一开放的充电服务格局。甚至能够发展成为可持续的"互联网＋充电基础设施"的新型健康的生态体系，同时达到在商业模式创新和技术创新上取得突破，并出现若干家能够在国际市场上有竞争力的专门从事新能源汽车充电服务的企业。

（二）加强专项规划设计和指导

《指导意见》指出：各地要将充电基础设施专项规划有关内容纳入城乡规划。并要求在社会公共停车场、大型公共建筑物和新建居民住宅的配建停车位等领域，要建设或者在施工期间要预留，满足具备新能源汽车充电设施安装条件的车位，分别占比达到10%、10%和100%，并且对全社会每2000辆新能源汽车要至少配建一座公共充电站。

（三）完善充电服务体系

《指导意见》提出：要从标准建设、平台建设方面完善充电服务体系。第一要进一步加快制定、修订或完善有关标准规范；第二要大力推进"互联网＋"充电基础设施的创新模式，打造新能源汽车智能充电服务平台，鼓励充电服务企业创新建设充电基础设施商业合作模式，促进新能源汽车与智能电网间能量和信息的双向互动，建立起充电网络和智能电网之间的互联互通促进机制；第三要做好配套电网接入服务，组建国家电动汽车充电基础设施促进联盟，同时要将新能源汽车充电基础设施配套电网建设与改造项目，纳入各地配电网专项规划。

（四）强化充电基础设施建设的支撑保障

《指导意见》要求：第一是进一步简化新能源汽车充电技术设施规划建设的审批手续，特别是对于已经建好的停车位若要安装新能源汽车充电装置，则无需去有关部门办理其他建设用地的相关规划、建设工程或施工规划等方面的行政许可。第二是继续加大对新能源汽车充电基础设施建设的补贴金额，相关部委要尽快制定未来五年的相关财政补贴办法，特别强调的是在目前的初级发展阶段，主要依靠中央的基建投资资金拿出一部分进行支持。第三是拓宽多元融资渠道，有效整合各类公共资源为社会资本参与充电基础设施建设运营创造条件。第四是加大用地支持力度，将独立占地的集中式充换电站用地纳入公用设施营业网点用地范围，优先安排土地供应。第五是要扩大各个社区的业主委员会的调和权利，有关部门要出台能够在全国统一实行的个人居民住址的新能源汽车充电设施建设的文本。

（五）落实地方主体责任

《指导意见》再次强调：各地方政府要切实承担起统筹推进充电基础设施发展的主体责任，将充电基础设施建设管理作为政府专项工作，并要求各地方政府要在2016年3月底前发布充电基础设施专项规划，制定出台新能源汽车充电基础设施建设和运营的管理办法，并抓好组织实施。同时，要结合本地新能源汽车推广应用存在的问题和市场需要，针对充电基础设施发展的重点和难点，开展新能源汽车充电基础设施的建设与运营模式创新的试点示范。

三、政策解析

《指导意见》在充分认识我国新能源汽车充电基础设施建设和使用中所面临

的问题的基础上，提出了具有较强针对性的对应策略，主要可以归纳为以下三个方面。

一是加速实施建设，近年来，我国新能源汽车应用逐步推进。截至 2014 年年底，我国新能源汽车保有量已经超过 12 万辆。2015 年全年，我国新能源汽车累计完成生产 37.9 万辆，实现销售 33 万辆左右，同比分别增长 4 倍和 3.4 倍。随着新能源汽车走进千家万户，充电设施的相对缺乏更加凸显。根据国家能源局发布的数据，截至 2014 年年底，我国建成充换电站 780 座，交直流充电桩 3.1 万个。面对充电基础设施建设速度滞后、部分设施使用率不足、社会资本参与较少等难题，为了解决制约我国新能源汽车推广应用的主要瓶颈，此意见再次明确了要"坚持以纯电驱动为新能源汽车发展的主要战略取向"，将目标设定为到 2020 年，全国要按照"适度超前、车桩相随、智能高效"的要求，基本建成能够满足 500 万辆新能源汽车充电的基础设施体系，也要同步建立起更加完善和规范的技术标准和市场监管体系，打造一个标准统一、竞争有序、互联开放的充电服务市场，并最终建立起可持续发展的产业生态体系，在技术和商业模式上都取得创新突破，构建"互联网"+ 充电基础设施的体系，同时也争取培育出一批大型充电服务企业，并走向国际市场。针对土地供应不足的问题，该文件提出，要鼓励探索将大型充换电站与商业地产相结合的发展方式，鼓励商场、超市、电影院、便利店等商业场所为用户提供辅助充电服务。鼓励充电服务企业与整车企业在销售和售后服务方面创新商业合作模式。充分利用融资租赁、特许经营质押等融资模式，借鉴合同能源管理等业务模式，推进商业模式创新。在商业模式创新方面，该文件指出要积极引入众筹及线下线上形结合等创新的商业模式，鼓励充电服务企业积极拓展广告投放、电子商务、智能化充电网络等增值服务，充分利用"互联网 +"快速发展的机遇，吸引更多社会资本参与充电基础设施的建设和运营，提高企业可持续发展的能力。

二是统一充电标准。充电设施标准不统一，不仅会造成重复建设，更会影响用户体验。此次意见明确了"统一标准、通用开放"的原则，提出要加快制修订充换电关键技术标准，并促进不同充电服务平台互联互通，提高设施通用性和开放性。下一步，在新能源汽车充电标准的完善方面，各部委都在积极推进相关工作，例如在已有修订稿的基础上，已经发布了五项关于充电接口和通信协议的关键国家标准；其次，计划在新版国家标准发布以后，各地方要开展对已建成新能源汽车充电基础设施的改造和升级工作，使之满足新版标准，从而促进全国充电标准的快速统一；再次，是要制定无线充电等新型充电的技术路线和相关技术标准；在计量、计费、结算等运营服务方面，有关部门也要加强管理规范。同时，还要加快建立充电基础设施道路交通标识体系。一些关键标准的制定正在加快。工信部近日发布消息称，GB/T 20234《电动汽车传导充电用连接装置》3项系列国家标准通过专家审查，这标志着我国充电接口标准修订工作取得重要进展。

三是完善扶持政策。要把居民自用停车位作为新能源汽车充电的主要场所，但目前这也成为消费者抱怨最多的困难之一，很多社区业主在申请安装充电桩时遇到的最大问题就是车位不足，同时还要面临与物业、其他业主以及产权所有人的诸多交涉，协调起来非常困难。此次意见特别提出，鼓励充电服务、物业服务等企业参与居民区充电设施建设运营管理，统一开展停车位改造。对有固定停车位的用户，优先在停车位配建充电设施；对没有固定停车位的用户，鼓励通过在居民区配建公共充电车位，建立充电车位分时共享机制，为用户充电创造条件。在增量方面，意见提出，原则上，新建住宅配建停车位应100%建设充电设施或预留建设安装条件。

第二节 《汽车动力蓄电池行业规范条件》

一、背景

新能源汽车是我国战略性新兴产业之一，汽车动力蓄电池是直接关系新能源汽车安全、环保、节能等方面的核心零部件。在电池的可靠性、安全性、环保性和一致性等方面，车用动力电池的要求要远高于普通蓄电池。因此，管理部门需要对车用动力电池生产企业提出更高的技术要求，有别于普通蓄电池生产的适宜条件。

根据工信部统计，截至2014年年底，我国就有177家车用动力蓄电池生产企业，为国内外新能源汽车生产商配套生产电池，市场集中度不足，生产企业数量过多，并且这些企业大多存在技术水平较低、产品标准落后等问题，整个行业的生产水平参差不齐。根据调研发现，有些车用动力蓄电池生产企业甚至没有技术研发部门，也无法保障生产工艺的一致性，与国际先进的蓄电池生产企业存在较大差距，特别体现在生产工艺、技术创新、流程管理等方面都需要较大幅度的提升。这种现状也制约了我国新能源汽车产业发展所要求的健康、可持续的目标。因此，为了治理现有行业所呈现的散乱的发展状态，相关管理部门也亟须出台相关措施，对车用动力电池的行业发展进行合理引导和适当规范。

为此，工信部经过产业情况调研，经过讨论研究决定，应加强对车用动力蓄电池产业发展的管理和指导，采取公告管理的方式对现有汽车动力蓄电池行业加以规范。此措施是为了促进我国车用蓄电池产业的技术创新、管理升级和产业规模化发展，另一方面也抑制了社会资本盲目投资和整个产业的低水平重复建设。《规范条件》的制定是按照企业自愿申请、政府服务行业的思路，建立动态的行业管理公告，促进动力蓄电池行业健康有序发展，并重点强调车用动力蓄电池的产业发展水平要与我国新能源汽车产业的发展目标相一致，鼓励企业做优质产品，实现规模化发展，提高国际市场竞争力，在产品技术要求上重点监管车用动力蓄电池的安全性和生产工艺一致性。

二、政策要点

（一）明确对动力蓄电池企业的管理方式和范围

《规范条件》的制定原则和主要思路是，要按照企业自愿申请的原则，对符合本规范条件所要求的产品技术水平和生产工艺水平等内容，对汽车用动力蓄电池企业进行公告管理。这种管理方式主要考虑了以下两个方面，一是从汽车用动力蓄电池产品的特殊性来看，规范条件对单体动力蓄电池生产企业和动力蓄电池系统生产企业的动力蓄电池分别提出进入公告的条件和要求；二是为了与我国现有的新能汽车产业政策保持连贯性和一致性，《规范条件》中规定的汽车动力蓄电池，包括锂离子电池、镍氢电池和超级电容器等，明确不包含铅酸类蓄电池，这也符合国际汽车用动力蓄电池产业的实际发展现状和未来技术趋势。

（二）明确对进入公告企业的条件和要求

为达到规范汽车动力蓄电池产业发展的目的，对申请进入公告的企业应具备的能力条件提出了明确要求，除政策符合性之外，还主要考虑了以下几个方面：一是要满足企业规模化发展和落实国家节能与新能源汽车产业发展规划的要求；二是要满足动力蓄电池产品一致性和企业质量保证能力的要求；三是要求对动力蓄电池产品提供质量保证等售后服务，从而推动新能源汽车市场的形成和发展。

基于以上几点要求，《规范条件》又分别从企业产能、企业生产工艺和检测能力、企业研发能力、企业售后体系等方面做出了规定。

例如对生产多种不同类型的车用动力蓄电池企业，既包括单体也包括系统的企业，其年生产能力要分别满足下述要求："锂离子动力蓄电池单体企业年产能力不得低于 2 亿瓦时，金属氢化物镍动力蓄电池单体企业年产能力不得低于 1 千万瓦时，超级电容器单体企业年产能力不得低于 5 百万瓦时。系统企业年产能力不得低于 10000 套或 2 亿瓦时。"在企业的关键工艺过程的自动化生产能力和在线检测能力方面，也是区分单体企业和系统企业来看有不同的能力要求，单体企业应具有电极制备、电芯装配、化成等工艺过程的生产设备设施，应至少具有电极制备、叠片 / 卷绕、装配、注液、化成等关键工艺过程的自动化生产能力和在线检测能力，并具有单体电池分选等保证生产一致性的能力；系统企业应具有适合批量生产的动力蓄电池系统装配流水线和规范化的工艺流程，至少具有焊接或连接等成组关键工艺过程的自动化生产能力和相应的检测能力。在企业售后服务能力方面，《规范条件》要求"企业应建立完善的售后服务体系，会同汽车整车企业研究制定可操作的废旧动力蓄电池回收处理、再利用的方案"。

另外，为推动企业的技术进步，《规范条件》还对企业研发机构、人员、设计规范文件体系和具体的设计研发能力提出了要求，企业应建立产品设计研发机构，应配备占企业员工总数比例不得少于 10% 或总数不得少于 100 人的研究开发人员，应建立与汽车研发相适应的产品设计开发流程和技术管理体系，建立汽车动力蓄电池产品设计规范，建立产品开发信息数据库。同时，为保证企业产品的安全性和一致性，《规范条件》也对企业产品和质量保证能力提出了要求，企业应通过 TS16949 质量体系认证，应建立从原材料、部件到成品出厂完整的检验和可追溯体系。

（三）明确进入公告的流程监督管理要求

《规范条件》明确了具体的管理流程，按照企业自愿申请的原则，首先进行企业申报，然后进行省（市）地方主管部门或中央企业的初审，最后再报工业和信息化部进行终审的工作流程。《规范条件》还指出要建立企业年度发展情况公示制度，这就要求企业须每年提交报告。《规范条件》明确对公告内的企业实施动态管理，将抽查有问题企业的公告资格。《规范条件》也明确规定列入公告的企业名单将作为相关政策支持的基础性依据。

三、政策解析

近年来，我国汽车动力蓄电池行业一直存在生产企业数量很多，但技术水平又参差不齐的问题。此次《规范条件》的发布，对引导规范我国汽车动力蓄电池行业的健康发展有积极的促进作用。截至 2014 年年底，工信部发布的《车辆生产企业及产品公告》内已有近 150 家汽车生产企业的 1600 余款车型，但大部分车型的产量还不足百辆，这也涉及了多达 177 家动力蓄电池配套企业。并且，其中多数电池生产企业缺乏研发能力和保障产品一致性的生产工艺，在管理及人才等方面的能力也明显不足。整个车用动力电池行业呈现出了散乱的发展局面，这也制约了我国新能源汽车产业的健康可持续发展，须及时予以引导和规范。

而我国新能源汽车的电池技术本身也存在几个发展瓶颈，一是电池成本高，之前由于新能源汽车电池的国家标准尚未出台，各个生产企业都是使用自己的标准，这也导致电池开发的成本较高。二是新能源汽车的电池能量密度比较低，导致新能源汽车续航里程短，使得消费者在购买电动汽车时，会产生担忧而降低购买意愿。三是新能源汽车电池的充电时间仍较长，快充要 30 分钟，慢充则要 5 小时，这也影响了消费者使用体验。另外，电池的使用寿命也是消费者担心的问题，目前新能源汽车的电池寿命一般在 5—8 年。因此，及时发布《汽车动力蓄电池行业规范条件》，将有望加快我国车用动力蓄电池产业的发展；另一方面，也会对现有散乱的产业局面进行治理，加强了对落后企业的淘汰，和对行业龙头企业的培育，对整个蓄电池行业有一个优胜劣汰的作用。

第三节 《新建纯电动乘用车企业管理规定》

一、背景

一直以来，国家高度重视节能与新能源汽车产业的发展，将节能与新能源汽车确定为国家战略性新兴产业。2012 年 6 月，国务院发布了《节能与新能源汽车产业发展规划 (2012—2020 年)》。此后，国家有关部门积极推动节能与新能源汽车产业的发展和产品推广应用，并研究制订了一系列政策措施，促进其快速健康发展。如 2012 年财政部、工信部、科技部联合发布的《关于组织开展新能源汽车产业技术创新工程的通知》，中央财政从节能减排专项资金中安排部分资金，支持新能源汽车产业技术创新。从 2013 年开始又实施了新能源汽车示范推广的补贴政策，对消费者购买新能源汽车给予补贴；安排资金对新能源汽车推广城市或城市群给予充电设施建设奖励；实施税收优惠政策，对符合要求的新能源汽车免征车船税，免征新能源汽车车辆购置税等。这些政策措施的制定实施，极大地推动了我国新能源汽车产业的发展，到2015年年底，我国新能源汽车累计生产已达到37.9万辆，成为世界第一大新能源汽车产销国。

我国新能源汽车技术研发能力从无到有的过程中，自主创新不断取得重要进展，搭建了电动汽车的技术研发平台，初步构成了零部件配套体系，形成了类似于比亚迪的具有中国特色的技术特征。目前，全球的新能源汽车市场正处在快速发展的阶段。一直位居美国电动汽车销量第一的特斯拉本来在传统汽车制造方面并无经验，却凭借其精确的产品定位和先进的电池技术，吸引了大批消费者，特斯拉 Model S 车型也逐渐成为行业标杆，这为全球创业者进入新能源汽车领域树立了榜样。同样，国内一大批互联网企业也正在积极布局新能源汽车领域，乐视、阿里巴巴、百度等都宣布了造车计划。但我国现有的《汽车产业发展政策》，只对传统汽车领域的准入做了规定，对新能源汽车领域的投资管理和管理几乎是空白。2014 年，国务院办公厅出台的《关于加快新能源汽车推广应用的指导意见》指出有关部门要制定新能源汽车产业的准入政策，包括公开透明、操作性强的新建新能源汽车生产企业投资项目的准入条件、支持社会资本和具有一定技术创新能力的企业参与到新能源汽车的研发和生产。《新建纯电动乘用车企业管理规定》于 2015 年 6 月正式发布，这也进一步完善了我国汽车产业发展政策，为更多优质社会资源进入新能源汽车领域开辟了窗口。

二、政策要点

（一）明确了新能源汽车的投资主体资格

与征求意见稿不同，《规定》第八条对投资主体资格进行了适当放松，强调新建企业投资项目的投资总额和生产规模不受《汽车产业发展政策》有关最低要求限制，由投资主体自行决定。该部分对投资主体应具备的条件作了详细规定。首先，新建纯电动乘用车企业必须在中国境内注册，具备与项目投资相适应的自有资金规模和融资能力。其次，企业还须具有纯电动乘用车产品从概念设计、系统和结构设计到样车研制、试验、定型的完整研发经历，特别强调了企业要掌握核心技术如整车集成能力、动力蓄电池系统及控制能力、整车轻量化设计能力以及整车控制系统研发能力等正向研发能力，要配备有专业的研发团队，具备与以上开发能力相适应的试验验证设备手段和能力，更重要的是要拥有纯电动乘用车的已授权的相关发明专利和相关的自主知识产权。再次，在试制条件方面，要求新建企业需要具有整车试制能力，"具备完整的纯电动乘用车样车试制条件，包括车身及底盘制造、动力蓄电池系统集成、整车装配等主要试制工艺和装备"。最后，企业自行试制同一型式的纯电动乘用车样车数量应不少于15辆。提供的样车经过国家认定的检测机构检验，在符合汽车国家标准和电动汽车相关标准的前提下，在安全性、可靠性、动力性、整车轻量化、经济性等方面达到规定的技术要求，如一次充电续航里程不得低于100公里，0—50km/h加速小于5秒及最高时速大于100公里等。

（二）对企业的技术能力和售后能力做出详细要求

《规定》中明确在企业进行申报时，需提供详细的材料，例如"能够证明整车及动力系统匹配、整车管理系统、车载能源管理系统、车辆轻量化、车辆安全等关键技术的设计开发能力、试验检测能力以及对整车产品运行状态的监控能力"等方面的相关材料，以及其他能证明新建企业具有满足要求的生产能力以及相应装备能力的重要资料。此次发布的《规定》与之前发布的征求意见稿的不同点在于，增加了对于申报企业的售后能力的要求，例如"必须具备纯电动乘用车产品的销售及售后服务体系"，企业要有履行保障消费者权益等社会责任的承诺和措施，并提供担保企业和经公证的担保期不低于5年（以项目建成投产为起始点）的担保合同。

（三）对产品的公告设定有效期

准入管理部分，主要是对新建企业及产品的准入管理进行了规定。根据《规定》十四条，新建企业列入《车辆生产企业及产品公告》的纯电动乘用车产品有效期为3年，有效期届满前30日可提出延期申请，审查通过可以延长有效期，每次延期不超过3年。新建企业及产品按照工业和信息化部《乘用车生产企业及产品准入管理规则》和《新能源汽车生产企业及产品准入管理规则》的相关要求，通过考核后列入《车辆生产企业及产品公告》，并按单独类别管理。与此同时，《规定》还要求"新建企业应建立生产一致性管理体系，保证实际生产的产品与列入《车辆生产企业及产品公告》的产品相符"。另外，还明确指出对企业生产的产品如果不符合标准或未经许可，将要按照《道路交通安全法》和工信部《车辆生产企业及产品一致性监督管理办法》有关规定进行处理。

三、政策解析

与传统汽车产业的准入政策相比，此次颁布的《管理规定》主要有以下几个特征：一是，取消投资总额和规模限制，新建乘用车企业并不受之前出台的《汽车产业发展政策》中所设定的最低要求限制，原规定"投资总额不得低于20亿元人民币，其中自有资金不得低于8亿元人民币"。由于目前我国新能源汽车产业还处于初级发展阶段，很多关键技术和产品还出于研发和产业化转移阶段，企业也都在不断进行探索性研究，因此与传统汽车产业追求规模经济效益不同，对于我国新能源汽车产业而言，产业规模化并不是此阶段的发展重点，暂时没有必要设定投资总额和生产规模，当我国新能源汽车产业的技术和市场变得逐渐成熟以后，才会凸显出规模经济效益的重要性。二是，强调正向研发能力：专业研发团队、拥有自主知识产权。三是，要求企业具有整车试制能力：具备完整工艺和装备、试制样车不少于15辆。四是，要加强建立对新能源汽车生产企业的监管机制，"对新建企业承诺履行情况、售后服务保障情况、产品安全性和一致性等方面开展评价，评价结果向社会公开。"五是，产品公告有效期：3年，可延期。吸取了原来汽车工业只有准入机制、没有退出机制的教训，不再搞资质终身制。这样对企业更有鞭策作用，能够提高企业的危机意识，认真搞好质量和售后服务。六是，设定了企业的社会责任担保期不低于5年（以项目建成投产为起始点）的担保合同。消费者更新车辆的周期大约为5—8年。做出这项规定就是为了在这段时间内，消费者的使用不受企业退出的影响。

热 点 篇

第十八章　新能源汽车充电基础设施建设加速推进

第一节　主要情况介绍

一、背景

2015年10月，上汽集团与上海市黄浦区政府签署了战略合作协议，宣布成立上汽安悦充电科技有限公司，新公司业务涉及投资建设充电系统及终端网络、管理充电及租赁、停车场资源整合、电子支付等产业链多个环节，并计划建设5万个公共充电桩。此次政企的战略合作，一方面表明中国品牌车企积极布局新能源汽车领域，另一方面，也凸显了我国新能源汽车充电设施不足、充电标准不统一等问题一直存在，需要寻求发展模式上的创新。因此需要国家加速推进新能源汽车基础设施建设，从而推动我国新能源汽车产业健康快速发展。

（一）充电设施不足、利用率较低

截至2014年年底，国家电网数据显示，我国建成各类充电桩数量为28000个、充电站723座，2014年底我国新能源汽车保有量约为12万辆，按照车桩之比约为4∶1计算，但仍不及我国新能源汽车接近3倍的销量增速。另一方面，虽然已经建成了一定数量的充电基础设施，但仍存在布局不合理、利用率较低的情况。例如，在很多带有充电桩的公共停车位上，并没有新能源汽车在充电，而是被非新能源汽车占用了停车位。还有一部分公共充电设施也并没有对社会上全部新能源汽车用户开放，如部分4S店、高档酒店等的充电设施仅对自有客人开放，禁止社会用户使用或者通过收取高额的停车费用作为附加条件，这一定程度上降低了公共充电设施的利用率。

（二）充电设施建设难度大、建设成本高

在公共充电站建设上，问题比较突出的是土地审批难，现有建设用地规划缺失，报建验收流程不明确，已建项目多属于临时用地，按相关政策规定两年后可以拆除，并不受法律保护。例如普天集团在深圳建成的几个充电桩就面临上述问题，因为没有文件明确规定土地用作充电设施建设的用途，在本地拆除临时建筑时只能被迫拆除。国家虽然提出在土地使用方面是鼓励充电基础设施建设，但是由于地方没有出台明确的设施细则，因此充电桩建设还无法纳入土地使用目录。在私人充电桩领域，主要面临无固定车位安装、电网改造和物业协调难度大等问题。许多没有固定停车位的业主不具备安装私人充电桩的条件，而对于具有安装条件的业主，又会遭到业主委员会或物业公司的不配合。另外，充电基础设施建设成本依然很高。根据国家电网公司的测算，建一个拥有 10 个充电位置的充电站，仅基础设施、配电设施、运营三方面的综合成本就在 500 万元左右，这还不包括土地使用成本。

（三）电费及充电服务费高低不均

在新能源汽车产业发展初期，我国采取由国家电网公司为主导参与充电站及充电桩的建设模式，由于当时新能源汽车的保有量还没有达到一定规模，很多花费巨资投入的公共充电设施只能沦为摆设，无法收回投资。2014 年初，国家电网公司退出城市充电设施建设，允许社会资本进入这一领域，但由于缺乏清晰的盈利模式，社会资本并未及时跟进。为了引导企业进入充电服务市场，有些地方政府出台了关于新能源汽车充电服务费的相关文件。截至 2015 年 6 月，包括北京、上海等在内的 13 个省份出台了充电服务费标准。已出台的省份指导价多数偏高，如江西省的充电服务费最高，达到 2.36 元/度（含电费），合肥的充电服务费高达 1.7 元/度，北京市收取的充电服务费也还高于电费本身，而青岛的充电服务费最低，为 0.65 元/度。这就造成了新能源汽车的使用运行成本增加了近 1 倍，抵消了与传统汽车的比较优势，也影响了私人购买新能源汽车的积极性。

（四）充电设施标准不统一

由于新能源汽车还处在产业发展初期，市场上还未出现主导产品和技术，不同类型的动力总成布置和不同类型的动力电池对充电方案的要求存在一定差异，增加了充电基础设施管理和运用难度，加大了投资的风险。在充电标准还不明确

的前提下，各个汽车厂商和充电设施生产商、充电服务运营商各自为政，极大地影响力投资者的热情。虽然 2015 年以来多项关于新能源汽车充电标准的文件已经通过了我国电力和汽车相关标委会专家的审查，但距正式出台还需时日。特别是，现阶段对直流充电和超级充电等快速充电方式，各家的标准还没有完全统一，例如我国的直流充电无法在 Model S 上使用，特斯拉选择在国内自行建设超级充电站。因此，即使建立了足够数量的充电设施，但如果充电标准不统一，也会给消费者使用带来诸多不便。

二、内容

截至 2014 年年底，我国已有各类电动汽车 12 万辆，2015 年上半年电动汽车产销量约为 8 万辆；目前单月产销量已经突破 2 万辆。截至 2014 年年底，国家电网数据显示，我国建成各类充电桩数量为 28000 个、充电站 723 座。随着配套充电基础设施建设的加快，消费者购买意愿会进一步加强。

第二节　关键事件

一、国务院办公厅《关于加快电动汽车充电基础设施建设的指导意见》

近年来，政府各部门认真贯彻落实国务院决策，积极推动新能源汽车充电基础设施建设，各项工作取得积极进展，但充电基础设施在国内外均处于起步阶段，因此在推进过程中面临诸多问题，例如，电动汽车及其充电技术的不确定性大、充电基础设施与电动汽车发展不协调、充电基础设施建设难度较大、充电服务的成熟商业模式尚未形成、充电基础设施标准规范体系有待完善等。为了加快推进我国新能源汽车充电基础设施发展，从而促进我国新能源汽车产业健康快速的发展，2015 年 10 月，国务院办公厅发布了《关于加快电动汽车充电基础设施建设的指导意见》。

（一）明确了总体要求和工作目标

《指导意见》强调：我国新能源汽车发展的主要战略取向是要坚持以纯电驱动为主，同时要把充电基础设施建设放在更加重要的位置，要秉持依托市场、创新机制、统一标准、通用开放，适度超前、有序建设，统筹规划、科学布局等原则推进相关工作。从而实现到2020年，我国要基本建成一个高效的、智能的、一定程度超前的新能源汽车充电设施体系，能够满足超过500万辆新能源汽车的充电需要；同时，还要建立更加完善的市场监管体系以及技术标准规范等，打造一个竞争有序、统一开放的充电服务格局。甚至能够发展成为可持续的"互联网+充电基础设施"的新型健康的生态体系，同时达到在商业模式创新和技术创新上取得突破，并出现若干家能够在国际市场上有竞争力的专门从事新能源汽车充电服务的企业。

（二）加强专项规划设计和指导

《指导意见》指出：各地要将充电基础设施专项规划有关内容纳入城乡规划。并要求在社会公共停车场、大型公共建筑物和新建居民住宅的配建停车位等领域，要建设或者在施工期间要预留，满足具备新能源汽车充电设施安装条件的车位，分别占比达到10%、10%和100%，并且对全社会每2000辆新能源汽车要至少配建一座公共充电站。

（三）完善充电服务体系

《指导意见》提出：要从标准建设、平台建设方面完善充电服务体系。第一要进一步加快制定、修订或完善有关标准规范；第二要大力推进"互联网+"充电基础设施的创新模式，打造新能源汽车智能充电服务平台，鼓励充电服务企业创新建设充电基础设施商业合作模式，促进新能源汽车与智能电网间能量和信息的双向互动，建立起充电网络和智能电网之间的互联互通促进机制；第三要做好配套电网接入服务，组建国家电动汽车充电基础设施促进联盟，同时要将新能源汽车充电基础设施配套电网建设与改造项目，纳入各地配电网专项规划。

（四）强化充电基础设施建设的支撑保障

《指导意见》要求：第一是进一步简化新能源汽车充电技术设施规划建设的审批手续，特别是对于已经建好的停车位若要安装新能源汽车充电装置，则无需去有关部门办理其他建设用地的相关规划、建设工程或施工规划等方面的行政许可。第二是继续加大对新能源汽车充电基础设施建设的补贴金额，相关部委要尽快制定未来五年的相关财政补贴办法，特别强调的是在目前的初级发展阶段，主要依靠中央的基建投资资金拿出一部分进行支持。第三是拓宽多元融资渠道，有效整合各类公共资源为社会资本参与充电基础设施建设运营创造条件。第四是加大用地支持力度，将独立占地的集中式充换电站用地纳入公用设施营业网点用地范围，优先安排土地供应。第五是要扩大各个社区的业主委员会的调和权利，有关部门要出台能够在全国统一实行的个人居民住址的新能源汽车充电设施建设的文本。

（五）落实地方主体责任

《指导意见》再次强调：各地方政府要切实承担起统筹推进充电基础设施发展的主体责任，将充电基础设施建设管理作为政府专项工作，并要求各地方政府要在2016年3月底前发布充电基础设施专项规划，制定出台新能源汽车充电基础设施建设和运营的管理办法，并抓好组织实施。同时，要结合本地新能源汽车推广应用存在的问题和市场需要，针对充电基础设施发展的重点和难点，开展新能源汽车充电基础设施的建设与运营模式创新的试点示范。

二、多部门联合发布《电动汽车充电基础设施发展指南（2015—2020年）》

2015年11月发改委网站公布《关于印发〈电动汽车充电基础设施发展指南（2015—2020年）〉的通知》，就发改委、能源局、工信部和住建部等四部委组织制定的《电动汽车充电基础设施发展指南（2015—2020年）》文件进行公示。其主要内容如下：

一是，提出我国充电设施建设整体目标，并对各领域、各区域建设数量、服务半径、配套政策等进行了细致规划。明确充电基础设施建设总体目标。《发展指南》指出，到2020年，为满足全国500万辆电动汽车充电需求，我国需新增集中式充换电站超过1.2万座，分散式充电桩超过480万个。

二是，分场所细化充电桩、充换电站建设比例。根据《发展指南》，居民区、写字楼等单位、交通枢纽等建设充电桩建设数量分别为280万、150万、50万，占比分别为58%、31%、11%；公交、出租、环卫物流、交通枢纽、城际分别新增3850、2500、2450、2400和800个集中式充换电站。

表 18-1　我国未来充电桩需求及投资测算

应用领域	充电桩需求测算	预计投资规模
公交车充换电站	3848 个	100 亿元
出租车充换电站	2462 个	60 亿元
环卫、物流等专用车充电站	2438 个	10 亿元
城市公共充电站	2397 个	7 亿元
城际快充站	842 个	10亿元
公务车与私家车用户专用充电桩	430 万个	172 亿元
分散式公共充电桩	50 万个	20 亿元
合计	——	380 亿元

资料来源：招商证券，2016 年 1 月。

三是，分区域细化充电桩、充换电站建设比例。加快发展区，包括京津冀、长三角、珠三角等规划充电桩超 250 万个，占比达 52%；示范推广区，包括山西、内蒙古等，规划超 220 万个，占比达 46%；积极促进区，包括新疆、广西等规划建设超 10 万个，占比达 2%。三区域规划分别新增集中充换电站 7400、4300 和 400 座。

表 18-2　我国充电基础设施推广区域

推广区域	包含城市	推广目标	推广计划
加快发展地区	北京、天津、河北、辽宁、山东、上海、江苏、浙江、安徽、福建、广东、海南等	到2020 年新增集中式充换电站超过7400座，分散式充电桩超过250 万个，以满足超过266 万辆电动汽车充电需求	在新能源汽车推广应用城市，公共充电桩与电动汽车比例不低于1:7，城市核心区公共充电服务半径小于0.9 公里；其他城市公共充电桩与电动汽车比例力争达到1:12，城市核心区公共充电服务半径力争小于2 公里
示范推广地区	山西、内蒙古、吉林、黑龙江、江西、河南、湖北、湖南、重庆、四川、贵州、云南、陕西、甘肃等	到2020 年新增集中式充换电站超过4300座，分散式充电桩超过220 万个，以满足超过223 万辆电动汽车充电需求	在新能源汽车推广应用城市，公共充电桩与电动汽车比例不低于1:8，城市核心区公共充电服务半径小于1 公里；其他城市充电桩与电动汽车比例力争达到1:15，城市核心区公共充电服务半径力争小于2.5 公里
积极促进地区	广西、西藏、青海、宁夏、新疆等	到2020 年新增集中式充换电站超过400座，分散式充电桩超过10 万个，以满足超过11 万辆电动汽车充电需求	省会等主要城市公共充电桩与电动汽车比例不低于1:12，城市核心区公共充电服务半径小于2 公里

资料来源：赛迪智库整理，2016 年 1 月。

此外，本次发布的《指南》也在如下方面做出了重点要求。一是强调公共服务属性是新能源汽车充电系统的基本功能。由于充电基础设备建设目前落后于新能源汽车产业的发展，所以国家电网回归后，以国网、普天等为主导的充电桩大规模建设有望快速拉动充电设备需求。从本次的《电动汽车充电基础设施发展指南（2015—2020年）》中能看出，政府在建设规模、收费模式等方面进行引导，强调新能源汽车充电系统的公共服务属性。另外需要强调的是，这次政府也提出要进行充电智能服务平台的构建，有效整合不同企业和不同城市的充电服务平台信息资源。因此，可以分析出在国内电力系统信息化行业非常成熟的今天，该平台能够有效提升充电设备公共服务的效率，并为政府制定实施财政、监管等政策提供支撑。社会资本的介入为新能源汽车充电系统注入创新活力。积极引导社会资本进入新能源汽车充电服务领域，是政府和以国网为代表的国家队清晰的态度。不同于发电端面对的是电网，新能源汽车充电服务面对的各类终端客户和大量运营端客户。所以下游需求的多样性以及更加偏市场化的下游需求，为新能源汽车充电服务领域的创新带来可能。目前国内已有部分企业商业模式创新、增值服务挖掘等多个方面进行探索。随着下游新能源汽车保有量的持续上升和充电基础设施建设具备规模，该领域也将吸引更多的社会资本的加入。

二是细化建设方案，有力促进充电设施建设落地。此前《加快电动汽车充电基础设施建设的指导意见》提出我国到2020年充电设施建设目标等，但并未就

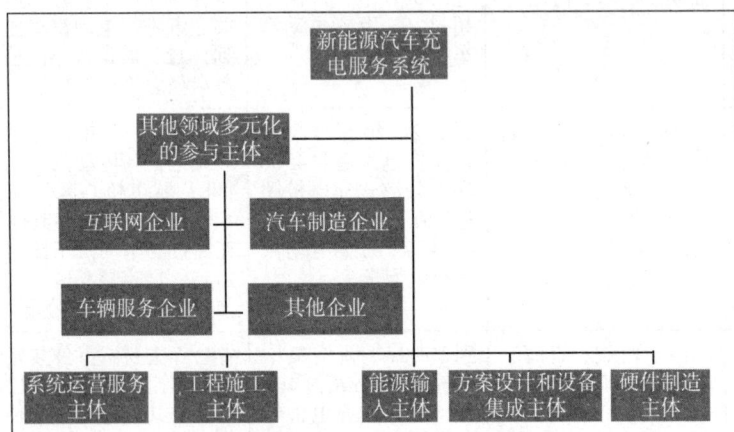

图18-1　新能源汽车充电服务

资料来源：招商证券，2016年1月。

具体建设方案和标准进行细化。本次《发展指南》为《指导意见》的进一步细化，分场所、分区域明确充电桩和充换电站建设数量和比例，并对不同地区公共充电桩与电动汽车比、公共充电桩服务半径做了规定，为各地区充电设施建设提供了标准和指导，将有力促进建设的具体落地。

三是重提加大用地支持、简化审批等保障措施，提升建设效率。此前《指导意见》提出针对充电设施建设的保障措施，包括用地支持、简化审批、完善财政价格等。《发展指南》再次重申保障措施，最大程度提升建设效率。落实地方主体责任，调动地方政府积极性。《发展指南》指出将充电基础设施建设管理作为政府专项管理内容，在2016年3月底前发布充电基础设施专项规划，制定出台充电基础设施建设运营管理办法。通过落实地方主体责任，调动地方政府建设积极性，可有力提高各地充电设施建设力度。

基于《指南》的规划和部署，后续相关政策仍有待进一步加强落实。充电桩"十三五"补贴制定进入快速推进期，由财政部、能源局等协同多部门快速推进。五部委于2016年1月联合发布了《关于"十三五"新能源汽车充电基础设施奖励政策的通知》。目前各示范城市已出台补贴规划，比例在15%—30%不等。"十三五"补贴政策的出台，将加速补贴的落实。

三、各地方政府对充电基础设施推进力度加大

南京河西新城将投200个充电桩，2016年拟建450个，2017年拟建350个，全区三年将总共安装1000个汽车充电桩。规模达100个车位以上的已有停车场、新建的大型商业区停车场、综合交通枢纽等地，按照不低于车位10%比例配建新能源汽车充电桩和专用车位。

江西省财政2015年新增安排资金3000万元，对南昌、儿江、萍乡、赣州、宜春、上饶、抚州等7个区市充电设施建设予以补助。

北京市作为新能源汽车推广应用的重点地区，国网系统下属的充电站已经计划将新能源汽车的充电总价格（基础电价 + 充电服务费）由原来的1.67元/度下降为1.27元/度电，其中电动汽车充电服务费下调为0.4元，基本充电电费维持0.87元/度电不变。另外，北京石景山区供电公司启动了2015年石景山区15个充电站项目建设。本次新建充电站分别位于石景山古城供电所、万商花园酒店、万商大厦停车场等地。共计新建改建225个直流充电桩。此外，2015年10月20

日，全市最大光伏充电立体车库落户石景山区。由首钢和富电科技公司合作，采用 PPP 模式建设运营，总投资 1500 万元，将建设 50 根充电桩，整个建筑的能源提供全部由太阳能完成，达到电力完全自给自足，同时可以额外提供 80 辆纯电动车的充电需求，实现绿色能源的全生命周期利用。

贵州新能源汽车基础配套设施充电桩生产建设启动仪式在贵阳举行，未来 3 年项目建设方预计投入 5 亿元资金。

烟台市，国网公司新批复的 27 座快充站也已进入设计施工招投标阶段。这其中，15 座公交快充站初步计划市公交集团 10 座，分别在莱山区 2 座、芝罘区 3 座、牟平区 4 座、福山区 1 座。另外，为福山区公交公司、栖霞和长岛分别建设 2 座、2 座和 1 座。除公交快充站外，还将在高速公路上建设 8 座高速快速站。其余 4 座是城际充电站，分别建设在福山区、芝罘区、莱山区和牟平区。

福建省决定为促进新能源汽车发展，在省内高速公路服务区建设快速充电站，省交通运输厅已经发布政策，并且省高速公路公司与电力公司达成共识。首批建设 56 座快速充电站，主要布局在沈海、福银、京台等高速公路福建境内段的 28 对服务区中。每座快速充电站要满足 4 台小型电动汽车同时充电，需要建设 4 个充电桩，并配置 2 台 120KW 充电机；今后还可视市场需求等因素，扩容至 8 个充电桩（车）位。

第三节 效果及影响

一、专家观点

国家能源局电力司副司长童光毅表示"综合考虑以上因素判断，我国到 2020 年实现电动汽车累计产销量 500 万辆的目标通过各方努力完全可以达到。"童光毅说，"我国到 2020 年前将建成集中充换电站 1.2 万座，分散电桩 480 万个，新增超过 3850 座公交车充换电站、2500 座出租车充换电站、2450 座环卫物流等专用车充电站，积极推进公务与私人乘用车用户结合居民小区与单位停车场配建充电桩，鼓励有条件的设施对社会公众开放。"与此同时，大规模推广建设充电设施的基础已经具备。2012 年国务院印发《节能与新能源汽车产业发展规划》，2014 年引发的《加快新能源汽车推广应用的指导意见》以来，我国新能源汽车充电基础设施建设已经取得了一定进展，技术水平不断提升。截至 2015 年年底，我国共建成充换电站 3600 座，交直流充电桩 4.9 万个。深圳、杭州、合肥、北京、上海等地已经形成较大规模的城市充电服务网络，京沪、京港澳、青银等高速公路沿线已基本建成省际充电服务网络，江苏常州等地还出现了"众筹建桩"等商业模式。

在过去近 10 来年的时间里，电动汽车发展不起来主要因为存在四个问题，接下来要重点解决。童光毅指出，"一是认识不统一，包括电动汽车产业本身的发展思路或者是技术路线的选择不明确，也包括车到底是用充电还是换电，我们对充电技术路线的选择也是不清晰的。"二是标准不是很健全；三是政策配套不到位；四是协同力度不够大。目前电动汽车产业尚处于发展初期，动力电池及充电等关键技术发展日新月异，不同技术方案对应的充电需求存在较大差异，认识上的不统一增加了充电基础设施建设与管理的难度，加大了投资运营风险，影响了社会资本参与的积极性。同时，充电基础设施设备接口、通信协议等技术标准也亟须完善。童光毅透露，已颁布的部分技术标准未严格执行，造成不同品牌的电动汽车与不同厂商的充电基础设施不兼容，充电便利性大大下降，充电基础设施相关工程建设标准有待进一步完善。此外，目前新能源汽车充电基础设施建设和运营业务对社会资本的吸引力不足，部分地方政府在城市规划和建设过程中对充电基础设施欠缺前瞻布局，对居民区、社会停车场等安装困难的场所协调推动不够，缺少配套支持政策。总体而言是对充电基础设施发展的重视程度不够，现有充电基础设施财税支持政策与我国新能源汽车支持政策不匹配，因此，未来对充电基础设施的长期用地政策有待进一步明确和细化。

公共充电设施数量不足、分布不均，充电接口标准不统一等问题仍制约着我国新能源汽车的发展。不过，充电桩建设是不是电动汽车大规模家庭普及的瓶颈？科技部电动汽车重大项目总体专家组组长、清华大学教授欧阳明高了以否认："充电是现在电动汽车推广的瓶颈问题，但充电桩建设并不难，技术简单，成本也低，可利用的设施很多。只是我们应该改变思路，不要以建加油站的方式来建设充电桩。"对此，欧阳明高指出："现在我们需要的是那种便宜的、遍地都是的交流慢充充电桩，220 伏 16 安，仅需要计量显示和安全保护的功能，成本很低，单个成本也就几百块钱。从区域上来说，需要重点解决路边、小区和单位的充电设施建设，集中解决消费者回家和上班时给车辆充电的问题"。欧阳明高强调："如果采用分散式建设，特别是对现有的电线杆、路灯等基础设施进行改造、充分利用，那么充电难的'瓶颈'必将迎刃而解。事实上，充电基础设施的建设并没有想象中那么困难，也不需要投入很多资金。只要政府的力量发挥出来，不是难事，关键是思路和重视程度问题。只要把物业这个难关打通，企业卖一辆电动车就带一个充电装置，很快就能推广。"

二、后续影响

（一）各地方政府将着力抓好充电基础设施指导意见和发展指南的落实

按照中央政策要求，下一步各部门及各地方政府也将严格按照 2015 年以来出台的《国务院办公厅关于加快电动汽车充电基础设施建设的指导意见》以及《电动汽车充电基础设施发展指南（2015—2020 年）》等文件的规划和部署，逐一落实各项任务。例如，进一步明确各相关部门的责任，建立各管理部门的联动机制；出台鼓励社会资本进入充电设施建设领域的实施细则，明确基础配电网络建设改造的投资责任主体，明确私人消费者安装充电桩的工作流程和责任主体；研究制定充电基础设施奖励办法，对推广任务完成好、推广环境较为完善的城市给予奖励，给地方政府、行业企业明确的政策预期，鼓励民间资本加快投资；特别是，中央主管部门也将对地方政府加快破除地方保护和限制充电设施建设等现象加以监督，将充电桩建设用地纳入城市建设规划。

（二）部分示范城市（群）推广应用将取得更大进展

随着第二轮新能源汽车推广的启动，推广范围更加广泛，在公共交通、出租、政府部门、环卫系统、邮政等公共服务领域和私人领域同时开展。此外，推广形式更为灵活，中央财政对新能源汽车和充电设施给予补助或奖励，地方财政提供配套补助，同时注重推出提高使用便利性等措施。部分城市还积极组织金融、汽车、动力电池、电力等相关企业，探索创新推广模式。这一轮推广几乎覆盖绝大部分有条件实施推广的区域，其中，京津冀、长三角、珠三角等细颗粒物治理任务较重的区域为示范集中区。

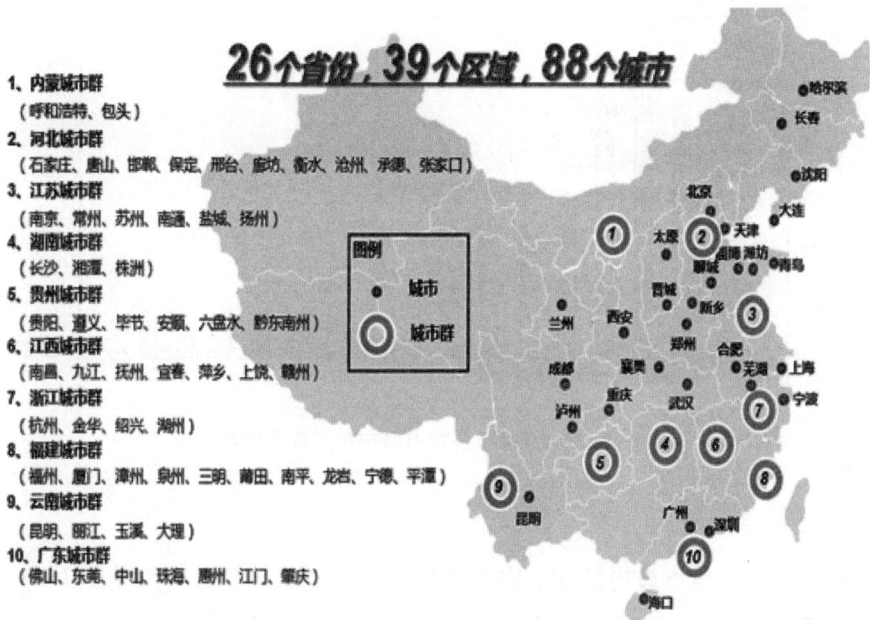

图18-2 我国新能源汽车推广应用示范城市

资料来源：国家信息中心，2015 年 1 月。

　　39 个示范区域从 2013 年到 2015 年 8 月共推广新能源汽车近 16 万辆，推广任务完成率达 47%。截至 2015 年 8 月，上海、浙江、湖南、合肥四个城市（群）已完成推广目标，其中上海 1—10 月新能源汽车上牌总量超过 2.6 万辆，累计推广达到 3.24 万辆，领跑全国。江苏、广东、广州、临沂、北京五个省份或城市的推广目标完成率达 50% 以上，14 个区域的推广目标完成率达到 20%—50%，还有 16 个区域的完成率在 20% 以下。兰州、晋城、内蒙古等三个城市（群）的推广目标分别是 5000 辆、5000 辆和 7500 辆，但目前的推广量仍未达到百量水平。2015 年一季度私人购买新能源汽车占推广总量的比例提高到 62%。但充电难与里程焦虑仍然是私人购买新能源汽车的难点。

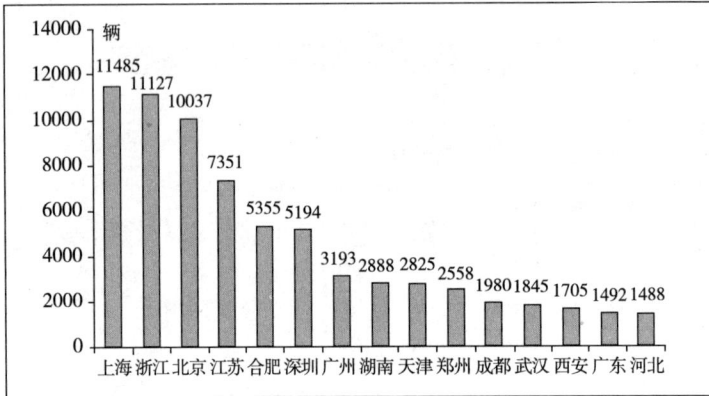

图18-3　2014年各重点城市推广应用情况

资料来源：国家信息中心，2015 年 1 月。

随着中央和地方政府近 150 多项政策措施的相继出台，特别是 2015 年《国务院办公厅关于加快电动汽车充电基础设施建设的指导意见》、国务院常务会议提出的"各地不得对新能源汽车实行限行、限购"，以及 11 月出台的《关于加快电动汽车充电基础设施建设的指导意见》等政策的逐步落实，预计 2016 年，各城市群的新能源汽车推广应用将取得更大进展，全国推广任务完成率有望超过 50%，而私人购买占推广总量的比例有望超过 70%。

第十九章　智能网联汽车成为关注重点

第一节　主要情况介绍

一、背景

当前，全球汽车产业正处于深度变革时期，随着以互联网为代表的信息网络技术在汽车产业的广泛渗透，"电动化、智能化、网联化"成为汽车产业技术发展的三大趋势，智能网联成为汽车产业发展新的战略制高点。智能网联汽车的发展趋势主要表现在：车载式和网联式加速融合，最终向全工况无人驾驶迈进；更高级别驾驶辅助技术逐渐成熟并将加快产业化步伐；互联网企业成为技术进步和产业重构的重要参与者；基于互联网的模式创新不断涌现，电商化和共享化特征日益凸显。为适应这一形势，美国、欧盟、日本等主要国家和地区竞相布局，抢占智能网联汽车这一新的战略制高点。《中国制造 2025》规划明确提出："到2020 年，掌握智能辅助驾驶总体技术及各项关键技术，初步建立智能网联汽车自主研发体系及生产配套体系。到 2025 年，掌握自动驾驶总体技术及各项关键技术，建立较完善的智能网联汽车自主研发体系、生产配套体系及产业群，基本完成汽车产业转型升级。"

二、内容

智能网联汽车是实现智能驾驶和信息互联的新一代汽车，具有平台化、智能化和网联化的特征。智能网联汽车搭载先进的车载传感器、控制器、执行器等装置和车载系统模块，融合现代传感技术、控制技术、通信与网络技术，具备信息互联共享、复杂环境感知、智能化决策与控制等功能。

智能网联汽车可按其技术路径及智能化程度来实现不同的划分。按技术路径角度，可将智能网联汽车分为车载式和网联式两类。车载式是基于先进的车载装置和控制系统，应用人工智能等技术，实现汽车对车身自主控制的智能汽车。网联式是集成信息通信、车联网、云计算等技术，实现车与环境之间信息互联互通和实时交互的智能汽车。未来，车载式和网联式将走向技术融合，智能网联汽车技术终极发展目标将是实现信息互联互通和自动安全行驶，并完全融入未来的智能交通生态体系中。按智能化程度，可将智能网联汽车发展分为四个层次，即具有特殊功能的智能化、具有多项功能的智能化、具有限制条件的无人驾驶和全工况无人驾驶。这四个层次又可分为辅助驾驶和无人驾驶两个阶段。

智能网联汽车拓展了传统汽车的产业链，在组成上更接近于移动智能终端。主要包括上游的芯片、传感器、操作系统：其中，芯片主要包括通用处理器芯片、微控制芯片 MCU 等，是车辆数据处理和控制的中枢，是产业链的核心关键环节；传感器主要包括传感元器件、各波段雷达（激光、厘米波、毫米波、超声波）、摄像头等，用于车辆感知周围环境和诊断自身状态，是智能网联汽车产业链与传统汽车产业链的主要区别之一；操作系统包括汽车底层控制系统以及整合车载信息终端、实现网络功能的车载操作系统，是整个智能网联汽车产业生态构建的核心。中游的整车制造及信息终端制造：其中，信息终端制造主要包括行车电脑、多媒体终端、导航仪、车载通信网关等的制造，由 IT 企业主导；下游的车辆运维服务、信息内容服务：其中，车辆运维服务包括车况实时监测、车辆远程诊断、车辆维护提醒、车辆远程控制等，用于确保汽车本身的正常、安全运行；信息内容服务主要包括地理信息服务、交通信息服务等，用于丰富和扩充汽车功能，是智能网联汽车价值链的新高地。

智能网联汽车将在未来城市智能交通体系建设中发挥关键作用。行车安全和交通拥堵是国民最为切身感受的直接关注问题，我国交通事故死亡率和死亡人数连续多年居世界第一，大中城市堵车现象也日益普遍和严重，在这些方面智能网联汽车可以提供很好的解决方案。研究表明，在智能网联汽车的初级阶段，通过智能驾驶辅助技术即可减少 50%—80% 的道路交通安全事故，而到智能网联汽车的终极阶段，即全工况自动驾驶阶段，则有望实现零伤亡乃至零事故。与此同时，智能网联汽车还将作为最重要的组成部分之一，在新型城市智慧交通系统的构建中发挥关键作用。即有效而系统地加强车辆、道路和使用者三者之间的联系，形成一种保障安全、提高效率、改善环境、节约能源的综合运输系统。当前我国正在大力推行城乡一体化进程，预计将有众多新的都市圈及新型城市、城镇陆续出现，这正是前瞻规划城市建设、系统筹谋新型交通体系的历史良机。在这一进程中必须充分考量智能网联汽车不可或缺的重要作用，并以此需要为出发点，引导智能网联汽车及其配套体系的同步发展。

智能网联汽车的发展将带来汽车产业发展模式的转变。从汽车产业链环节来看，汽车产品设计与制造更加智能、高效与个性化；销售与售后服务更加便捷与网络化、人性化；无人驾驶、车载系统等新兴技术不断应用，车、人、路三者的关系更加和谐与安全。从汽车产业价值链分布来看，用户从过去专注车辆硬件条件转为更加关注汽车的使用功能，汽车电子产品和基于汽车的智能服务在产品价值链中的比重快速上升，汽车制造、销售渠道、服务的竞争格局面临新一轮的洗牌和调整。

智能网联汽车代表了未来汽车产业技术发展方向和战略制高点。当前业界普遍认为电动化（以节能与新能源为方向）、网联化（以互联、交互等为代表）、智能化是未来汽车技术的发展方向，新能源汽车和智能汽车将成为中国汽车产业未来发展的两大战略机遇。其中，智能网联化更能代表未来汽车技术的发展方向和战略制高点，智能汽车可能是更大的机遇，理应在国家战略高度上给予最高重视。因为与只涉及动力问题的新能源汽车相比，智能汽车更是未来智能制造模式下的产物，代表着汽车设计开发、生产制造、销售及服务等各个环节的根本性变革和汽车产品形态的全面升级。同时两者的有效结合也将产生相互促进的积极作用，例如在汽车智能技术及智能交通系统的支持下，电动车辆可以更好地控制自身的续航里程及充电时机，从而为突破电动汽车"里程焦虑"提供新的解决方案。

第二节　关键事件

一、《中国制造2025》将智能网联汽车发展上升为国家战略

2015 年 5 月，国务院出台《中国制造 2025》将节能和新能源汽车被列为十大重点发展领域，并指出了节能和新能源汽车的三个重点的发展方向，这三个方向分别是：节能汽车的技术、新能源汽车和智能网联汽车，智能网联汽车首次被提升到国家战略的高度。工业和信息化部提出未来中国智能网联汽车产业的发展

目标是：到 2020 年，掌握智能辅助驾驶总体技术及各项关键技术，初步建立智能网联汽车自主研发体系及生产配套体系。到 2025 年，掌握自动驾驶总体技术及各项关键技术，建立较完善的智能网联汽车自主研发体系、生产配套体系及产业群，基本完成汽车产业转型升级。

二、"互联网+"推动汽车产品向智能化、网联化转型

2015 年 7 月，国务院制定并实施"互联网 +"行动指导意见，通过移动互联网、云计算、大数据、物联网与现代制造业的结合，催生新兴业态，以适应新技术革命的发展要求。"互联网 + 汽车"已进入议事日程，这符合制造业网络化、数字化、智能化发展的大背景，也顺应了汽车产业调整变革、转型升级的大趋势。

"互联网 +"推动汽车产品向智能化、网联化转型。在智能化方面，预计到 2025 年，全球将有 10 万辆自动驾驶汽车上路行驶，由于安全性提高、时间节约以及燃油消耗和污染物排放降低等带来的经济影响大约在每年 0.2 万—1.9 万亿美元之间。其次，在网联化发展过程中，互联网在车载系统上已经取得应用。苹果、谷歌、诺基亚、英特尔等已经开发出比较成熟的车载系统。国内率先推出智能汽车概念的是上汽集团，其产品荣威 350 搭载了智能网络行车系统 InkaNet，依托中国联通 WCDMA 3G 网络，实现了信息检索、实时路况导航、电子路书、股票交易和社群交流等互联应用，开启了国产汽车网络互联信息化时代。

"互联网 +"推动汽车商业模式向电商化、共享化转型。首先，汽车销售环节中引入了电商模式。目前，天猫、京东、汽车之家、上汽等正在积极试水汽车电商；车易拍、车置宝、优信拍等二手车电商也发展得如火如荼。此外，汽车产品形态和功能的变化必然带来汽车使用方式呈现"轻拥有、重使用"的共享化趋势。我国现在已有滴滴专车、Uber、神州专车、易到用车等多家公司在努力打造 P2P 汽车共享商业平台，汽车共享化时代已经开启，未来汽车资源将最大程度地得到合理配置。

三、国务院开展智能网联汽车示范试点

2015 年 9 月，国务院提出，开展智能网联汽车示范试点。我国首个智能网联汽车示范区将在上海开展。上海"智能网联汽车示范区"项目将由"两园"示范区（同济科技园即同济大学嘉定校区、上海汽车博览公园）、部分市政道路和汽车城核心区三期构成，示范道路里程累计达到 50 公里，有包括轿车、SUV、

轻型客车、公交等多种车型约 2000 余辆汽车参与示范运行。工信部表示将构建智能网联汽车发展平台，促使产业链上下互补，优势创新，共同研发、推广智能网联汽车。完善消费环境，开展智能网联汽车应用，加快推进质量安全认定等法律法规建设，培育智能网联汽车消费环境。

四、工信部车联网行动计划

2015 年 12 月，工信部发布贯彻落实《国务院关于积极推进"互联网+"行动的指导意见》的行动计划（2015—2018 年），首次提出要出台《车联网发展创新行动计划（2015—2020 年）》，要求推动车联网技术研发和标准制定，组织开展车联网试点、基于 5G 技术的车联网示范。

第三节　效果及影响

一、专家观点

清华大学汽车工程系主任李克强：建议结合我国实际情况，循序渐进，制定切合实际的智能汽车技术发展路线。鉴于智能汽车技术横跨多个行业和诸多学科，我国在智能汽车领域与美国、日本、欧洲等世界汽车发达国家和地区差距甚远，建议我国实现智能汽车技术发展的路线如下：首先，大力推进智能汽车第一层级辅助驾驶技术的实用化开发及产业化，并推广应用，包括前碰撞预警（FCW）、车道偏离预警（LDW）、车道保持系统（LKS）、自动泊车辅助（APA）等；同时，积极开展基于车联网 V2I/V2V 技术的车路/车车协同式辅助驾驶技术的研究，统一和完善技术标准规范，建立相应的道路试验场进行实用性测试。其次，努力开展智能汽车二、三层级的半自动驾驶技术、高度自动驾驶技术的研发，力争赶上国际先进水平。此外，探索无人驾驶技术的原理和方法，并进行样机实车试验，建立和完善技术标准规范，并逐步建立相应的通信和道路基础设施，为无人驾驶汽车最终上路积累经验和奠定基础。

中国汽车工程学会理事长付于武：互联网推动汽车产业形态由链转网。在互联网等新技术的冲击下，汽车产业已经发生了深刻的变化，车企不再是简单的车辆制造商，而是出行服务的提供者。而颠覆这个非常具有冲击力和破坏性的词，正逐渐地被一个更温和包容的数据符号——"+"所取代。汽车+互联网还是互联网＋汽车正成为了颠覆与被颠覆之后新的话题。第一，汽车生产正在向智能工厂升级，生产模式正在由集中强中心化、固定配置的形态，向分散、动态配置的形态去变化。直接联通不同企业的B2B，以及直接联通客户和企业的C2B等模式，将成为未来汽车产业发展的主流。以期实现大规模的定制化的生产。能够融入互联的智能制造企业，将成为企业生存的关键。第二，汽车产品的形态，正向智能网联升级，作为新的互联工具与端口，汽车将成为可移动的数据终端，构成智能交通体系，乃至新型城市中不可获取的智能一环。并将成为人类更聪明的伙伴变化。第三，汽车生态发生全面的变化，产业链将由线性连接转变为网状的交融。数据将成为第一生产力。汽车使用、服务等相关的商业模式正在发生改变。共享经济将在汽车产业得到突出的体现，在整个汽车产业和汽车社会，开放、协作、跨界、融合都将成为常态。

吉利控股集团董事长李书福：建议尽早布局并搭建开放的智能互联汽车生态。智能互联是中国政府和汽车产业面临的一次历史性机遇。中国应及早动手，由政府主导，成立自动驾驶和智能互联相关的项目组；制定中国车联网和智能互联汽车的发展战略、技术路线和时间表；制定车联网和自动驾驶的统一安全标准、云服务规划、数据安全和V2X通讯协议，并与国际组织和标准对接；加强在交通执法、保险责任、黑客侵袭等方面提供立法支持。通过产学研合作以及基础设施改造、智能交通规划，智慧城市的规划，共同促进中国及全球汽车工业的变革。

二、后续影响

跨界合作取得明显进展。百度、阿里巴巴、腾讯、乐视、小米等国内互联网巨头纷纷推出造车计划，与汽车企业开展深度合作，以整合发挥汽车企业拥有的大规模制造能力、汽车后服务网络资源，以及互联网企业在智能控制系统、软件开发、地图导航、电商平台等领域的突出优势。例如，北汽集团与乐视共同打造智能汽车生态系统，富士康与腾讯等开展"互联网＋智能电动车"领域合作，奇瑞汽车、易到用车和博泰集团共同出资打造"互联网智能汽车共享计划"，长安汽车与华为公司在车联网、智能汽车领域开展协同创新等。与此同时，车联网和智能交通系统（ITS）的快速发展，也推动了汽车产业和电子信息产业加速跨界融合。

表 19-1　近期互联网企业与车企合作情况

时间	公司	合作方	合作产品及计划
2014年12月	乐视	北汽集团	公布超级汽车"SEE（Super Electric Eco-system）计划"。北京汽车将为"乐视超级汽车"提供硬件层面的支持，乐视则将为北京汽车提供"互联网智能汽车"的智能系统、EUI操作系统、车联网系统
2015年3月	腾讯	富士康、和谐汽车	与富士康、和谐汽车共同签订"关于互联网+智能电动车的战略合作框架协议"，三方将在河南省郑州市积极展开"互联网+智能电动车"领域的创新合作
2015年3月	阿里巴巴	上汽集团	合资设立10亿元的"互联网汽车基金"，推进"互联网汽车"开发和运营平台建设。双方将组建合资公司，专注互联网汽车的技术研发。其首款互联网汽车产品有望2016年上市
2015年2月	易道	奇瑞、博泰	联手成立合资公司"易奇泰行"，启动互联网智能共享汽车计划，打造智能互联纯电动汽车——易奇汽车by iVokaOS
2015年12月	百度	宝马	百度无人驾驶车国内首次实现城市、环路及高速道路混合路况下的全自动驾驶。12月14日，百度宣布正式成立自动驾驶事业部，计划三年实现自动驾驶汽车的商用化，五年实现量产。百度无人驾驶车项目由百度研究院主导研发，其核心技术是"百度汽车大脑"，包括高精度地图、定位、感知、智能决策与控制四大板块

资料来源：赛迪智库整理，2016年1月。

　　相关领域企业积极布局。在汽车行业，传统汽车企业加快推出智能汽车产品。上汽集团在国内率先推出智能网联汽车概念，其产品荣威350以智能化为概念，搭载智能网络行车系统InkaNet，依托中国联通WCDMA 3G网络，实现了信息检索、实时路况导航、股票交易和社群交流等互联应用，开启了国产汽车网络互联信息化时代，并在2014年上海车展推出IGS智能驾驶汽车。东风汽车的风神ECS概念车加大了信息化和智能化的配置，提供智能化E服务、智能化驾乘体验以及更高的安全性，为车主提供基于3G的网络接入服务，可在车上进行上网及股票交易等。华晨汽车的中华AO概念车应用一键式操作系统、智能汽车信息管理系统等全数字系统。长安汽车的inCall3.0+T-BOX已实现语音控制、远程控制、手机互联等功能。在互联网行业，BAT 等加速向智能汽车领域渗透布局。2015 年，百度无人驾驶车国内首次实现城市、环路及高速道路混合路况下的全自动驾驶，同时成立自动驾驶事业部，计划三年实现自动驾驶汽车的商用化。阿里巴巴与上汽集团合作打造"互联网汽车"，让用户体验到一个基于互联网的、更加便捷的移动智能化生态圈。腾讯入股四维图新，推出"路宝"盒子。在通信行业，通过在智能网联汽车上搭载通信模块，运用移动互联网和云计算技术，实现和 4G/5G 网络融合的导航服务等。

工信部提出即将部车联网行动计划。2015 年 12 月，工信部发布贯彻落实《国务院关于积极推进"互联网 +"行动的指导意见》的行动计划（2015—2018 年），首次提出要出台《车联网发展创新行动计划（2015—2020 年）》，要求推动车联网技术研发和标准制定，组织开展车联网试点、基于 5G 技术的车联网示范。

第二十章　大众排放造假事件

第一节　主要情况介绍

一、背景

早在 2013 年国际清洁运输委员会委托西弗吉尼亚大学对美国在售的多款柴油发动机汽车开展尾气排放检测时，就发现大众汽车尾气排放最严重时达到美国法定标准的 40 倍。柴油轿车在西欧市场所占比例高达 50%，与汽油车相比，节油效果明显。相对汽油车，柴油车尾气中常含有大量氮氧化物。为达到美国严格的环保标准，柴油车除了安装微粒过滤装置外，通常还会采用喷射尿素溶液的方法，将有毒的氮氧化物还原成无污染的氮气和水蒸气。不过，在国内市场，由于政策限制，柴油车仍主要应用在商用车上。

二、内容

2015 年 9 月 18 日，美国环保部指出：德国大众汽车集团生产的柴油车安装排放作弊软件，通过车辆电子稳定系统收集并判断车辆的运动状态，在判断车辆正接受尾气排放检测后，被安装特殊软件的大众柴油车即可喷射尿素，获得理想的检测结果，而在检测结束后，大众柴油车回归常态调控车辆尾气排放，导致车辆实际运行时尾气排放的氮氧化物超标达到限值的 40 倍。问题车辆共涉及德国大众汽车集团 2009 年之后生产的捷达、奥迪 A3、甲壳虫、高尔夫、帕萨特等柴油车，供给 49.2 万辆。根据美国《清洁空气法》，美国环保局最高可以对每辆车处以 3.75 万美元罚款，罚款总额高达 180 亿美元。大众汽车集团称，全球大约有 1100 万辆汽车可能受到影响，除美国外，主要分布在欧洲各国。在美国之后，欧盟、德国、加拿大、印度和韩国也相继发布着手调查的申明。这或将成为大众汽车成立 78 年来最严重的一起丑闻。

我国环保部门对大众汽车集团排放作假事件高度重视，立即就上述问题车型在我国生产和进口情况进行了调查，并要求大众汽车（中国）投资有限公司就有关情况进行说明。据大众汽车（中国）投资有限公司报告和环境保护部初步调查结果，受柴油发动机技术及油品等因素制约，我国柴油乘用车发展缓慢，相关问题柴油车型尚未在我国生产，但进口销售搭载在美涉案同款发动机车辆为 1900余辆。目前，大众汽车（中国）投资有限公司正在对这些车辆是否存在相关问题进行调查。环保部将密切关注，要求该公司随时报告调查进展，并积极配合有关部门加强进口车辆环保达标监管，确保车辆尾气排放达标。

第二节　关键事件

2015 年 9 月 20 日，大众汽车集团 CEO 文德恩发表道歉声明并成立相关调查组。9 月 21 日，大众汽车集团周一开盘股价下跌 20%。9 月 22 日，大众汽车表示公司将从利润中拿出 65 亿欧元作为危机准备金，下调全年利润预期，当日大众股价继续下跌 19%。10 月 12 日，计划召回中国市场进口的 1950 辆柴油发动机汽车，以纠正发动机软件问题。

第三节　效果及影响

一、专家观点

上汽商用车技术中心副总工程师动力总成部总监吴旭陵认为：大众造假事件的根源旨在降低成本，提高产品卖点。目前，美国要求实施覆盖发动机全工况的实际驾驶模拟测试汽车尾气，简称 RDE（realdrivingemissions），而欧盟却正在针对日常实际驾驶条件制定新的实际驾驶状况排放测试，也就是说，大众汽车在接受排放测试时，欧盟目前的测试结果和美国覆盖发动机全工况日常实际驾驶测试中的油耗和排放存在差距，即使在发动机部分工况下数据也可以达标并通过排放检测。大众一直希望凭借柴油车在美国市场站稳脚跟，这意味着，如果要满足美国测试标准，大众必须对现有的采用 LNT 技术的产品进行技术和材料升级，这会大大增加产品的生产成本和使用成本，从而直接削弱大众柴油车型在美国的市场竞争力。以帕萨特为例，不算前期的开发费，仅从产品本身成本上，如果大众入美后改成SCR（尿素）技术路线，每辆车成本会增加一两千欧元，除此以外，消费者的使用成本也会增加，仅SCR更换提高的增加成本，就在10%左右。为了节约开发和制造成本，迎合用户的低成本使用要求，同时为了规避美国政府测试，因此，大众在同一台车上采用了两套标准：一套用于日常实际驾驶，一套用于针对美国政府的排放检查，通过车载传感器可以自动探测是否是政府的排放检查。

大众排放门事件为全球排放监管敲响了警钟。大众柴油车排放造假事件的发生，是该公司成立78年以来最大的丑闻，始发于美国，却暴露了欧洲目前在汽车尾气排放监管方面的漏洞，也给其他国家的监管机构敲响了警钟。大众柴油车"排放门"很可能会导致连锁效应，不利于全球柴油车的市场推广前景。

二、后续影响

2014年12月，大众集团发布了11月的全球销量数据，受"尾气排放门"事件影响，全球市场产销量下滑明显。11月，大众集团在全球销售了83万辆，同比下滑了2.2%，前11月销量为910万辆，同比下滑了1.7%。在其全球各大市场当中，只有亚太和欧洲销量增长，其余市场均呈下滑趋势。尤其是美国市场，11月同比销量下滑了15.3%，而邻近的南美市场则同比下滑达42.2%。

柴油车引擎维修计划在欧洲获批。德国当局签署了大众汽车集团提出的修复在欧洲包含软件作弊排放测试的850万辆柴油发动机的请求，维修计划于2016年初开始实行。大众汽车集团表示，此次修复适用于1.2L、1.6L和2.0L的发动机，并且该协议将适用于整个欧盟28个国家的市场，维修实施之后，车辆将实现适时适用的排放标准，目的是实现无障碍的输出功率、燃油消耗以及性能。对于此次引擎修复所需的时间成本，大众表示1.2L和2.0L的引擎需要升级一个软件，这个过程大约需要30分钟，而1.6L引擎在此基础上还要安装一块网格用来调节气流，时间可以控制在一个小时以内。受影响的车辆将被分批召回。据悉，2.0L发动机的修复将在2016年一季度开始，1.2L紧随其后，而1.6L引擎将在三季度被召回。

国内柴油车将普遍采用SCR技术路线。在欧五排放标准出台之前，欧洲的柴油乘用车大都采用 LNT 后处理技术，大众排放门以后，LNT 技术路线很可能会不再被使用。目前，中国柴油车的推广主要集中在商用车，由于 LNT 技术路线不适用于商用车，所以国内柴油商用车，几乎全部采用了 SCR 技术路线。而中国柴油乘用车发展比较慢，虽然目前有些车型已经在陆续上市，不过，与国外相比仍属于从示范运行到量产的起步过渡期，离正式投向市场，还需要几年时间。随着欧六排放标准实施，全世界的排放法规都越来越严格，全球的柴油乘用车都要达到现在的美国标准，也就是实际驾驶排放测试 RDE。在法规倒逼之下，全球柴油乘用车企业，必须进行 LNT 技术路线的升级，才能达到欧六要求，这也导致国内的自主品牌汽车企业在柴油乘用车开发阶段，就选择了 SCR 的技术路线。这对中国车企而言，反而能更加公平地参与竞争。

展望篇

第二十一章 主要研究机构预测性观点综述

第一节 乘用车行业预测

一、全球乘用车行业预测

法国思迈汽车信息咨询公司（IHS Automotive）认为，2018年，全球汽车销量将首次达到并突破1亿大关，到2021年将超过1亿辆，在2013年的基础上再增2500万辆。其中，中国将以世界上最大的单一汽车市场的身份主导产量的增加，北美和欧洲等较成熟的市场也将发挥重要的作用。随着新兴市场的兴起，成熟市场面临规模缩减的压力，全球汽车产业发展格局正发展着深刻变化。IHS Automotive认为到2016年，中国市场汽车总销量将突破3000万辆大关，而印度将取代日本成为亚洲第二大汽车市场。其中，印度市场2014年销量为291万辆，预计2016年达到488万辆，到2020年，印度车市将售出673万辆汽车；而日本排量660 cc以下的微型车销量到2016年将回落至451万辆，2020年更进一步缩水至435万辆。

IHS Automotive公司预测称，在智能网联汽车发展领域，谷歌自动驾驶技术将领跑全球。IHS Automotive汽车部门预计，谷歌目前为止已在自动驾驶汽车研发上累计投资了近6000万美元，每年近3000万美元。在自动驾驶汽车发展的过程中，软件技术是关键因素，先进的自动驾驶软件系统可以有效识别汽车传感器数据，模仿人工驾驶技巧和经验，而谷歌目前正是这一领域的技术领导者。IHS Automotive称，到2035年时，自动驾驶和无人驾驶汽车的全球销量预计将达到1200万辆，占据全球轻型汽车总销量的约10%，而这一预测数据可能有些保守。

此外，IHS Automotive公司还预测称，到2021年时，全球电动汽车充电站的数量将达到 700 万个以上,远高于 2015 年的 65 万个(不包括家用充电桩的数量)。预计到 2022 年时,全球电动汽车产量将从 2015 年的 27.3 万辆增长到 130 万辆,插电式混合电动汽车的全球产量预计将从 2015 年的 17.9 万辆增长到 240 万辆。

二、国内乘用车行业预测

普华永道预测:2016 年中国乘用车产量预计将达到 2500 万辆。总体来说,对 2016 年中国汽车市场表现不宜过于乐观,但整体上增幅应高于 2015 年。普华永道 Autofacts 预测认为,2016 年中国轻型汽车产量将达到 2500 万辆,较 2015 年增长 8.2% 左右;轻型汽车产量将于 2021 年达到 3090 万辆,2015 年至 2021 年复合年增长率将达到 5%。在新能源汽车发展方面,自 2014 年开始,中国新能源汽车市场进入快速发展期,预计未来 5—10 年将成为中国新能源汽车产业化的重要时期,特别是电动汽车的发展。目前,国内自主品牌电动汽车占据市场主导地位,2015 年 1 月至 10 月,国内电动车销售量达到 12.5 万辆,同比增长 190%,前十大车型均为中国品牌,占销售总量的 75%。

德勤咨询公司预测,随着中国消费结构的升级、二孩政策的放开、人口步入老龄化等趋势,2016 年中国汽车销量将小幅回升,其中 SUV 销量有望继续保持两位数增长,成为 2016 年中国乘用车销量增长的主导力量。与此同时,轿车市场将出现分化,在政府出台购置税减半政策的影响下,1.6L 及以下排量乘用车销量增幅明显,在轿车市场的占比持续攀升。另外,“中国制造 2025” 和 “十三五规划” 都把发展新能源汽车列为战略新兴产业之一,并对新能源汽车研发、生产、购买、充电设施建设等上下游产业提供了较为完善的政策支持。另一方面,第四阶段的油耗限值标准将于 2016 年起开始导入,直至 2020 年所有乘用车企业的平均燃料消耗量降至 5.0 升 /100 公里。面对日益严苛的油耗监管,多家车企加快调整产品结构,加大对新能源汽车、节能型乘用车的投资扩产计划。预计 2016 年中国新能源汽车产销水平将维持高增长势态。

第二节　商用车行业预测

一、全球商用车行业预测

罗兰贝格认为,从全球中重卡市场的分布来看,南亚市场将会是未来的主要发展区域，而其他地区包括欧洲、北美也将会呈现微增长。罗兰贝格预测，到2020年，全球大部分中重卡汽车市场发展将迎来上升趋势，其中东欧、俄罗斯、北美是重点增长市场。

罗兰贝格认为，"高效、绿色、互联、安全"四大趋势正在深刻影响全球商用车产业发展，并在未来几年继续对行业产生影响。首先，商用车的高效性包括整体产品拥有的成本、燃油经济性、汽车编队、运营时间、容量优化和交通运输基础设施的优化等。目前商用车排放技术主要有两条技术路线，分别是美国EGR技术路线和欧洲的高效燃烧技术的SCR路线。第二，商用车的绿色性包括排放标准和后处理的提升，空气动力、电气化、轻量化、替代燃料、降噪等方面，其中，提升内燃机技术仍将是提升效率的主要方法，因此，提高混合动力、新燃料的应用和整体的燃油经济性将是未来所有商用车企业都会考虑的问题。第三，互联互通性也是商用车未来技术发展的一个重要基础，在很多领域，商用车的互联互通带来的经济效益会比乘用车更有效，主要包括远程故障诊断、负载监控、性能分析、订单管理、在线测试、大数据、远程信息处理等技术的应用，将会使商用车和车队的发展综合联系起来。第四，随着客户的需要和竞争的需要，商用车驾驶安全性的问题和对司机的关注度会越来越高。

二、国内商用车行业预测

中国汽车工业协会认为，2016年商用车市场或将出现转机。首先，工程建设数量增长有望带动商用车市场提升。据统计，截至2015年10月，国家发改委批复铁路、公路、机场等各项基础设施建设项目投资总额已达15629.22亿元。此外，水泥、钢铁、煤炭等多个行业也因投资增加而呈现回暖趋势。这对于载货车市场，特别是中重型载货车而言是一大利好因素。根据目前各家商用车企业的商务大会公布的数据显示，一汽解放2016年总体销售目标为15.5万辆，其中，中重型载货车为13.7万辆，市场份额18%；中国重汽总体销量目标为16.2万辆，其中重型载货车为10万辆；陕汽方面提出了7.2万辆的销量目标，均明显高于上年水平。第二，高效物流用车将成主流。随着近年来我国经济发展速度放缓的态势，公路运输市场日趋追求高效、快速，竞争不断加剧，车辆运营企业在车辆采购上也朝着高端化方向发展。以牵引车为例，2016年，大排量、500马力以上的高端牵引车成为各企业的重点产品。未来几年，大马力牵引车时代必将到来。第三，商用车企竞相推出"互联网+"产品。近年来，商用车企纷纷试水"互联网+"概念。陕汽推出天行健、车轮滚滚平台；中国重汽推出名为"智慧重汽"的手机APP应用，涵盖售后维修、配件购买、养车用车以及救援等多项内容；一汽解放宣布将在2016年推出"解放管家"APP，将打通终端用户、经销商及整车企业的沟通渠道，增强用户黏性。对于终端用户而言，基于智能手机移动端的车联网系统，或许将解决当前用车、养车环节的诸多短板，如原厂配件的购买、保养维修以及道路救援等。最后，新能源仍将是客车行业的主题。2015年4月，财政部发布了《关于2016—2020年新能源汽车推广应用财政支持政策的通知》，其附录中发布的2016年新能源汽车推广应用补贴标准中指出：长度级别在10—12米的插电式混合动力客车（含增程式）补贴金额为每辆20万—25万元；12米以上及双层客车按照标准车型1.2倍进行补贴。这一补贴形式，或许会在一定程度上刺激12米以上级别客车和双层新能源客车数量的增长。但受制于这类车型的使用范围，在2016年12米以上级别及双层新能源客车并不会出现较明显的增长趋势。此外，6—8米级新能源客车仍将保持较高的发展态势。在天然气客车方面，随着国际油价持续走低及新能源汽车补贴政策的双重影响，天然气客车的发展前景仍不容乐观。

第三节　零部件行业预测

一、全球零部件行业预测

罗兰贝格在2015年12月25日发布的《全球汽车零部件供应商研究》报告中预测，全球汽车零配件市场短期之内的增长将放缓；长期来看，产业结构将发生根本性改变，专注于产品、客户和区域结构的供应商可能获得较大收益。

报告认为，2015年全球汽车行业的波动性和不确定性不断增强。预计2016年，全球轻型汽车的产量将继续上升，但是增速会大幅下降，其中，欧洲将维持较低水平，日本将有所下降，北美自由贸易区将温和增长，中国仍是唯一的主要增长动力。受终端客户需求继续向亚洲转移、原材料供应商向下游扩张、货币与资本市场波动等因素的进一步影响，未来汽车零部件供应商面临的不确定性将增强，产业结构从根本上发生改变并重新分配产品和领域的收益。

报告建议，供应商应在不限制其灵活性的情况下抓住下一波提高效率的机会，以快速适应更具不确定性和波动性的市场发展。与此同时，供应商应做好准备，从产业转移中获益并缓解中长期的相关风险。从短期看，供应商应提高智能效率，在生产、研发和采购等环节提高或保持整个价值链的灵活性，激发关键资源的主动性，保证其可随时加入可能的工作组；严格管理投资决策和一次性费用；谨慎监控市场发展和市场可能下滑的信号。从长期行动看，供应商则应维护或完善独特的销售主张，突出明确的技术或工艺差异，专注于增长率高于平均水平、具有利润潜力的产品领域，积极利用并购机会，既从收入角度也从创造价值的角度来平衡区域份额与顾客份额；建立最佳流程和结构，在更复杂的全球化布局中保持灵活与高效；应用场景模拟技术，定期回顾并调整之前制定的策略。

二、国内零部件行业预测

罗兰贝格在 2015 年 12 月 25 日发布的《全球汽车零部件供应商研究》报告中预测，与美国、欧洲、日本等汽车市场相比，中国汽车零部件供应商的利润率仍具有领先优势，但由于国际市场竞争激烈，其利润水平也在逐渐下降。未来几年，中国仍是全球汽车终端客户需求的最大市场，中国客户对入门级车辆的需求显著上升，这对本地主机厂的质量和技术以及西方主机厂的成本提出了挑战。长期来看，全球前 30 强供应商中将出现 2—3 家有竞争力的中国一级供应商。中国作为全球排名第一的汽车生产基地，本土供应商与全球相关领域同行的差距正在逐渐缩小。

中国汽车工业协会指出，新能源汽车及智能汽车零部件将成为汽车零部件行业重点培育领域。2016 年，汽车零部件产业的发展一定离不开新能源及智能汽车的发展。《中国制造 2025》也提出培育新能源及智能汽车关键零部件，将其上升至国家战略。在新能源汽车关键技术和产业化方面，国家发改委提出了四个方向：一是整车控制系统，二是插电深度混合动力系统，三是新能源化结构和材料，四是先进动力电池，均是新能源汽车的核心零部件系统。中国汽车工业协会发布《2015 年零部件工业报告》，指出：一是重点发展新能源汽车关键零部件，推动动力电池系统、驱动电机、电机控制器、燃料电池系统及电堆、电机耦合装置、增程式发动机、高压总成、整车控制器、轻量化车身等关键核心零部件自主化，满足新能源汽车产业发展需求。二是重点发展智能网联汽车关键零部件，着力推动车载光学系统、车载雷达系统、车载高精定位系统、车载互联终端、集成控制系统的发展，提升中国品牌市场份额。

电动汽车资源网指出：受惠于政策，国内新能源汽车市场迎来利好发展，2016年，我国新能源汽车动力电池市场规模将得到快速发展。电动汽车资源网预测，2016年，我国锂电池市场规模在将达596亿元，2020年将达到2000亿人民币。这一庞大的市场发展将面对一系列新的机遇与挑战。首先，从发展机遇来看，新能源汽车产销两旺将有效拉动电池需求量，在强劲的市场需求刺激之下，国内动力电池领域备较强实力的企业订单将源源不断；另外，从面临挑战来看，随着新能源汽车销量的暴涨，预计到2020年我国仅纯电动乘用车和混合动力乘用车的电池累计报废量，将达到17万吨左右的规模，回收和再利用新能源车动力电池将成为当务之急；国家及地方对新能源汽车补贴政策的退坡一定程度上增加了动力电池的技术研发成本，对新能源汽车的销售造成一定影响；此外，随着新能源汽车产销量的高速增长，动力电池产业产能扩张速度较快，2016年国内新能源汽车动力电池或将出现供大于求的现象。

第二十二章　2016年中国汽车产业发展形势展望

2015年，受全球经济增长放缓、国际贸易环境复杂多变以及国内限购限行政策等因素的影响，我国汽车工业发展进入"微增长"的新常态，与此同时，自主品牌汽车与新能源汽车也进入了快速发展通道。展望2016年，我国汽车工业总体将继续保持中低速增长状态，其中，自主品牌汽车将保持稳定发展，新能源汽车将实现高速增长，智能网联汽车将成为新的发展热点。

第一节　整体展望

一、产销维持中低速增长

预计2016年，随着我国宏观经济增速趋于稳定，全面深化改革的逐步落实，鼓励内需的导向将刺激汽车的消费需求，尤其是鼓励新能源汽车发展若干政策意见及规划的出台，《中国制造2025》中对重点发展新能源汽车的具体措施逐渐得到贯彻落实，"互联网+"行动指导意见中对智能网联汽车发展的支持，市场竞争带来的技术升级以及新车型的增加和价格的下降，将有力促进我国汽车市场的发展。同时，环境污染、交通拥堵、油价上涨和停车位短缺将成为阻碍汽车市场发展的因素，近年出现的汽车限购政策，范围有可能进一步扩大。受上述因素影响，2016年，预计我国汽车产销量将维持在7%左右的增幅水平。

二、出口形势难以改观

进入2016年，我国汽车产业出口形势仍不乐观。首先，全球经济整体上仍处于国际金融危机后的深度调整期，发达国家复苏缓慢，新兴市场和发展中国家经济步入稳步调整期，全球经济复苏态势仍显脆弱。国际货币基金组织 (IMF) 将 2016 年全球经济增长率预期下调至 3.7%，预示着全球经济增长将进入疲弱"新常态"。其次，全球贸易增长继续放缓，据世界贸易组织 (WTO) 预测，2015 年全球贸易额增长预期分别下调至 4%，远低于 2008 年金融危机前平均 6.7% 的贸易年增长水平。对于汽车工业来说，全球经济增速的疲弱必然带来汽车市场需求的下降，这对终端消费以及产业投资增速也都带来一定的影响。预计 2016 年我国汽车出口水平将与 2015 年基本持平，出口量稳定在 90 万辆以内。

三、自主品牌乘用车加速发展

预计 2016 年，随着众多自主品牌车企 SUV 和 MPV 市场的进一步开拓和增长、新能源汽车推广、智能网联汽车开发战略实施及技术升级步伐的加快，我国自主品牌乘用车市场占有率将保持 40% 左右的稳定增长态势。

四、节能与新能源汽车继续快速成长

预计 2016 年，我国将重点通过完善充电设施建设、制定企业平均油耗管理办法、建立新能源汽车发展基金、实施新能源汽车企业准入、破除地方保护目录、支持新能源汽车长期推广等。预计随着越来越多的地方政府用"补贴"、"增加配额"、"取消限购"、"减免购置税"等手段大力支持、拉动新能源汽车消费，再加上国家鼓励、厂家发力等多重有利因素，国内的新能源汽车将在 2016 年进入实质规模消费及应用阶段，迎来快速发展期，并有望成为带动汽车产业发展的增长点。

表 22-1　新能源汽车产业化实施重点

重点领域	主要内容
充电设施建设	制定了充电设施建设和运营、充电标准和服务、用地和用电价格等政策体系
企业平均油耗管理	制定实施基于汽车企业平均燃料消耗量的积分交易和奖惩办法
新能源汽车发展基金	建立长期稳定的发展新能源汽车的资金来源
新能源汽车企业准入	支持社会资本和具有技术创新能力的企业参与新能源汽车科研生产
破除地方保护	各地区要执行国家统一的新能源汽车推广目录，不得采取制定地方推广目录
新能源汽车长期推广	有关方面要抓紧研究确定2016—2020年新能源汽车推广应用的财政支持政策

资料来源：赛迪智库整理，2016 年 1 月。

五、智能化、电动化共享将成行业投资热点

随着汽车保有量规模不断扩大，预计2016年汽车行业销量将维持个位数中低速增长，行业转型升级仍是必然趋势。汽车智能化、电动化是汽车共享化的重要途径，而汽车共享化的实现必将加速汽车智能化、电动化进程；汽车共享化时代已来，未来汽车共享生态圈将逐步演化为以汽车智能化和新能源化为基础，以车联网为媒介，以汽车后市场为大应用的三位一体的生态圈。

第二节　子行业展望

一、乘用车

技术方面，2016年及未来几年，乘用车技术发展趋势将朝着更安全、更环保、更智能的发展。

第一，安全技术标准更高。随着汽车的日益普及，人们的汽车安全理念也在发生着变化，对安全技术的要求也越来越高、标准越来越严格。今后，汽车安全设计更注重主动安全设计，使汽车能够主动采取措施，避免事故的发生。2015年，自适应巡航、盲区监测以及车道保持等高科技电子主动安全系统等配置已经运用到部分自主品牌的高端车型上，这意味着未来越来越多的主动安全技术将加速普及，这种趋势还会随着电子产品的普及而继续扩大，与此同时，各大厂商对于主动安全技术的投入还将进一步加强，安全辅助系统和主动转向系统的技术融合将成为未来的重点。另外，以主动安全为目标的自动驾驶技术也越来越广泛地应用于汽车产品当中，自动泊车、车道保持辅助系统等都是自动驾驶技术系统的重要组成部分。虽然自动驾驶技术还面临着法律政策等多方面因素的制约，但其技术的开发与应用已经取得了很大程度的进展。随着技术难关被陆续攻破，各车企对自动驾驶技术的热情日益高涨，也将促进其在2016年的快速发展和普及。

第二，舒适性技术不断提升。由于消费者对汽车品质和驾乘舒适性的不断提升，与人机工程相关的技术和设计会成为2016年众多汽车品牌，尤其是自主品牌需要解决的问题。除此之外，随着科技的进步，车内娱乐化配置愈加丰富。车内娱乐系统随着触摸大屏的加入而有了更大的发展空间，中控台普遍增加了带有触控功能的大尺寸显示屏；语音识别和语音综合技术的应用让驾驶员在驾车时仍能自如操控系统，切换内容及实现信息交互。在车内收看网络电视即时新闻，查

看股市的即时行情也已经成为基本功能。人们把汽车作为日常出行必要工具的同时，汽车也逐渐成为了"娱乐移动站"，而为了满足新一代消费群体的需求，车内娱乐系统的发展将在 2016 年呈现出更加多元化的发展趋势。

第三，动力技术突破排量限制。2016 年，"小排量、高效能"依然会成为传统燃油车发动机技术发展的一大流行趋势，无论是入门级车还是高档车，未来在动力技术方面都将不再单纯"以排量论英雄"。小排量涡轮增压技术得到逐步普及，这种趋势在中高端车型上也将体现得越来越明显。比如，全新沃尔沃 XC90 全系配装的 2.0T 发动机，宝马、奥迪相继推出配装 2.0T 发动机的 X5 xDrive28i 和全新 Q7。虽然发动机的排量有所下降，但由于技术的革新，这些发动机的排量虽然变小，动力性能毫不逊色。

市场方面，受汽车"供给侧改革"进一步推动刚性需求；政策推动刺激需求；区域市场有望进一步释放增长潜力；SUV 增长趋势延续等有利因素影响，预测 2016 年中国乘用车市场整体发展将有望好于 2015 年，预计市场销量增速保持在 8% 以上，整个乘用车行业运行仍将比较稳定。其中，轿车市场预计将继续下降；国家政策引导及消费需求的调整，将使 SUV、MPV 继续保持高速增长。

二、商用车

预计 2016 年，受国际经济形势、国内宏观经济下行压力、政策以及进出口市场影响，中国商用车市场整体较继续下降，但由于公路建设及城镇化的推进支持商用车的发展的有利因素存在，整体降幅将有所收窄。

2016 年，新能源客车将占据商用车市场。2015 年，新能源客车的销售额占客车总销售额的 50% 以上，而发展新能源客车已经成为众多客车生产企业的战略方向。尤其是在补贴政策的推动下，预计 2016 年，大中型客车市场将继续以新能源客车为主。《2016 年新能源汽车推广应用补助标准》开始实施，对纯电动客车的补贴不再只看车辆长度，而是按照续驶里程和单位载质量能耗进行细化。此外，按照细分市场来看，旅游客车将持续升温，这与国家制定的旅游带动经济发展政策密切相关；校车在 2016 年将持续稳定发展态势；而长途客运车辆在高铁路网的持续冲击下，10 米以下长途客运车辆或成为增长点。

预计 2016 年，重卡市场或将稳定发展。随着中国经济转型升级以及产业结构的变化，国家经济由投资驱动转为消费驱动，人们的消费逐渐由物质消费为主体转变为服务消费为主体。第二产业增速减缓，第三产业服务业快速增长，工业产值占 GDP 比重下降，导致重卡需求量下降。此外，近年来，国家鼓励甩挂运输和一拖双挂等长列车运输运输的发展，有利于运输效率提高，也使得重卡需求量降低；我国重卡年销量 50 万—60 万辆或为常态。2016 年我国重卡总销量应该会与 2015 年总销量基本持平，增减幅度不大。

三、零部件

未来几年整车企业的产品销售收入会有比较快的增长，而汽车零部件企业的产品销售收入也随之增长，作为中国汽车行业发展的支撑，零部件产业的发展不仅仅是规模数量的攀升，更实现了产业的升级。未来的五到十年，汽车零部件行业仍然是国内最有前景的行业之一，同时，汽车零部件产品相对较多，各产品的产值增长速度不同，但整体将会呈快速增长的趋势。

从国内市场看，随着国民经济的稳定增长，居民收入持续增长以及二、三线城市和农村地区汽车消费的进一步释放，预计未来中国汽车市场消费将趋于平稳，行业增速将保持在 5%—10% 左右，市场依然有较大的增长空间；另外，汽车售后服务及汽车生产企业对汽车零部件的双重需求将带动该行业发展将快于整车行业增长，保持年均 15% 左右的增速。未来几年，中国的汽车零部件行业将进入加速整合阶段，预计 2016 年，我国汽车市场年均增长率将达到 7% 以上。从国际市场看，中东、非洲、中南美、东盟、俄罗斯等地区、国家对中低价位轿车、商用车的需求快速增长，汽车"走出去"空间广阔。巨大的国际国内市场需求，将为我国汽车零部件产业创新发展提供长期的战略性支撑。

附　录

附录一　国家税务总局关于修改《车辆购置税征收管理办法》的决定

《国家税务总局关于修改〈车辆购置税征收管理办法〉的决定》，已经 2015 年 12 月 17 日国家税务总局 2015 年度第 2 次局务会议审议通过，现予公布，自 2016 年 2 月 1 日起施行。

国家税务总局局长：王军

2015 年 12 月 28 日

国家税务总局关于修改《车辆购置税征收管理办法》的决定

根据《国务院关于取消非行政许可审批事项的决定》（国发〔2015〕27 号），国家税务总局决定对《车辆购置税征收管理办法》作如下修改：

将第二十一条修改为："国家税务总局定期编列免税图册。车辆购置税免税图册管理办法由国家税务总局另行制定。"

本决定自 2016 年 2 月 1 日起施行。

《车辆购置税征收管理办法》根据本决定作相应的修改，重新公布。

车辆购置税征收管理办法

（2014 年 12 月 2 日国家税务总局令第 33 号公布根据 2015 年 12 月 28 日《国家税务总局关于修改〈车辆购置税征收管理办法〉的决定》修正）

第一条　根据《中华人民共和国税收征收管理法》（以下简称税收征管法）《中华人民共和国税收征收管理法实施细则》《中华人民共和国车辆购置税暂行条例》

（以下简称车辆购置税条例）及有关法律法规规定，制定本办法。

第二条　车辆购置税的征税、免税、减税范围按照车辆购置税条例的规定执行。

第三条　纳税人应到下列地点办理车辆购置税纳税申报：

（一）需要办理车辆登记注册手续的纳税人，向车辆登记注册地的主管税务机关办理纳税申报；

（二）不需要办理车辆登记注册手续的纳税人，向纳税人所在地的主管税务机关办理纳税申报。

第四条　车辆购置税实行一车一申报制度。

第五条　纳税人购买自用应税车辆的，应自购买之日起60日内申报纳税；进口自用应税车辆的，应自进口之日起60日内申报纳税；自产、受赠、获奖或者以其他方式取得并自用应税车辆的，应自取得之日起60日内申报纳税。

第六条　免税车辆因转让、改变用途等原因，其免税条件消失的，纳税人应在免税条件消失之日起60日内到主管税务机关重新申报纳税。

免税车辆发生转让，但仍属于免税范围的，受让方应当自购买或取得车辆之日起60日内到主管税务机关重新申报免税。

第七条　纳税人办理纳税申报时应如实填写《车辆购置税纳税申报表》（以下简称纳税申报表），同时提供以下资料：

（一）纳税人身份证明；

（二）车辆价格证明；

（三）车辆合格证明；

（四）税务机关要求提供的其他资料。

第八条　免税条件消失的车辆，纳税人在办理纳税申报时，应如实填写纳税申报表，同时提供以下资料：

（一）发生二手车交易行为的，提供纳税人身份证明、《二手车销售统一发票》和《车辆购置税完税证明》（以下简称完税证明）正本原件；

（二）未发生二手车交易行为的，提供纳税人身份证明、完税证明正本原件及有效证明资料。

第九条　车辆购置税计税价格按照以下情形确定：

（一）纳税人购买自用的应税车辆，计税价格为纳税人购买应税车辆而支付给销售者的全部价款和价外费用，不包含增值税税款；

（二）纳税人进口自用的应税车辆：

计税价格＝关税完税价格＋关税＋消费税

（三）纳税人购买自用或者进口自用应税车辆，申报的计税价格低于同类型应税车辆的最低计税价格，又无正当理由的，计税价格为国家税务总局核定的最低计税价格；

（四）纳税人自产、受赠、获奖或者以其他方式取得并自用的应税车辆的计税价格，主管税务机关参照国家税务总局规定的最低计税价格核定；

（五）国家税务总局未核定最低计税价格的车辆，计税价格为纳税人提供的有效价格证明注明的价格。有效价格证明注明的价格明显偏低的，主管税务机关有权核定应税车辆的计税价格；

（六）进口旧车、因不可抗力因素导致受损的车辆、库存超过 3 年的车辆、行驶 8 万公里以上的试验车辆、国家税务总局规定的其他车辆，计税价格为纳税人提供的有效价格证明注明的价格。纳税人无法提供车辆有效价格证明的，主管税务机关有权核定应税车辆的计税价格；

（七）免税条件消失的车辆，自初次办理纳税申报之日起，使用年限未满 10 年的，计税价格以免税车辆初次办理纳税申报时确定的计税价格为基准，每满 1 年扣减 10%；未满 1 年的，计税价格为免税车辆的原计税价格；使用年限 10 年（含）以上的，计税价格为 0。

第十条　价外费用是指销售方价外向购买方收取的基金、集资费、违约金（延期付款利息）和手续费、包装费、储存费、优质费、运输装卸费、保管费以及其他各种性质的价外收费，但不包括销售方代办保险等而向购买方收取的保险费，以及向购买方收取的代购买方缴纳的车辆购置税、车辆牌照费。

第十一条　最低计税价格是指国家税务总局依据机动车生产企业或者经销商提供的车辆价格信息，参照市场平均交易价格核定的车辆购置税计税价格。

车辆购置税最低计税价格管理办法由国家税务总局另行制定。

第十二条　纳税人购买自用或者进口自用的应税车辆，申报的计税价格低于同类型应税车辆的最低计税价格，又无正当理由的，是指除本办法第九条第（六）项规定车辆之外的情形。

第十三条　主管税务机关应对纳税申报资料进行审核，确定计税价格，征收税款，核发完税证明。

第十四条　主管税务机关对已经办理纳税申报车辆的征管资料及电子信息按规定保存。

第十五条　已缴纳车辆购置税的车辆，发生下列情形之一的，准予纳税人申请退税：

（一）车辆退回生产企业或者经销商的；

（二）符合免税条件的设有固定装置的非运输车辆但已征税的；

（三）其他依据法律法规规定应予退税的情形。

第十六条　纳税人申请退税时，应如实填写《车辆购置税退税申请表》（以下简称退税申请表），由本人、单位授权人员到主管税务机关办理退税手续，按下列情况分别提供资料：

（一）车辆退回生产企业或者经销商的，提供生产企业或经销商开具的退车证明和退车发票。

未办理车辆登记注册的，提供原完税凭证、完税证明正本和副本；已办理车辆登记注册的，提供原完税凭证、完税证明正本、公安机关车辆管理机构出具的机动车注销证明。

（二）符合免税条件的设有固定装置的非运输车辆但已征税的，未办理车辆登记注册的，提供原完税凭证、完税证明正本和副本；已办理车辆登记注册的，提供原完税凭证、完税证明正本。

（三）其他依据法律法规规定应予退税的情形，未办理车辆登记注册的，提供原完税凭证、完税证明正本和副本；已办理车辆登记注册的，提供原完税凭证、完税证明正本、公安机关车辆管理机构出具的机动车注销证明或者税务机关要求的其他资料。

第十七条　车辆退回生产企业或者经销商的，纳税人申请退税时，主管税务机关自纳税人办理纳税申报之日起，按已缴纳税款每满1年扣减10%计算退税额；未满1年的，按已缴纳税款全额退税。

其他退税情形，纳税人申请退税时，主管税务机关依据有关规定计算退税额。

第十八条　纳税人在办理车辆购置税免（减）税手续时，应如实填写纳税申报表和《车辆购置税免（减）税申报表》（以下简称免税申报表），除按本办法第七条规定提供资料外，还应根据不同情况，分别提供下列资料：

（一）外国驻华使馆、领事馆和国际组织驻华机构及其外交人员自用的车辆，分别提供机构证明和外交部门出具的身份证明；

（二）中国人民解放军和中国人民武装警察部队列入军队武器装备订货计划的车辆，提供订货计划的证明；

（三）设有固定装置的非运输车辆，提供车辆内、外观彩色5寸照片；

（四）其他车辆，提供国务院或者国务院授权的主管部门的批准文件。

第十九条　车辆购置税条例第九条"设有固定装置的非运输车辆"，是指列入国家税务总局下发的《设有固定装置非运输车辆免税图册》（以下简称免税图册）的车辆。

第二十条　纳税人在办理设有固定装置的非运输车辆免税申报时，主管税务机关应当依据免税图册对车辆固定装置进行核实无误后，办理免税手续。

第二十一条　国家税务总局定期编列免税图册。车辆购置税免税图册管理办法由国家税务总局另行制定。

第二十二条　主管税务机关要加强完税证明管理，不得交由税务机关以外的单位核发。主管税务机关在税款足额入库后发放完税证明。

完税证明不得转借、涂改、买卖或者伪造。

第二十三条　完税证明分正本和副本，按车核发，每车一证。正本由车主保管，副本用于办理车辆登记注册。

税务机关积极推行与车辆登记管理部门共享车辆购置税完税情况电子信息。

第二十四条　购买二手车时，购买者应当向原车主索要完税证明。

第二十五条　完税证明发生损毁丢失的，车主在补办完税证明时，填写《车辆购置税完税证明补办表》（以下简称补办表），分别按照以下情形予以补办：

（一）车辆登记注册前完税证明发生损毁丢失的，主管税务机关应依据纳税人提供的车辆购置税完税凭证联次或者主管税务机关车辆购置税完税凭证留存联次或者其电子信息、车辆合格证明补办；

（二）车辆登记注册后完税证明发生损毁丢失的，主管税务机关应依据车主提供的《机动车行驶证》或者《机动车登记证书》，核发完税证明正本（副本留存）。

第二十六条　完税证明内容与原申报资料不一致时，纳税人可以到发证税务机关办理完税证明的更正。

第二十七条　完税证明的样式、规格、编号由国家税务总局统一规定并印制。

第二十八条　主管税务机关应加强税源管理。发现纳税人不按规定进行纳税申报，造成不缴或者少缴应纳税款的，按税收征管法有关规定处理。

第二十九条 本办法涉及的纳税申报表、补办表、退税申请表、免税申报表、车辆信息表的样式、规格由国家税务总局统一规定，另行下发。各省、自治区、直辖市和计划单列市国家税务局自行印制使用，纳税人也可在主管税务机关网站自行下载填写使用。

第三十条 本办法自 2015 年 2 月 1 日起实施。《车辆购置税征收管理办法》（国家税务总局令第 15 号）、《国家税务总局关于修改〈车辆购置税征收管理办法〉的决定》（国家税务总局令第 27 号）同时废止。

附录二　关于减征1.6升及以下排量乘用车车辆购置税的通知

各省、自治区、直辖市、计划单列市财政厅（局）、国家税务局，新疆生产建设兵团财务局：

经国务院批准，现就减征1.6升及以下排量乘用车车辆购置税有关事项通知如下：

一、自2015年10月1日起至2016年12月31日止，对购置1.6升及以下排量乘用车减按5%的税率征收车辆购置税。

二、本通知所称乘用车，是指在设计和技术特性上主要用于载运乘客及其随身行李和（或）临时物品、含驾驶员座位在内最多不超过9个座位的汽车。具体包括：

（一）国产轿车："中华人民共和国机动车整车出厂合格证"（以下简称合格证）中"车辆型号"项的车辆类型代号（车辆型号的第一位数字，下同）为"7"，"排量和功率（ml/kw）"项中排量不超过1600ml，"额定载客（人）"项不超过9人。

（二）国产专用乘用车：合格证中"车辆型号"项的车辆类型代号为"5"，"排量和功率（ml/kw）"项中排量不超过1600ml，"额定载客（人）"项不超过9人，"额定载质量（kg）"项小于额定载客人数和65kg的乘积。

（三）其他国产乘用车：合格证中"车辆型号"项的车辆类型代号为"6"，"排量和功率（ml/kw）"项中排量不超过1600ml，"额定载客（人）"项不超过9人。

（四）进口乘用车。参照国产同类车型技术参数认定。

三、乘用车购置日期按照《机动车销售统一发票》或《海关关税专用缴款书》

等有效凭证的开具日期确定。

四、购置符合本通知规定的车辆，已按全额缴纳车辆购置税的，多征税款可按有关规定予以退还。

五、新能源汽车车辆购置税政策按照《财政部　国家税务总局　工业和信息化部关于免征新能源汽车车辆购置税的公告》（财政部　国家税务总局　工业和信息化部公告 2014 年第 53 号）执行。

请遵照执行。

财政部　国家税务总局

2015 年 9 月 29 日

附录三　交通运输部关于加快推进新能源汽车在交通运输行业推广应用的实施意见

各省、自治区、直辖市、新疆生产建设兵团交通运输厅（局、委）：

为深入贯彻落实《国务院办公厅关于加快新能源汽车推广应用的指导意见》（国办发〔2014〕35号，以下简称《指导意见》），加快推进新能源汽车在交通运输行业的推广应用，现提出以下实施意见：

一、总体要求

1.深刻领会《指导意见》的精神实质。

新能源汽车作为战略性新兴产业，代表汽车产业的发展方向，发展新能源汽车，对我国改善能源消费结构、减少空气污染、推动汽车产业和交通运输行业转型升级具有积极意义。党中央、国务院高度重视新能源汽车产业发展，将发展新能源汽车确定为国家战略。《指导意见》针对我国新能源汽车发展现状，明确了推进新能源汽车发展的指导思想、基本原则、发展政策和保障机制，是加快新能源汽车推广应用的重要纲领。交通运输行业是新能源汽车推广应用的重要领域之一，是在公共服务领域推广应用的主力军，各级交通运输主管部门要认真学习领会《指导意见》的精神实质，认真进行贯彻落实。要以加快转变交通运输发展方式为主线，以服务绿色交通建设为目标，以优化交通运输能源消费结构为核心，创新推广应用模式、落实扶持政策、完善体制机制，加快推进新能源汽车在交通运输行业的推广应用。

2. 基本原则。

——坚持政策引导。完善和落实对新能源汽车推广应用的扶持政策，营造有利于新能源汽车在交通运输行业推广应用的政策环境，引导交通运输企业主动、更多选择新能源汽车。

——坚持市场主导。坚持企业的主体地位，发挥市场配置资源的决定性作用，创新推广应用模式，规范市场运行规则，努力降低新能源汽车购买、运营、维护、电池回收的全寿命成本，激发企业积极性，实现新能源汽车在交通运输行业的可持续应用。

——坚持重点推进。车型选择上，重点推广应用插电式（含增程式）混合动力汽车、纯电动汽车，积极推广应用燃料电池汽车，研究推广应用储能式超级电容汽车等其他新能源汽车。行业选择上，重点在城市公交、出租汽车和城市物流配送领域，并积极拓展到汽车租赁和邮政快递等领域。

——坚持因地制宜。在地方人民政府领导下，结合交通运输运营组织的实际情况和发展需要，做好新能源汽车技术选型论证及相关工作，积极稳妥地推进新能源汽车在交通运输行业的推广应用工作。

3. 总体目标。

至 2020 年，新能源汽车在交通运输行业的应用初具规模，在城市公交、出租汽车和城市物流配送等领域的总量达到 30 万辆；新能源汽车配套服务设施基本完备，新能源汽车运营效率和安全水平明显提升。具体体现在：

——应用规模显著扩大。新能源汽车占城市公交车、出租汽车和城市物流配送车辆的比例显著提升，充换电配套设施服务更加完善。公交都市创建城市新增或更新城市公交车、出租汽车和城市物流配送车辆中，新能源汽车比例不低于30%；京津冀地区新增或更新城市公交车、出租汽车和城市物流配送车辆中，新能源汽车比例不低于35%。到2020年，新能源城市公交车达到20万辆，新能源出租汽车和城市物流配送车辆共达到10万辆。

——使用效果显著提升。新能源汽车在交通运输行业的运营效率明显提升，纯电动汽车运营效率不低于同车长燃油车辆的85%。投入交通运输行业的新能源汽车可靠性显著增强，车辆故障率明显降低。

——可持续发展能力显著提升。新能源汽车在交通运输行业推广应用的法规政策和标准规范体系基本建立，可持续发展的机制比较完善；新能源汽车购买、运营、维护成本显著下降，交通运输企业购买使用新能源汽车的主动性明显增强。

二、主要任务

4.加强规划引领。结合城市经济社会发展特点、城市交通发展和居民出行需要，将新能源汽车推广应用纳入城市公共交通规划和城市综合交通运输体系规划，明确新能源汽车推广应用目标、技术路线、重点任务和配套政策，并按照"适度超前、科学布局"的原则，提出充换电设施总量和布局需求。要积极配合有关部门，将必要的充换电设施纳入城市电力发展规划和城市电网的建设与改造规划。

5.完善实施方案。按照"统筹规划、分步实施"原则，编制交通运输行业新能源汽车推广应用实施方案和年度实施计划，并合理确定车型和运力规模。鼓励集约化程度高、管理制度完善、运营规范的交通运输企业投资使用新能源汽车和建设充换电设施。根据新能源汽车技术特点、本地实际和运营需求，优化运营调度和设施布局，提高新能源汽车的运营效率。

6.严格新能源汽车技术选型。结合本地城市交通通行和公交线网、出租汽车车型结构、城市物流配送通行管理状况，科学选择新能源汽车车型。新能源汽车必须符合国家有关技术标准，新能源公交车还应满足《公共汽车类型划分及等级评定》（JT/T888-2014），配置安全监控管理系统、电池箱专用自动灭火装置等安全设备；车辆内饰及地板阻燃性能符合国家和行业相关标准要求。新能源城市物流配送车辆还应满足《城市物流配送汽车选型技术要求》（GB/T29912-2013)。新能源汽车整车及关键部件（电机及其控制器、电池及管理系统、车载充电设备等）质量保证期不低于3年，并通过15000km可靠性检测；核定成员数不低于同车长燃油车辆的85%；动力电池系统总质量与整车整备质量的比值不大于20%，质保期内电池容量衰减率不超过15%，整车动力电池组循环寿命达到1000次以上。优先选择续驶里程长、可靠性高的新能源汽车，对纯电动公交车（超级电容、钛酸锂快充纯电动公交车除外），原则上应选择续驶里程不低于200km的汽车车型。鼓励新能源汽车生产企业研究开发适合交通运输运营组织需要的新能源汽车专用车型。

7.推动完善充换电设施。积极争取城市人民政府支持，在旧城改造和新城规划建设时，结合城市公交车、出租汽车、城市物流配送和邮政快递车辆的实际需求，配合有关部门加快配套建设必要的充换电设施。在规划建设城市综合客运枢纽、公交枢纽、出租汽车运营站、城市物流配送中心和服务区、快递物流园区时，要根据需求配建快速充换电设施；在规划建设城市公交停车场、保养场、维修厂、出租汽车停车场时，要考虑配建"慢充为主、快充为辅"的充电设施。对现有城市公交、出租汽车、城市物流配送场站，符合配建条件的，结合实际需求，加快建设完善充换电设施。鼓励和支持社会资本进入交通运输行业新能源汽车充换电设施建设和运营、整车租赁、电池租赁和回收等服务领域。

8. 推动落实扶持政策。积极配合同级财政、税务等部门，做好车辆购置税优惠政策落实工作，在2014年9月1日至2017年12月31日间，对纯电动汽车、插电式（含增程式）混合动力汽车和燃料电池汽车免征车辆购置税。要积极配合同级财政、发展改革部门，制定本地区新能源汽车推广应用的支持政策，在新能源汽车购置补贴、贷款贴息、运营补贴、充换电基础设施维护、推广应用宣传及科研补助等方面给予必要的支持。要配合做好城市公交车成品油价格补贴政策改革，积极落实相关政策要求，将补贴额度与新能源公交车推广目标完成情况相挂钩，形成鼓励新能源公交应用、限制燃油公交车增长的机制。积极配合有关部门，推动落实新能源汽车车船税优惠政策、消费税政策、充换电设施用地政策和用电价格优惠政策。

9. 完善新能源汽车运营政策。城市公交车、出租汽车运营权优先授予新能源汽车，并向新能源汽车推广应用程度高的交通运输企业倾斜或成立专门的新能源汽车运输企业。争取当地人民政府支持，对新能源汽车不限行、不限购，对新能源出租汽车的运营权指标适当放宽。

10. 创新推广应用模式。在交通运输行业研究完善新能源公交车"融资租赁"、"车电分离"和"以租代售"等多种运营模式。鼓励纯电动汽车生产企业或专门的充换电设施运营企业，推行纯电动公交车电池租赁；鼓励新能源汽车生产企业或融资租赁经营企业，推行新能源公交车整车租赁，降低公交企业一次性购买支出。

11. 加强安全和应急管理。督促相关交通运输企业落实安全生产主体责任，切实加强对所属驾驶员、乘务员和车辆的管理。加强新能源汽车运营安全监控，纳入城市交通智能化运营监控平台，并完善新能源汽车基础信息。督促相关交通运输企业在新能源公交车、出租汽车上加快安装实时监控装置，对车辆运行技术状态、充电状态、电池单体进行实时监控和动态管理，并建立新能源汽车运行数据采集和统计分析系统，为新能源汽车安全运行提供基础支撑。督促交通运输企业建立健全新能源汽车定期检查、维护和修理制度，加强新能源汽车技术管理，建立新能源汽车全生命周期运营档案。制定新能源汽车抛锚、运营周转不畅、恶劣天气、客流激增下的应急处置程序和措施，提高应急处置能力。

三、保障措施

12. 加强组织领导。按照各地新能源汽车推广应用工作联席会议制度的有关要求，主动作为，加强协调配合，推动细化新能源汽车在交通运输行业推广应用的支持政策和配套措施，形成多方合力，推进政策落实。紧密结合当地实际，加快制定交通运输行业贯彻落实《指导意见》的具体实施意见和行动计划，明确工作要求和时间进度，推进新能源汽车在交通运输行业的健康发展。

13. 加强法规制度和标准规范建设。积极推动城市公共交通、出租汽车和城市物流配送相关法规制度建设，为新能源汽车推广应用的方案编制、设施建设、车辆准入、驾驶员培训、安全管理和政策支持提供法制保障。加强新能源汽车推广应用技术支撑，研究制定新能源公交车、出租汽车、城市物流配送和邮政快递车辆技术准入和退出的标准规范、车辆和特有部件（电池等）维修服务规范等，建立完善新能源汽车使用环节的技术标准规范体系。

14. 加强技术保障。按照国家和行业有关标准要求，加强新能源汽车日常维护工作，保障车辆技术性能。加强城市公交线路布局、充换电设施配置、车线匹配等方面的研究，提高车辆运营效率。充分利用物联网、云计算等新技术，加强对新能源汽车运行数据的采集和分析，建立交通运输行业新能源汽车应用效果评估和反馈机制。积极协调有关部门，建立新能源汽车召回机制，及时召回故障率高、可靠性差的新能源汽车。引导新能源汽车生产企业加快建设售后服务体系，为新能源汽车正常运营提供及时高效的维修服务和必要的技术支撑。

15. 加强人才保障。重视发展职业教育和岗位技能培训，加大新能源汽车工程技术人员和专业技能人才的培养。开展对经营管理、车辆驾驶、维修保养、运营调度、应急管理等从业人员的专业技术培训，为新能源汽车的安全运营和管理提供人才保障。

16. 加强监督检查。各省级交通运输主管部门要加强对本辖区内各城市新能源公交车、出租汽车、城市物流配送车辆的推广应用情况的监督检查，全面评价推广应用目标完成情况、基础设施网络配套情况，并分别于每年 6 月底和 12 月底前向部报送新能源汽车推广应用情况（含分类保有量、分类新增数量及采取的主要措施）。部将适时组织对各省、自治区、直辖市在交通运输行业推广应用新能源汽车的情况进行监督检查。

17. 加强舆论宣传和引导。开展多层次、多样化的宣传活动，充分发挥媒体的舆论导向作用，大力宣传新能源汽车推广应用在环境改善、能源节约等方面的显著效果和重大作用。组织专家解读新能源汽车全寿命周期成本优势，提高公众对交通运输行业推广应用新能源汽车的认知度和接受度，形成有利于新能源汽车大规模推广应用的良好氛围。

交通运输部

2015 年 3 月 13 日

附录四　关于2016—2020年新能源汽车推广应用财政支持政策的通知

各省、自治区、直辖市、计划单列市财政厅（局）、科技厅（局、科委）、工业和信息化主管部门、发展改革委：

新能源汽车推广应用工作实施以来，销售数量快速增加，产业化步伐不断加快。为保持政策连续性，促进新能源汽车产业加快发展，按照《国务院办公厅关于加快新能源汽车推广应用的指导意见》（国办发〔2014〕35号）等文件要求，财政部、科技部、工业和信息化部、发展改革委（以下简称四部委）将在2016—2020年继续实施新能源汽车推广应用补助政策。现将有关事项通知如下：

一、补助对象、产品和标准

四部委在全国范围内开展新能源汽车推广应用工作，中央财政对购买新能源汽车给予补助，实行普惠制。具体的补助对象、产品和标准是：

（一）补助对象。补助对象是消费者。新能源汽车生产企业在销售新能源汽车产品时按照扣减补助后的价格与消费者进行结算，中央财政按程序将企业垫付的补助资金再拨付给生产企业。

（二）补助产品。中央财政补助的产品是纳入"新能源汽车推广应用工程推荐车型目录"（以下简称"推荐车型目录"）的纯电动汽车、插电式混合动力汽车和燃料电池汽车。

（三）补助标准。补助标准主要依据节能减排效果，并综合考虑生产成本、规模效应、技术进步等因素逐步退坡。2016年各类新能源汽车补助标准见附件1。2017－2020年除燃料电池汽车外其他车型补助标准适当退坡，其中：2017－

2018 年补助标准在 2016 年基础上下降 20%，2019 — 2020 年补助标准在 2016 年基础上下降 40%。

二、对企业和产品的要求

新能源汽车生产企业应具备较强的研发、生产和推广能力，应向消费者提供良好的售后服务保障，免除消费者后顾之忧；纳入中央财政补助范围的新能源汽车产品应具备较好的技术性能和安全可靠性。基本条件是：

（一）产品性能稳定并安全可靠。纳入中央财政补助范围的新能源汽车产品应符合新能源汽车纯电动续驶里程等技术要求，应通过新能源汽车专项检测、符合新能源汽车相关标准。其中，插电式混合动力汽车还需符合相关综合燃料消耗量要求。纳入中央财政补助范围的新能源汽车产品技术要求见附件 2。

（二）售后服务及应急保障完备。新能源汽车生产企业要建立新能源汽车产品质量安全责任制，完善售后服务及应急保障体系，在新能源汽车产品销售地区建立售后服务网点，及时解决新能源汽车技术故障。

（三）加强关键零部件质量保证。新能源汽车生产企业应对消费者提供动力电池等储能装置、驱动电机、电机控制器质量保证，其中乘用车生产企业应提供不低于 8 年或 12 万公里（以先到者为准，下同）的质保期限，商用车生产企业（含客车、专用车、货车等）应提供不低于 5 年或 20 万公里的质保期限。汽车生产企业及动力电池生产企业应承担动力电池回收利用的主体责任。

（四）确保与《车辆生产企业及产品公告》保持一致。新能源汽车生产企业应及时向社会公开车辆基本性能信息，并保证所销售的新能源汽车与《车辆生产企业及产品公告》（以下简称《公告》）及"推荐车型目录"内产品一致。

三、资金申报和下达

（一）年初预拨补助资金。每年 2 月底前，生产企业将本年度新能源汽车预计销售情况通过企业注册所在地财政、科技、工信、发改部门（以下简称四部门）申报，由四部门负责审核并于 3 月底前逐级上报至四部委。四部委组织审核后按照一定比例预拨补助资金。

（二）年度终了后进行资金清算。年度终了后，2 月底前，生产企业提交上年度的清算报告及产品销售、运行情况，包括销售发票、产品技术参数和车辆注册登记信息等，按照上述渠道于 3 月底前逐级上报至四部委。四部委组织审核并对补助资金进行清算。

四、工作要求

各地要科学制定地方性扶持政策，进一步加大环卫、公交等公益性行业新能源汽车推广支持力度，和中央财政支持政策形成互补和合力，加快完善新能源汽车应用环境。四部委将加强对新能源汽车推广情况的监督、核查。有下列情形之一的，四部委将视情节给予通报批评、扣减补助资金、取消新能源汽车补助资格、暂停或剔除"推荐车型目录"中有关产品等处罚措施：

（一）提供虚假技术参数，骗取产品补助资格的；

（二）提供虚假推广信息，骗取财政补助资金的；

（三）销售产品的关键零部件型号、电池容量、技术参数等与《公告》产品不一致的。

五、实施期限及其他

本政策实施期限是 2016—2020 年，四部委将根据技术进步、产业发展、推广应用规模、成本变化等因素适时调整补助政策。

对地方政府的新能源汽车推广要求和考核奖励政策将另行研究制定。

财政部科技部　工业和信息化部　发展改革委

2015 年 4 月 22 日

附件 1：

2016 年新能源汽车推广应用补助标准

纯电动乘用车、插电式混合动力（含增程式）乘用车推广应用补助标准（单位：万元/辆）

车辆类型	纯电动续驶里程R(工况法、公里)			
	100≤R<150	150≤R<250	R≥250	R≥50
纯电动乘用车	2.5	4.5	5.5	/
插电式混合动力乘用车（含增程式）	/	/	/	3

纯电动、插电式混合动力等客车推广应用补助标准（单位：万元/辆）

车辆类型	单位载质量能量消耗量（Ekg，Wh/km·kg）	标准车（10米＜车长≤12米）					
		纯电动续驶里程R（等速法、公里）					
		6≤R<20	20≤R<50	50≤R<100	100≤R<150	150≤R<250	R≥250
电动客车	Ekg<0.25	22	26	30	35	42	50
	0.25≤Ekg<0.35	20	24	28	32	38	46
	0.35≤Ekg<0.5	18	22	24	28	34	42
	0.5≤Ekg<0.6	16	18	20	25	30	36
	0.6≤Ekg<0.7	12	14	16	20	24	30
插电式混合动力客车（含增程式）		/	/	20	23	25	

注：上述补助标准以10—12米客车为标准车给予补助，其他长度纯电动客车补助标准按照上表单位载质量能量消耗量和纯电动续驶里程划分，插电式混合动力客车（含增程式）补助标准按照上表纯电动续驶里程划分。其中，6米及以下客车按照标准车0.2倍给予补助；6米＜车长≤8米客车按照标准车0.5倍给予补助；8米＜车长≤10米客车按照标准车0.8倍给予补助；12米以上、双层客车按照标准车1.2倍给予补助。

纯电动、插电式混合动力（含增程式）等专用车、货车推广应用补助标准：按电池容量每千瓦时补助1800元，并将根据产品类别、性能指标等进一步细化补贴标准。

燃料电池汽车推广应用补助标准（单位：万元/辆）

车辆类型	补助标准
燃料电池乘用车	20
燃料电池轻型客车、货车	30
燃料电池大中型客车、中重型货车	50

附件2：

纳入中央财政补助范围的新能源汽车产品技术要求

一、新能源汽车纯电动续驶里程要求（单位：km）

类　别	乘用车	客车	货车	专用车	测试方法
纯电动	≥100	≥150	≥80	≥80	M1、N1类采用工况法，其他暂采用40km/h等速法。
插电式混合动力（含增程式）	≥50（工况法） ≥70（等速法）	≥50	≥50	≥50	M1、N1类采用工况法或60km/h等速法，其他暂采用40km/h等速法。
燃料电池	≥150	≥150	≥200	≥200	M1、N1类采用工况法，其他暂采用40km/h等速法。

注：1.超级电容、钛酸锂等纯电动快充客车不按上表续驶里程要求执行。

2.M1类是指包括驾驶员座位在内，座位数不超过九座的载客车辆。

N1类是指最大设计总质量不超过3500kg的载货车辆。

二、纯电动乘用车最高车速要求

纯电动乘用车30分钟最高车速应不低于100km/h。

三、插电式混合动力汽车综合燃料消耗量要求

（一）插电式混合动力乘用车综合燃料消耗量（不计电能消耗量）与现行的常规燃料消耗量国家标准中对应目标值相比小于60%；

（二）插电式混合动力商用车（含货车、客车）燃料消耗量（不含电能转化的燃料消耗量）与现行的常规燃料消耗量国家标准中对应限值相比小于60%。

附件3：

单位载质量能量消耗量评价指标说明

为更科学地评价纯电动客车技术水平，特提出"单位载质量能量消耗量（Ekg）"指标，单位Wh/km·kg，四舍五入至小数点后两位。计算公式如下：

$$E_{kg}=\frac{E}{M}$$

E表示电能消耗率，试验检测项。电动汽车GB/T 18386《电动汽车能量消耗率和续驶里程试验方法》试验中消耗的电能除以行驶里程所得的值，单位Wh/km。

M 表示附加质量，车辆基本参数。GB/T 18386 检测试验中的所需附加质量，单位 kg，具体计算如下：

1. 最大允许装载质量小于或等于 180kg，附加质量 = 最大允许装载质量；

2. 最大允许装载质量大于 180kg，但小于 360kg，附加质量 =180kg；

3. 最大允许装载质量大于或等于 360kg，附加质量 =1/2 最大允许装载质量。

注：按 GB/T 3730.2《道路车辆 质量 词汇和代码》中定义：

最大允许装载质量 = 最大允许总质量 – 整车整备质量。

附录五　关于节约能源、使用新能源车船车船税优惠政策的通知

各省、自治区、直辖市、计划单列市财政厅（局）、地方税务局、工业和信息化主管部门，西藏、宁夏自治区国家税务局，新疆生产建设兵团财务局、工业和信息化委员会：

为促进节约能源，鼓励使用新能源，根据《中华人民共和国车船税法》及其实施条例有关规定，经国务院批准，现将节约能源、使用新能源车船的车船税优惠政策通知如下：

一、对节约能源车船，减半征收车船税。

（一）减半征收车船税的节约能源乘用车应同时符合以下标准：

1. 获得许可在中国境内销售的排量为1.6升以下（含1.6升）的燃用汽油、柴油的乘用车（含非插电式混合动力乘用车和双燃料乘用车）；

2. 综合工况燃料消耗量应符合标准，具体标准见附件1；

3. 污染物排放符合《轻型汽车污染物排放限值及测量方法（中国第五阶段）》（GB18352.5-2013）标准中I型试验的限值标准。

（二）减半征收车船税的节约能源商用车应同时符合下列标准：

1. 获得许可在中国境内销售的燃用天然气、汽油、柴油的重型商用车（含非插电式混合动力和双燃料重型商用车）；

2. 燃用汽油、柴油的重型商用车综合工况燃料消耗量应符合标准，具体标准见附件2；

3. 污染物排放符合《车用压燃式、气体燃料点燃式发动机与汽车排气污染物排放限值及测量方法（中国 III，IV，V 阶段）》（GB17691-2005）标准中第 V 阶

段的标准。

减半征收车船税的节约能源船舶和其他车辆等的标准另行制定。

二、对使用新能源车船，免征车船税。

（一）免征车船税的使用新能源汽车是指纯电动商用车、插电式（含增程式）混合动力汽车、燃料电池商用车。纯电动乘用车和燃料电池乘用车不属于车船税征税范围，对其不征车船税。

（二）免征车船税的使用新能源汽车（不含纯电动乘用车和燃料电池乘用车，下同），应同时符合下列标准：

1. 获得许可在中国境内销售的纯电动商用车、插电式（含增程式）混合动力汽车、燃料电池商用车；

2. 纯电动续驶里程符合附件 3 标准；

3. 使用除铅酸电池以外的动力电池；

4. 插电式混合动力乘用车综合燃料消耗量（不计电能消耗）与现行的常规燃料消耗量国家标准中对应目标值相比小于 60%；插电式混合动力商用车（含轻型、重型商用车）燃料消耗量（不含电能转化的燃料消耗量）与现行的常规燃料消耗量国家标准中对应限值相比小于 60%；

5. 通过新能源汽车专项检测，符合新能源汽车标准，具体标准见附件 3。

免征车船税的使用新能源船舶的标准另行制定。

三、符合上述标准的节约能源乘用车、商用车，以及使用新能源汽车，由财政部、国家税务总局、工业和信息化部不定期联合发布《享受车船税减免优惠的节约能源　使用新能源汽车车型目录》（以下简称《目录》）予以公告。

四、汽车生产企业或进口汽车经销商（以下简称企业），生产或进口符合上述标准的汽车的，可自愿向工业和信息化部提出将其产品列入《目录》的书面申请，并按照有关要求填写书面报告（报告样本见附件 4、5），通过工业和信息化部节能汽车税收优惠目录申报系统、新能源汽车税收优惠目录申报系统提交申报资料。申请人对申报资料的真实性负责。

五、财政部、国家税务总局、工业和信息化部组织有关专家对企业申报资料进行审查，并将审查结果在工业和信息化部网站公示 5 个工作日，没有异议的，纳入《目录》，予以发布。对产品与申报材料不符，产品性能指标未达到标准，或者企业提供其他虚假信息的，应及时从《目录》中撤销该车型，并依照相关法律法规对该企业予以处理。

六、本通知发布后，列入《目录》的节约能源、使用新能源汽车，自《目录》公告之日起，按《目录》和本通知相关规定享受车船税减免优惠政策；《目录》公告后取得的节约能源、使用新能源汽车，属于第一批、第二批《节约能源 使用新能源车辆减免车船税的车型目录》，但未列入《目录》的，不得享受相关优惠政策；《目录》公告前，已取得的列入第一批、第二批《节约能源 使用新能源车辆减免车船税的车型目录》的节约能源、使用新能源汽车，不论是否转让，可继续享受车船税减免优惠政策。

七、本通知自发布之日起执行。《财政部 国家税务总局 工业和信息化部关于节约能源 使用新能源车船车船税政策的通知》（财税〔2012〕19号）同时废止。

财政部　国家税务总局　工业和信息化部

2015 年 5 月 7 日

附录六　国务院办公厅关于加快电动汽车充电基础设施建设的指导意见

各省、自治区、直辖市人民政府，国务院各部委、各直属机构：

充电基础设施是指为电动汽车提供电能补给的各类充换电设施，是新型的城市基础设施。大力推进充电基础设施建设，有利于解决电动汽车充电难题，是发展新能源汽车产业的重要保障，对于打造大众创业、万众创新和增加公共产品、公共服务"双引擎"，实现稳增长、调结构、惠民生具有重要意义。近年来，各地区、各部门认真贯彻落实国务院决策部署，积极推动电动汽车充电基础设施建设，各项工作取得积极进展，但仍存在认识不统一、配套政策不完善、协调推进难度大、标准规范不健全等问题。为加快电动汽车充电基础设施建设，经国务院同意，现提出以下意见：

一、总体要求

（一）指导思想。全面贯彻落实党的十八大和十八届二中、三中、四中全会精神，按照国务院决策部署，坚持以纯电驱动为新能源汽车发展的主要战略取向，将充电基础设施建设放在更加重要的位置，加强统筹规划，统一标准规范，完善扶持政策，创新发展模式，培育良好的市场服务和应用环境，形成布局合理、科学高效的充电基础设施体系，增加公共产品有效投资，提高公共服务水平，促进电动汽车产业发展和电力消费，方便群众生活，更好惠及民生。

（二）基本原则。统筹规划，科学布局。加强充电基础设施发展顶层设计，按照"因地制宜、快慢互济、经济合理"的要求，根据各地发展实际，做好充电基础设施建设整体规划，加大公共资源整合力度，科学确定建设规模和空间布局，同步建设充电智能服务平台，形成较为完善的充电基础设施体系。

适度超前，有序建设。着眼于电动汽车未来发展，结合不同领域、不同层次的充电需求，按照"桩站先行"的要求，根据规划确定的规模和布局，分类有序推进建设，确保建设规模适度超前。

统一标准，通用开放。加快制修订充换电关键技术标准，完善有关工程建设、运营服务、维护管理的标准。严格按照工程建设标准建设改造充电基础设施，健全电动汽车和充电设备的产品认证与准入管理体系，促进不同充电服务平台互联互通，提高设施通用性和开放性。

依托市场，创新机制。充分发挥市场主导作用，通过推广政府和社会资本合作（PPP）模式、加大财政扶持力度、建立合理价格机制等方式，引导社会资本参与充电基础设施体系建设运营。鼓励企业结合"互联网＋"，创新商业合作与服务模式，创造更多经济社会效益，实现可持续发展。

（三）工作目标。到2020年，基本建成适度超前、车桩相随、智能高效的充电基础设施体系，满足超过500万辆电动汽车的充电需求；建立较完善的标准规范和市场监管体系，形成统一开放、竞争有序的充电服务市场；形成可持续发展的"互联网＋充电基础设施"产业生态体系，在科技和商业创新上取得突破，培育一批具有国际竞争力的充电服务企业。

二、加大建设力度

（四）加强专项规划设计和指导。各地要将充电基础设施专项规划有关内容纳入城乡规划，完善独立占地的充电基础设施布局，明确各类建筑物配建停车场及社会公共停车场中充电设施的建设比例或预留建设安装条件要求。要以用户居住地停车位、单位停车场、公交及出租车场站等配建的专用充电设施为主体，以公共建筑物停车场、社会公共停车场、临时停车位等配建的公共充电设施为辅助，以独立占地的城市快充站、换电站和高速公路服务区配建的城际快充站为补充，形成电动汽车充电基础设施体系。原则上，新建住宅配建停车位应100%建设充电设施或预留建设安装条件，大型公共建筑物配建停车场、社会公共停车场建设充电设施或预留建设安装条件的车位比例不低于10%，每2000辆电动汽车至少配套建设一座公共充电站。鼓励建设占地少、成本低、见效快的机械式与立体式停车充电一体化设施。

（五）建设用户居住地充电设施。鼓励充电服务、物业服务等企业参与居民区充电设施建设运营管理，统一开展停车位改造，直接办理报装接电手续，在符合有关法律法规的前提下向用户适当收取费用。对有固定停车位的用户，优先在停车位配建充电设施；对没有固定停车位的用户，鼓励通过在居民区配建公共充电车位，建立充电车位分时共享机制，为用户充电创造条件。

（六）建设单位内部充电设施。具备条件的政府机关、公共机构和企事业单位，要结合单位电动汽车配备更新计划以及职工购买使用电动汽车需求，利用内部停车场资源，规划建设电动汽车专用停车位和充电设施。各地可将有关单位配建充电设施情况纳入节能减排考核奖励范围。

（七）建设公共服务领域充电设施。对于公交、环卫、机场通勤等定点定线运行的公共服务领域电动汽车，应根据线路运营需求，优先在停车场站配建充电设施，沿途合理建设独立占地的快充站和换电站。对于出租、物流、租赁、公安巡逻等非定点定线运行的公共服务领域电动汽车，应充分挖掘单位内部停车场站配建充电设施的潜力，结合城市公共充电设施，实现高效互补。

（八）建设城市公共充电设施。公共充电设施建设应从城市中心向边缘、从城市优先发展区域向一般区域逐步推进。优先在大型商场、超市、文体场馆等建筑物配建停车场以及交通枢纽、驻车换乘（P+R）等公共停车场建设公共充电设施。鼓励在具备条件的加油站配建公共快充设施，适当新建独立占地的公共快充站。鼓励有条件的单位和个人充电设施向社会公众开放。

（九）建设城际快速充电网络。充分利用高速公路服务区停车位建设城际快充站。优先推进京津冀鲁、长三角、珠三角区域城际快充网络建设，适时推进长江中游城市群、中原城市群、成渝城市群、哈长城市群城际快充网络建设，到2020年初步形成覆盖大部分主要城市的城际快充网络，满足电动汽车城际、省际出行需求。

三、完善服务体系

（十）完善充电设施标准规范。加快修订出台充电接口及通信协议等标准，积极推进充电接口互操作性检测、充电服务平台间数据交换等标准的制修订工作，实现充电标准统一。开展充电设施设置场所消防等安全技术措施研究，及时制修订相关标准。完善充换电设备、电动汽车电池等产品标准，明确防火安全要求。

制定无线充电等新型充电技术标准。完善充电基础设施计量、计费、结算等运营服务管理规范，加快建立充电基础设施的道路交通标志体系。

（十一）建设充电智能服务平台。大力推进"互联网＋充电基础设施"，提高充电服务智能化水平，提升运营效率和用户体验，促进电动汽车与智能电网间能量和信息的双向互动。鼓励围绕用户需求，运用移动互联网、物联网、大数据等技术，为用户提供充电导航、状态查询、充电预约、费用结算等服务，拓展平台增值业务。

（十二）建立互联互通促进机制。组建国家电动汽车充电基础设施促进联盟，配合有关政府部门严格充电设施产品准入管理，开展充电设施互操作性的检测与认证。构建充电基础设施信息服务平台，统一信息交换协议，有效整合不同企业和不同城市的充电服务平台信息资源，促进不同充电服务平台互联互通，为制定实施财税、监管等政策提供支撑。

（十三）做好配套电网接入服务。各地要将充电基础设施配套电网建设与改造项目纳入配电网专项规划，在用地保障、廊道通行等方面给予支持。电网企业要加强充电基础设施配套电网建设与改造，确保电力供应满足充换电设施运营需求；要为充电基础设施接入电网提供便利条件，开辟绿色通道，限时办结。电网企业负责建设、运行和维护充电基础设施产权分界点至电网的配套接网工程，不得收取接网费用，相应资产全额纳入有效资产，成本据实计入准许成本，并按照电网输配电价回收。

（十四）创新充电服务商业模式。鼓励探索大型充换电站与商业地产相结合的发展方式，引导商场、超市、电影院、便利店等商业场所为用户提供辅助充电服务。鼓励充电服务企业通过与整车企业合作、众筹等方式，创新建设充电基础设施商业合作模式，并采取线上线下相结合等方式，提供智能充放电、电子商务、广告等增值服务，提升充电服务企业可持续发展能力。

四、强化支撑保障

（十五）简化规划建设审批。各地要按照简政放权、放管结合、优化服务的要求，减少充电基础设施规划建设审批环节，加快办理速度。个人在自有停车库、停车位，各居住区、单位在既有停车位安装充电设施的，无需办理建设用地规划许可证、建设工程规划许可证和施工许可证。建设城市公共停车场时，无需为同步建设充电桩群等充电基础设施单独办理建设工程规划许可证和施工许可证。新建独立占地的集中式充换电站应符合城市规划，并办理建设用地规划许可证、建设工程规划许可证和施工许可证。

（十六）完善财政价格政策。加大对充电基础设施的补贴力度，加快制定"十三五"期间充电基础设施建设财政奖励办法，督促各地尽快制定有关支持政策并向社会公布，给予市场稳定的政策预期。在产业发展初期通过中央基建投资资金给予适度支持。对向电网经营企业直接报装接电的经营性集中式充换电设施用电，执行大工业用电价格，2020年前暂免收取基本电费；其他充电设施按其所在场所执行分类目录电价。允许充电服务企业向用户收取电费及服务费，对不同类别充电基础设施，指导各地兼顾投资运营主体合理收益与用户使用经济性等，及早出台充电服务费分类指导价格，并在总结各地经验基础上，逐步规范充电服务价格机制。

（十七）拓宽多元融资渠道。各地要有效整合公交、出租车场站以及社会公共停车场等各类公共资源，通过PPP等方式，为社会资本参与充电基础设施建设运营创造条件。鼓励金融机构在商业可持续原则下，创新金融产品和保险品种，综合运用风险补偿等政策，完善金融服务体系。推广股权、项目收益权、特许经营权等质押融资方式，加快建立包括财政出资和社会资本投入的多层次担保体系，积极推动设立融资担保基金，拓宽充电基础设施投资运营企业与设备厂商的融资渠道。鼓励利用社会资本设立充电基础设施发展专项基金，发行充电基础设施企业债券，探索利用基本养老保险基金投资支持充电基础设施建设。

（十八）加大用地支持力度。各地要将独立占地的集中式充换电站用地纳入公用设施营业网点用地范围，按照加油加气站用地供应模式，根据可供应国有建设用地情况，优先安排土地供应。供应新建项目用地需配建充电基础设施的，可将配建要求纳入土地供应条件，允许土地使用权取得人与其他市场主体合作，按要求投资建设运营充电基础设施。鼓励在已有各类建筑物配建停车场、公交场站、社会公共停车场、高速公路服务区等场所配建充电基础设施，地方政府应协调有关单位在用地方面予以支持。

（十九）加大业主委员会协调力度。制定全国统一的私人用户居住地充电基础设施建设管理示范文本。各地房地产行政主管部门、街道办事处和居委会要按照示范文本，主动加强对业主委员会的指导和监督，引导业主支持充电基础设施建设。业主大会、业主委员会应依据示范文本，结合自身实际，明确物业服务区域内建设管理充电基础设施的流程。

（二十）支持关键技术研发。依托示范项目，积极探索充电基础设施与智能电网、分布式可再生能源、智能交通融合发展的技术方案，加强检测认证、安全防护、与电网双向互动、电池梯次利用、无人值守自助式服务、桩群协同控制等关键技术研发。充分发挥企业创新主体作用，加快推动高功率密度、高转换效率、高适用性、无线充电、移动充电等新型充换电技术及装备研发。

（二十一）明确安全管理要求。各地要建立充电基础设施安全管理体系，完善有关制度和标准，加大对用户私拉电线、违规用电、不规范建设施工等行为的查处力度。依法依规对充电基础设施设置场所实施消防设计审核、消防验收以及备案抽查，并加强消防监督检查。行业主管部门要督促充电基础设施运营使用的单位或个人，加强对充电基础设施及其设置场所的日常消防安全检查及管理，及时消除安全隐患。

五、做好组织实施

（二十二）落实地方主体责任。各地要切实承担起统筹推进充电基础设施发展的主体责任，将充电基础设施建设管理作为政府专项工作。建立由发展改革（能源）部门牵头、相关部门紧密配合的协同推进机制，明确职责分工，完善配套政策。2016年3月底前发布充电基础设施专项规划，制定出台充电基础设施建设运营管理办法，并抓好组织实施。

（二十三）加大示范推广力度。各地要结合新能源汽车推广应用需要，针对充电基础设施发展的重点和难点，开展充电基础设施建设与运营模式试点示范。建立"示范小区与单位"、"示范城市与区县"、"城际快充示范区域"三级示范工程体系。在示范项目中要充分发挥现有公共设施的作用，加强政企合作，创新城市充电基础设施建设与运营模式，完善相关标准规范与配套政策，探索各种先进适用充电技术，总结形成可复制、可推广的充电基础设施发展经验，促进充电基础设施加快普及。

（二十四）营造良好舆论环境。各有关部门、企业和新闻媒体要通过多种形式加强对充电基础设施发展政策、规划布局和建设动态等的宣传，让社会各界全面了解充电基础设施，吸引更多社会资本参与充电基础设施建设运营，同时加强舆论监督，曝光阻碍充电基础设施建设、损害消费者权益等行为，形成有利于充电基础设施发展的舆论氛围。

（二十五）形成合力协同推进。发展改革委、能源局要会同工业和信息化部、住房城乡建设部、国土资源部等有关部门，依托节能与新能源汽车产业发展部际联席会议制度，加强部门协同配合，强化对各地的指导与监督，及时总结推广成功经验和有效做法，重大情况及时向国务院报告。能源局要从严格标准执行、理顺价格机制、加强供电监管、促进互联互通、引入社会资本等方面加快完善充电服务监管；住房城乡建设部、国土资源部、公安部要分别从规划建设标准、设施用地、消防安全和交通标志等方面为充电基础设施建设运营创造有利条件；财政部、银监会、保监会要通过加大财政支持、强化金融服务与保障等方式，增强社会资本信心。国管局、国资委要分别指导政府机关、公共机构和国有企事业单位率先在内部停车场建设充电基础设施。其他相关部门要按照各自职责分工，做好协同配合工作。

国务院办公厅

2015 年 9 月 29 日

附录七 关于完善城市公交车成品油价格补助政策加快新能源汽车推广应用的通知

各省、自治区、直辖市、计划单列市财政厅（局）、工业和信息化主管部门、交通运输厅（局、委），新疆生产建设兵团财务局、工业和信息化委员会、交通局：

按照《国务院关于印发节能与新能源汽车产业发展规划（2012 — 2020 年）的通知》（国发〔2012〕22 号）、《国务院关于印发大气污染防治行动计划的通知》（国发〔2013〕37 号）、《国务院办公厅关于加快新能源汽车推广应用的指导意见》（国办发〔2014〕35 号）等文件要求，为进一步加快新能源汽车推广应用，促进公交行业节能减排和结构调整，实现公交行业健康、稳定发展，经国务院批准，从 2015 年起对城市公交车成品油价格补助政策进行调整。有关事项通知如下：

一、充分认识城市公交车成品油价格补助政策调整的重要意义

2006 年起实施的成品油价格补助政策，促进了石油价格形成机制的不断完善和城市公交行业的稳定发展。但成品油价格补助政策的长期执行，实际形成了鼓励购买和使用燃油公交车、阻碍新能源公交车推广应用的不良机制，不利于优化公交行业能源消费结构，与国家节能减排、大气污染防治和发展新能源汽车的工作要求不相符，迫切需要发挥价格机制的调节作用，建立鼓励新能源公交车应用、限制燃油公交车增长的新机制。

二、总体思路和基本原则

通过完善城市公交车成品油价格补助政策，进一步理顺补助对象和环节，加

快新能源公交车替代燃油公交车步伐。一方面还原燃油公交车的真实使用成本，遏制燃油公交车数量增加势头，另一方面调动企业购买和使用新能源公交车的积极性，鼓励在新增和更新城市公交车时优先选择新能源公交车，推动新能源公交车规模化推广应用，促进公交行业节能减排，为大气污染防治做出贡献。

（一）总体思路。

统筹考虑各类城市公交车购置和运营成本，在对城市公交行业补助总体水平相对稳定的前提下，调整优化财政补助支出结构，平衡传统燃油公交车和新能源公交车的使用成本，逐步形成新能源汽车的比较优势。循序渐进，分类实施，推动形成有利于城市公交行业节能减排和新能源汽车产业发展的政策环境，确保公交行业平稳转型、健康发展。

（二）基本原则。

一是统筹兼顾，突出重点。统筹考虑城市用油、用气、新能源等公交车一定期限内购置及运营成本，调整现行成品油价格补贴政策，加大对新能源公交车支持力度，及时研究制订用气公交车支持政策。

二是总量稳定，结构优化。在对城市公交行业补助总体规模稳定的前提下，通过逐年降低城市公交车成品油价格补助和增加新能源公交车运营补助，加大对新能源公交车支持力度，逐步形成新能源公交车的比较优势，优化城市公交车辆产品结构。

三是分类实施，循序渐进。对现行城市公交车成品油价格补助中因税费改革产生的补助（即 2008 年国务院实施成品油价格和税费改革时，对因取消公路养路费等六项收费后提高汽柴油消费税形成的涨价给予的补助，以下简称费改税补助）和成品油价格上涨产生的补助（以下简称涨价补助）区别对待。费改税补助，以 2013 年实际执行数为基数予以保留。涨价补助与新能源公交车推广完成情况挂钩，补助金额逐步减少。

四是绩效考核，有奖有罚。对各省（区、市）新能源公交车推广情况进行考核，完成新能源公交车推广目标的，给予新能源公交车运营补助；对未完成目标的，按照一定比例扣减本省（区、市）成品油价格补助中的涨价补助。

三、政策措施

（一）调整现行城市公交车成品油价格补助政策。

1. 现行城市公交车成品油价格补助中的费改税补助作为基数保留，不作调整。2015—2019年，费改税补助数额以2013年实际执行数作为基数予以保留，暂不做调整。

2. 现行城市公交车成品油价格补助中的涨价补助以2013年作基数，逐年调整。2015—2019年，现行城市公交车成品油价格补助中的涨价补助以2013年实际执行数作为基数逐步递减，其中2015年减少15%、2016年减少30%、2017年减少40%、2018年减少50%、2019年减少60%，2020年以后根据城市公交车用能结构情况另行确定。

（二）涨价补助数额与新能源公交车推广数量挂钩。

2015—2019年，城市公交车成品油价格补助中的涨价补助数额与新能源公交车推广数量挂钩。其中，大气污染治理重点区域和重点省市（包括北京、上海、天津、河北、山西、江苏、浙江、山东、广东、海南），2015—2019年新增及更换的公交车中新能源公交车比重应分别达到40%、50%、60%、70%和80%。中部省（包括安徽、江西、河南、湖北、湖南）和福建省2015—2019年新增及更换的公交车中新能源公交车比重应分别达到25%、35%、45%、55%和65%。其他省（区、市）2015—2019年新增及更换的公交车中新能源公交车比重应分别达到10%、15%、20%、25%和30%。达到上述推广比例要求的，涨价补助按照政策调整后的标准全额拨付。未能达到上述推广比例要求的，扣减当年应拨涨价补助数额的20%。新能源公交车推广考核具体办法由工业和信息化部、交通运输部、财政部另行制订。

（三）调整后的城市公交车成品油价格补助资金由地方统筹使用。

调整后的城市公交车成品油价格补助资金由地方统筹用于城市公交车补助。各省（区、市）财政、工业和信息化、交通运输等部门根据本地实际制定具体管理办法。城市公交车补助问题由地方政府通过增加财政补助、调整运价等方式予以解决，确保公交行业稳定。

（四）中央财政对完成新能源公交车推广目标的地区给予新能源公交车运营补助。

为加快新能源公交车替换燃油公交车步伐，2015—2019 年期间中央财政对达到新能源公交车推广目标的省份，对纳入工业和信息化部"新能源汽车推广应用工程推荐车型目录"、年运营里程不低于 3 万公里（含 3 万公里）的新能源公交车以及非插电式混合动力公交车，按照其实际推广数量给予运营补助。具体标准见附件。2020 年以后再综合考虑产业发展、成本变化及优惠电价等因素调整运营补助政策。

四、资金申请和拨付

（一）城市公交车成品油价格补助。

调整后的城市公交车成品油价格补助资金将采取年初预拨、年度清算的资金拨付方式，即：

1. 在每年 4 月底前，中央财政将各省（区、市）当年应享受的全部费改税补助资金和 80% 的涨价补助资金，提前拨付给省级财政部门（2015 年度补助资金将在政策发布后一个月内拨付地方）。

2. 剩余 20% 的涨价补助资金，在下一年度 4 月底前，对该省（区、市）的新能源公交车推广工作核查后，向符合条件的省（区、市）进行拨付，不符合条件的将不予拨付。具体的申报、核查程序以及时间要求如下：

（1）由县、市级交通运输部门和道路运输管理机构组织力量，对本辖区城市公交企业新增及更换公交车数量、新能源公交车实际推广使用数量、新能源公交车行驶里程及车辆购置发票等相关证明材料进行统计、整理、汇总，经核实并公示无异后，于每年 2 月 10 日前，逐级上报至省级交通运输部门，同时抄报同级财政、工业和信息化、审计部门。

（2）省级交通运输部门收到下级交通运输部门上报的车辆信息及相关证明材料后，经审核和重点抽查，将本省（区、市）新增及更换公交车数量、新能源公交车实际推广数量、新能源公交车运营里程等情况整理汇总，于每年 2 月底前，上报至交通运输部，并抄送同级财政、工业和信息化、审计部门及财政部驻当地财政监察专员办事处。

（3）交通运输部会同工业和信息化部对各省（区、市）公交车推广情况进行整理、汇总和分析，核定各省（区、市）新能源公交车推广数量和占新增及更换的公交车的比例，确定各省（区、市）是否完成相应的新能源汽车推广任务，将审核报告于每年3月底前提交至财政部。

（4）财政部根据交通运输部、工业和信息化部审核结果，向符合条件的省（区、市）拨付剩余20%的城市公交车成品油价格补助资金。

3. 省级财政部门收到财政部下达的补助资金（包括预拨资金和清算资金）后，应当会同同级交通运输、工业和信息化部门逐级下拨资金。基层财政、交通运输和工业和信息化部门应当及时将补助资金发放到补助对象。

（二）新能源公交车运营补助。

新能源公交车运营补助资金将采取存量部分年初拨付、增量部分年终清算的方式，即：

1. 在每年4月底前，中央财政对以前年度（从2015年1月1日起）已购买并上牌，且在正常运行（年运营里程不得低于3万公里）的新能源公交车，按照附件中确定的补助标准，将运营补助资金拨付给省级财政部门，与城市公交车成品油价格补助预拨资金一并下达。

2. 当年新投入运营的新能源公交车，中央财政将于下一年度4月底前，向符合条件的省（区、市）拨付运营补助资金，与城市公交车成品油价格补助清算资金一并下达；不符合要求的将不予拨付。

补助资金应当专款专用，全额用于补助实际用油者和新能源公交车的运营，不得挪作他用。

五、保障措施

城市公交车成品油价格补助政策调整涉及城市公交企业和广大群众切身利益，实施新能源汽车替代燃油车是一个系统工程，各地区要统一思想，精心组织，周密部署，做好有关工作，确保顺利实施。

（一）加强组织领导。

城市公交车成品油价格补助政策调整以省（区、市）为单位实施，财政部、工业和信息化部、交通运输部分工协作，共同督促地方政府加强领导，精心部署，切实做好政策调整的组织实施工作。财政部牵头负责政策制订和调整、组织实施并具体负责中央财政补助资金的管理。工业和信息化部负责采取切实有效措施打破地方保护，督促企业加大新能源公交车生产供应和提高质量安全保障等。交通运输部负责对各地新能源公交车替代燃油公交车工作的考核、监督与指导。

（二）加强监督检查。

各省级财政、工业和信息化、交通运输部门要联合有关部门加强对城市公交车成品油价格补助政策调整工作的监督检查，规范补助资金的申请和发放程序，加强资金管理。对弄虚作假、套取补助资金的公交企业，一经查实，追回上年度补助资金，并取消下年度补助资格；对虚报瞒报新能源公交车推广数量和推广比例、扩大范围发放补助资金、截留挪用补助资金的部门和管理人员，一经查实，将严肃处理，并追究相关责任人的责任。

（三）做好政策宣传。

财政部、工业和信息化部、交通运输部会同有关部门和行业协会、企业做好宣传工作，加强舆论引导，及时回应社会关切，争取社会各方理解和支持，确保政策调整平稳实施。地方各级人民政府要结合本地实际情况，加强舆论引导。

（四）维护行业稳定。

各省（区、市）要加强公交行业动态信息监控，及时掌握改革动态；要充分考虑公共财政保障能力、公众承受能力和企业运营成本，加快建立城市公交成本票价制度，消化补助政策调整给企业增加的运营成本，维护城市公交行业健康稳定发展。

（五）做好政策衔接。

地方政府及相关部门应当按照本通知要求，尽快完善补助资金的发放管理制度，并将调整后的补助程序、补助对象、补助标准和金额等内容及时向社会公布。

本通知自 2015 年 1 月 1 日起实施。2009 年财政部、交通运输部联合发布的《城乡道路客运成品油价格补助专项资金管理暂行办法》（财建〔2009〕1008 号）中关于城市公交的内容同时废止。

附件：节能与新能源公交车运营补助标准（2015—2019 年）

财政部　工业和信息化部　交通运输部

2015 年 5 月 11 日

附录八　新建纯电动乘用车企业管理规定

《新建纯电动乘用车企业管理规定》业经国务院同意，现予以发布，自 2015 年 7 月 10 日起施行。

国家发展改革委主任：徐绍史

工业和信息化部部长：苗　圩

2015 年 6 月 2 日

第一章　总则

第一条　为促进新能源汽车产业发展，发挥市场主体的作用，支持社会资本和具有技术创新能力的企业参与纯电动乘用车科研生产，根据《中华人民共和国行政许可法》及《政府核准投资项目管理办法》、《汽车产业发展政策》等有关法律、法规和规章，制定本规定。

第二条　本规定适用于在中国境内投资新建独立法人纯电动乘用车生产企业（以下简称"新建企业"）。

第三条　本规定所称"纯电动乘用车"，包括纯电动和增程式（具备外接充电功能的串联式混合动力）乘用车，分别指国家标准 GB/T 19596–2004《电动汽车术语》中第 3.1.1.1.1 款和第 3.1.1.1.2.1 款所定义的车辆。"乘用车"包含轿车和其他乘用车，是指整车（含底盘）为自制的、国家标准 GB/T 3730.1–2001《汽车和挂车类型的术语和定义》中第 2.1.1.1 款至第 2.1.1.10 款所定义的车辆。

第四条　国家发展改革委、工业和信息化部在各自职责范围内负责新建企业投资项目和车辆生产企业及产品准入的监督管理。

第二章　投资管理

第五条　新建企业投资项目应执行《国务院关于发布政府核准的投资项目目录（2014年本）的通知》（国发[2014]53号）和《汽车产业发展政策》有关规定。

第六条　新建企业投资项目的投资总额和生产规模不受《汽车产业发展政策》有关最低要求限制，由投资主体自行决定。

新建企业可生产纯电动乘用车，不能生产任何以内燃机为驱动动力的汽车产品。

第七条　新建企业的投资主体应按照《政府核准投资项目管理办法》有关要求编制投资项目申请报告，并向国家发展改革委提供投资项目申请企业的企业概况、基础能力、试制样车说明及证明材料（见附件一）。

第八条　新建企业的投资主体应具备以下基本条件：

（一）在中国境内注册，具备与项目投资相适应的自有资金规模和融资能力。

（二）具有纯电动乘用车产品从概念设计、系统和结构设计到样车研制、试验、定型的完整研发经历。具有专业研发团队和整车正向研发能力，掌握整车控制系统、动力蓄电池系统、整车集成和整车轻量化方面的核心技术以及相应的试验验证能力，拥有纯电动乘用车自主知识产权和已授权的相关发明专利。

（三）具有整车试制能力，具备完整的纯电动乘用车样车试制条件，包括车身及底盘制造、动力蓄电池系统集成、整车装配等主要试制工艺和装备。

（四）自行试制同一型式的纯电动乘用车样车数量不少于15辆。提供的样车经过国家认定的检测机构检验，在符合汽车国家标准和电动汽车相关标准的前提下，在安全性、可靠性、动力性、整车轻量化、经济性等方面达到规定的技术要求（见附件二）。

第九条　新建企业投资项目申请报告应包括以下内容：

（一）具备纯电动乘用车整车正向开发能力的研发机构。至少具备整车及动力系统匹配、整车管理系统、车载能源管理系统、车辆轻量化、车辆安全等关键技术的设计开发能力、试验检测能力以及对整车产品运行状态的监控能力。

（二）与生产纲领、产品结构相适应的车身成型、涂装、总装等整车生产工艺和装备，以及动力蓄电池系统集成等关键部件的生产能力和一致性保证能力。

（三）纯电动乘用车产品的销售及售后服务体系。

（四）新建企业要有履行保障消费者权益等社会责任的承诺和措施，并提供担保企业和经公证的担保期不低于 5 年（以项目建成投产为起始点）的担保合同。

第十条　国家发展改革委应当依据《政府核准投资项目管理办法》有关规定对新建企业投资项目申请进行审查，并征求工业和信息化部的意见。

第十一条　国家发展改革委应当对新建企业投资项目申请组织专家进行评估，由纯电动乘用车行业专家库中的专家组成投资项目评审委员会，对投资项目申请企业提供的附件一和附件二的真实性和符合性进行审查，并在 30 个工作日内出具评审意见。纯电动乘用车行业专家库由国家发展改革委会同工业和信息化部负责组建。

第三章　准入管理

第十二条　投资项目完成建设后，新建企业及产品按照工业和信息化部《乘用车生产企业及产品准入管理规则》和《新能源汽车生产企业及产品准入管理规则》的相关要求，通过考核后列入《车辆生产企业及产品公告》，并按单独类别管理。

第十三条　新建企业生产的纯电动乘用车产品应使用该企业拥有所有权的注册商标和品牌，且符合乘用车、电动汽车相关国家标准和行业标准的要求，所采用动力蓄电池单体和系统应当是符合汽车动力蓄电池行业规范条件的企业生产的产品。新建企业须提交对纯电动乘用车电池、电机、电控系统等核心部件的质保承诺，质保承诺的内容应符合国家支持新能源汽车推广应用的相关规定。

第十四条　新建企业列入《车辆生产企业及产品公告》的纯电动乘用车产品有效期为 3 年，有效期届满前 30 日可提出延期申请，审查通过可以延长有效期，每次延期不超过 3 年。

第十五条　新建企业应建立生产一致性管理体系，保证实际生产的产品与列入《车辆生产企业及产品公告》的产品相符。对企业生产未经许可或不符合标准的产品，依照《道路交通安全法》和工业和信息化部《车辆生产企业及产品一致性监督管理办法》有关规定进行处理。

第十六条　工业和信息化部对新建企业承诺履行情况、售后服务保障情况、产品安全性和一致性等方面开展评价，评价结果向社会公开。

第十七条　工业和信息化部对新建企业准入条件保持情况进行抽查，对不能保持生产准入相关条件或已经破产的企业，依法撤销、注销或暂停其《车辆生产企业及产品公告》。暂停期间，企业不得办理更名、迁址等变更手续。

第四章　附则

第十八条　新建企业投资项目和准入管理的监管及法律责任，按照国家有关法律法规以及《政府核准投资项目管理办法》等规定执行。

第十九条　本规定由国家发展和改革委员会、工业和信息化部负责解释。

第二十条　本规定自 2015 年 7 月 10 日起施行。

附录九 汽车动力蓄电池行业规范条件

为贯彻落实《国务院关于印发节能与新能源汽车产业发展规划（2012—2020年）的通知》（国发〔2012〕22号），根据《国务院办公厅关于加快新能源汽车推广应用的指导意见》（国办发〔2014〕35号）要求，引导和规范汽车动力蓄电池行业健康发展，工业和信息化部制定了《汽车动力蓄电池行业规范条件》，现予以公告。

工业和信息化部

2015年3月24日

汽车动力蓄电池行业规范条件

一、总则

（一）为贯彻落实《国务院关于印发节能与新能源汽车产业发展规划（2012—2020年）的通知》（国发〔2012〕22号），根据《国务院办公厅关于加快新能源汽车推广应用的指导意见》（国办发〔2014〕35号）要求，引导规范汽车动力蓄电池行业健康发展，制订本规范条件。

（二）国家鼓励汽车动力蓄电池企业做优做强，建立产品生产规范和质量保证体系，加强技术和管理创新，提高产品研发和制造水平，提升产品性能和质量，满足新能源汽车产业发展的需求。

（三）国家对符合本规范条件的汽车动力蓄电池企业实行公告管理，企业按自愿原则进行申请。

（四）本规范条件适用于在中华人民共和国境内（台湾、香港、澳门地区除外）生产并为汽车产品配套的动力蓄电池生产企业。

本规范条件所指动力蓄电池是指在汽车上配置使用的、能够储存电能并可再充电的、为驱动汽车行驶提供能量的装置，包括锂离子动力蓄电池、金属氢化物镍动力蓄电池和超级电容器等，不包括铅酸类蓄电池。

本规范条件所指动力蓄电池生产企业，包括单体动力蓄电池生产企业（以下简称单体企业）和动力蓄电池系统生产企业（以下简称系统企业）。

二、企业基本要求

（五）依据国家法律法规设立，符合汽车产业发展政策要求，具有独立法人资格，取得工商行政管理部门核发的企业法人营业执照。

（六）符合国家关于安全生产、环境保护、节能、消防等方面的法律、法规等要求，并通过环境管理体系及职业健康安全管理体系等方面的认证。

（七）具有生产场所用地的合法土地使用权，生产用地面积、厂房应与企业生产的产品品种和规模相适应。

（八）锂离子动力蓄电池单体企业年产能力不得低于2亿瓦时，金属氢化物镍动力蓄电池单体企业年产能力不得低于1千万瓦时，超级电容器单体企业年产能力不得低于5百万瓦时。系统企业年产能力不得低于10000套或2亿瓦时。

生产多种类型的动力蓄电池单体企业、系统企业，其年产能力需分别满足上述要求。

（九）企业应在动力蓄电池产品的安全性、一致性和循环寿命等方面制订不低于国家或行业标准的企业标准，并予以实施。

三、生产条件要求

（十）企业应具有与生产产品品种和规模相适应的生产设备、设施及其所有权。

单体企业应具有电极制备、电芯装配、化成等工艺过程的生产设备设施，生产车间内配备必要的温度、湿度、洁净度等检测和控制设施。

系统企业应具有适合批量生产的动力蓄电池系统装配流水线和规范化的工艺流程。

（十一）单体企业应至少具有电极制备、叠片/卷绕、装配、注液、化成等关键工艺过程的自动化生产能力和在线检测能力，并具有单体电池分选等保证生产一致性的能力。

系统企业应至少具有焊接或连接等成组关键工艺过程的自动化生产能力和相

应的检测能力。

（十二）企业应对生产过程中产生的废水、废气、废料等具有相应处理或回收的方案和措施，各类排放应符合 GB30484《电池工业污染物排放标准》的要求。

四、技术能力要求

（十三）企业应建立产品设计研发机构。配备相应的研发设备，包括开发工具、软件、研发及测试设备、试制设备等。

（十四）企业应配备相应的研究开发人员，其占企业员工总数比例不得少于10% 或总数不得少于 100 人，研究开发人员的配备至少应涵盖企业产品开发的四个方面：新产品技术研发、产品试制与测试分析、国内外同类产品技术发展跟踪及企业标准制修订等。

（十五）企业应建立与汽车研发相适应的产品设计开发流程和技术管理体系，建立汽车动力蓄电池产品设计规范，建立产品开发信息数据库，并应具备以下研究开发能力：

单体企业应具有单体蓄电池的设计开发、生产工艺设计及产品测试验证等方面的能力，并具有单体动力蓄电池安全性、一致性等关键性能的验证分析能力。

系统企业应具有蓄电池串并联方式及结构、蓄电池辅助装置、蓄电池承载装置结构、蓄电池管理系统的设计开发和测试验证等方面的能力，并具有系统安全性、一致性、可靠性等关键功能及性能的验证分析能力。

五、产品要求

（十六）动力蓄电池产品应符合现行国家标准、行业标准要求（见附1），并经质检部门授予汽车动力蓄电池相关检测资质的机构检测合格。

（十七）企业研发生产的产品应符合知识产权保护方面的法律规定。

六、质量保证能力要求

（十八）企业应通过 TS16949 质量体系认证，编制并执行生产一致性控制计划。

（十九）企业应建立从原材料、部件到成品出厂完整的检验和可追溯体系，实施计算机信息化生产管理，建立生产管理数据库。

七、售后服务能力要求

（二十）企业应建立完善的售后服务体系，并具有产品售后服务的质量保证能力。

（二十一）系统企业应会同汽车整车企业研究制定可操作的废旧动力蓄电池回收处理、再利用的方案。

八、规范管理

（二十二）企业规范条件的申请、审核及公告：

1. 工业和信息化部负责汽车动力蓄电池规范管理工作。申请企业须编制《汽车动力蓄电池行业规范条件申请报告》（见附2），并按要求提供相关材料，通过所在地省、自治区、直辖市工业和信息化主管部门向工业和信息化部申请，其中中央企业所属的企业通过企业总部向工业和信息化部申请，并抄送企业所在地省、自治区、直辖市工业和信息化主管部门。

2. 企业通过工业和信息化部"汽车动力蓄电池生产企业管理系统"向省、自治区、直辖市工业和信息化主管部门、中央企业在线进行申报。

3. 省、自治区、直辖市工业和信息化主管部门、中央企业负责对动力蓄电池生产企业申请材料是否符合规定要求进行初审。

4. 省、自治区、直辖市工业和信息化主管部门、中央企业将初审合格的企业材料通过"汽车动力蓄电池生产企业管理系统"报工业和信息化部。同时，将正式纸质文件（包括附件材料）1份寄送工业和信息化部（汽车产业司）。报送部门需确保申请文件材料齐全、真实。

5. 工业和信息化部组织专家组对申请企业进行评审。

6. 工业和信息化部对通过评审的企业进行公示，无异议后予以公告。

（二十三）列入公告的动力蓄电池生产企业情况发生变更（包括法定代表人、产品类型、企业名称、生产地址、注册地址变更或新址扩建等）时，需通过省、自治区、直辖市工业和信息化主管部门、中央企业向工业和信息化部提交变更申请，中央企业申请材料同时抄送企业所在地省、自治区、直辖市工业和信息化主管部门。变更申请须包含以下部分或者全部申请材料：

1. 企业相关条件变化情况；

2. 资本变更的相关协议和公司章程；

3. 职工代表大会、董事会或股东大会决议；

4. 企业变化前后的营业执照复印件；

5. 企业对照规范条件进行自我评估的报告；

6. 其他需要说明的相关情况及佐证材料。

工业和信息化部将组织专家组进行审查。对变更后达到规范条件要求、公示后无异议的企业，公告变更其相关信息。

（二十四）工业和信息化部对公告企业名单进行动态管理。已列入公告企业应于每年 3 月 30 日前在线提交年度发展报告（见附 3)，并向工业和信息化部（装备工业司）递交纸质材料 1 份。工业和信息化部将建立企业年度发展情况公示制度。

（二十五）省、自治区、直辖市工业和信息化主管部门、中央企业每年要对本地区或所属企业执行规范条件的情况进行监督检查。工业和信息化部对公告内的企业进行抽查，同时欢迎社会各界对公告内的企业规范情况进行监督。公告企业有下列情况的将撤销其公告资格：

1. 填报资料有弄虚作假行为的；

2. 拒绝接受监督检查的；

3. 不按要求提交年度发展报告的；

4. 不能保持规范条件的；

5. 违反国家法律法规和产业政策的；

6. 发生责任事故、造成不良社会影响的。

撤销公告资格的，将提前告知有关企业，听取企业的陈述和申辩。撤销公告资格的企业，3 年内暂停受理公告申请。

（二十六）列入公告的企业名单将作为相关政策支持的基础性依据。

九、附则

（二十七）未列入现有产品分类类型的动力蓄电池生产企业，参照本规范条件执行。汽车用锂离子动力电池以外的其他类型锂离子电池有关规范要求，按照工业和信息化部《锂离子电池行业规范条件》执行。

（二十八）本规范条件由工业和信息化部负责解释，并根据行业发展情况适时进行修订。

（二十九）本规范条件自 2015 年 5 月 1 日起实施。

附：1. 汽车动力蓄电池产品检验标准目录

2. 汽车动力蓄电池行业规范条件申请报告

3. 企业年度发展报告

后 记

　　《2015—2016年中国汽车产业发展蓝皮书》，全书共计近28万字，8篇章，是在我国转变经济发展方式、行业结构调整和转型升级日渐加速、汽车产业"由大变强"的关键时期完成的一本专著。

　　本书由王鹏担任主编。具体分工为：徐可总体负责并负责"综合篇"全球汽车产业发展情况、中国汽车产业发展情况，"企业篇"东风汽车集团股份有限公司、比亚迪股份有限公司，"政策篇"中国汽车产业政策环境分析、中国汽车产业重点政策解析，"热点篇"新能源汽车充电基础设施建设加速推进，以及"附录"等相关章节内容撰写工作；徐楠负责"行业篇"乘用车、商用车、汽车零部件，"园区篇"长春汽车经济技术开发区，"热点篇"智能网联汽车成为关注重点、大众排放造假，以及"展望篇"主要研究机构预测性观点综述和2016年中国汽车产业发展形势展望等相关章节内容的撰写工作；实习生冯运卿也负责完成了"区域篇""园区篇"和企业篇等部分章节内容的撰写工作。徐可对全书进行了统稿和修改完善，左世全和王影等对全书进行了审校。工业和信息化部装备工业司主要领导为本书的编撰也提供了大力支持及宝贵的修改完善意见。

　　本书遵循理论与实践紧密结合、以数据和事实为基准的原则，运用探索性研究、描述性研究、数量分析与系统总体归纳相结合的科学研究方法，反复斟酌，力求起到对我国汽车产业发展成就进行系统记录和研究的作用。

赛迪智库
面向政府 服务决策

思想，还是思想
才使我们与众不同

编 辑 部：赛迪工业和信息化研究院

通讯地址：北京市海淀区万寿路27号院8号楼12层

邮政编码：100846

联 系 人：刘颖 董凯

联系电话：010-68200552 13701304215

010-68207922 18701325686

传 真：0086-10-68209616

网 址：www.ccidwise.com

电子邮件：liuying@ccidthinktank.com

赛迪智库

面向政府 服务决策

研究，还是研究
才使我们见微知著

信息化研究中心	工业化研究中心	规划研究所
电子信息产业研究所	工业经济研究所	产业政策研究所
软件产业研究所	工业科技研究所	军民结合研究所
网络空间研究所	装备工业研究所	中小企业研究所
无线电管理研究所	消费品工业研究所	政策法规研究所
互联网研究所	原材料工业研究所	世界工业研究所
集成电路研究所	工业节能与环保研究所	安全产业研究所

编 辑 部：赛迪工业和信息化研究院
通讯地址：北京市海淀区万寿路27号院8号楼12层
邮政编码：100846
联 系 人：刘颖 董凯
联系电话：010-68200552 13701304215
　　　　　010-68207922 18701325686
传　　真：0086-10-68209616
网　　址：www.ccidwise.com
电子邮件：liuying@ccidthinktank.com